2019 개정 누리과정 반영

영유아 언어교육

| 송경섭 · 김현경 공저 |

학지사

◆ ◆ ◆
머리말

　인간을 인간답게 만드는 여러 특성 중에서 언어는 인간 행동을 대표적으로 정의해 주고 인간을 지구상의 어느 생명체와도 구분되는 독특한 존재로 구별해 준다.

　언어는 인간생활의 모든 면에 직간접적으로 관여하고, 그 결과로 인간으로서의 본질을 결정해 준다고 볼 수 있다. 이는 곧 생애 발달적으로 결정적 시기를 살아가는 영유아에게 언어생활이 그들의 모든 제반 발달에 깊은 영향을 미친다는 것이다.

　특히 영유아기는 생애주기에서 언어 발달이 가장 빠른 시기이다. 만약 이런 결정적인 시기에 언어 습득자로서의 제반 지원을 얻는 데 실패한다면, 그것은 일생일대의 치명적인 결과를 가져올 것이다. 영유아들이 평생 언어사용자로서 살아가는 데 필요한 자신감과 기술을 습득할 수 있는 적기를 잃게 된다면, 그로 인한 결손과 상실감은 돌이킬 수 없을 것이다.

　그러므로 이 책은 영유아교육을 전공하는 학생과 영유아교육기관 현장에 있는 교사들을 위하여 영유아의 언어 발달을 돕고 적절히 지도하는 데 관련된 제반 이론과 실제를 그동안의 강의 경험을 바탕으로 집필하였다. 책을 만들기까지 나름대로 정성과 최선을 다했지만 볼수록 부족한 점이 많다는 생각이 든다. 여러분의 격려와 조언을 겸허히 받아 부족한 부분은 앞으로 계속 보완해 나가겠다.

　이 책은 제1부와 제2부로 구성되었으며, 제1부는 영유아 언어교육의 이론편으로, 제1장부터 제7장까지 포함한다. 제1장 '언어의 이해'는 언어학적 기초 및 뇌발달과 언어에 대하여 다루었고, 제2장은 행동주의와 성숙주의, 구성주의의 입장에서 언어 발달의 이론을 다루었다. 제3장은 영유아기의 언어 발달을 구체적으로 영아와 유아로 나누어 알아보았으며, 영유아기 언어 발달에 영향을 미치는 요인에 대하여 다루었다. 제4장은 여러 가지 언어교육 접근법을 소개하였으며, 제5장은 표준 보육과정과 개정된 누리과정에서 국가수준의 언어교육과정에 대하여 소개하였다. 제6장과 제7장은 영유아를 위한 언어지도 교수 방법과 대·소집단 언어교육 활동을 이야기 나누기와 동화, 동극, 동시 등으로 자세히 다루었다. 제2부는 영유아 언어교육의 실제편으로 만 3, 4, 5세를 연령별로 나눈 후 듣기, 말하기, 읽기, 쓰기로 구분하여 활동의 실제를 소개하였다.

언제나 그렇듯 많은 사람의 도움과 수고로 함께 만들어져 가는 것이 삶인 것 같다. 이 책에는 국내외 많은 학자의 생각을 빌렸고, 많은 내용을 그들의 저서에서 직간접적으로 인용하였다. 지면을 통해 감사의 뜻을 보낸다. 또한 이 책이 나오기까지 도움을 준 경인여자대학교 학생들과 부속유치원에 감사를 드리며, 이 책을 무사히 출판할 수 있도록 맡아 주신 학지사에도 깊은 감사를 드린다.

2019년 3월
저자 일동

◆ ◆ ◆
차례

제2부 영유아 언어교육 실제편

만 5세 듣기, 말하기, 읽기, 쓰기 활동의 실제 / 273

제1부
영유아 언어교육 이론편

제 **1** 장
언어의 이해

생각해 봅시다

- 인간의 언어는 언제, 어디서 시작되었을까요?
- 만약 언어가 없다면 어떤 일이 벌어질까요?
- 지구촌 세계 여러 언어가 하나의 언어로 통일되는 날이 올까요?

1. 언어의 기초

1) 언어의 출발

인간을 인간답게 만드는 여러 특성 중 언어야말로 대표적인 인간 행동이다. 인간은 언어를 통해 우주의 어떤 생명체와도 구별되는 독특한 존재로 발달해 왔다. 초기 인간 언어 형성은 창조주 신으로부터 비롯된 것이라는 가설과 진화하는 과정에서 인간 스스로 창조했다는 가설로 구분된다. 첫째, 신으로부터 비롯되었다는 가설은 태초 때 "땅의 구음이 하나요 언어가 하나"였으나, 인간이 신 같이 높아지고자 바벨탑을 쌓자 창조주가 "인간의 언어를 혼잡케 하여 그들로 서로 알아듣지 못하게…… 온 땅의 언어를 혼잡케"(창세기 11장 6~10절) 한 이후로 세계 언어가 다양하게 발달했다는 가설과, 인간이 동물 음성을 흉내 내거나 자연의 소리를 묘사하면서 언어가 시작되었다는 진화론적 가설이 있다.

언어란 의사소통을 목적으로 사용하는 음성이나 문자로 나타낸 기호체계이며, 문화를 공유하고 있는 사람들이 상호 소통하기 위해 사용하는 구어적·문어적 상징체계이다. 민족과 국가별로 생성된 독특한 상징체계는 다른 사람에게 자신의 생각이나 감정, 그리고 원하는 정보를 전달하는 수단으로서 인간의 생득적 언어 능력이 환경을 통해 성숙된 것이라고 할 수 있다. 언어학의 대표 학자인 Jalongo(2007)는 언어가 인간을 대표적으로 정의해 주고 다른 존재로부터 우리를 구별되게 하는

◆◆◆ **그림 1-1** 영아 간 상호작용과 언어 사용

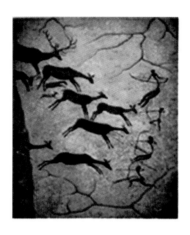

◆◆◆ 그림 1-2 동굴 벽화를 통한 표현언어 사용
　출처: http://www.redian.org/archive/25392

것이라 정의하였다.

　하지만 인간 이외의 동물도 의사소통하는 것을 관찰할 수 있는데, 이는 인간의 의사소통과 질적으로 다르다. Chomsky(2000)는 인간 언어와 동물의 의사소통의 본질적 차이점에 대해 인간 언어의 무한성과 동물 언어의 유한성을 대비하였다. 인간 언어의 경우, 각 언어마다 문법과 어휘는 한정되어 있지만 이 한정된 문법과 어휘로 만들어질 수 있는 표현의 수는 무한하다. 예를 들어, 새는 동료를 부를 필요를 느낄 때만 위험을 경고하는 소리를 내지만, 사람은 의사소통의 필요가 있을 때만 언어를 사용하지 않는다. 자기의 생각을 정리하거나 보다 명확히 표현하기 위해 언어를 활용하는 경우도 있고, 심지어 언어를 놀이에 활용하기도 한다. 또한 동일한 문장도 어떤 의미를 담느냐에 따라 전혀 다른 의사소통이 가능하다. 이것은 동물 언어에 없는 인간 언어의 내포 구조성(embedding structure) 때문이다.

　역사를 거슬러 올라가면 인간은 언어를 사용하다가 어떤 생각이나 정보를 영구히 보전하고, 후세에 전하고 싶을 때 동굴 벽이나 커다란 바위에 표시를 하거나 그림으로 표현하여 기록을 남긴 것이 문자의 출발이기도 하다.

2) 언어교육의 중요성

사회적 존재인 인간은 대인관계를 위해서 언어가 필요하다. 물론 언어 없이도 의사소통이 가능한 경우도 있지만, 거기에는 제한이 따른다. 언어는 대인관계 형성뿐만 아니라 물적 환경과의 관계에서도 중요하다. 사람이 외계의 자극을 받아들이고 사물과 상황을 지각하고, 매일의 경험을 기억하고, 사고를 확장시키고, 새로운 사태에 적응해 나가는 데 있어서도 언어는 매우 중요하다. 언어는 인간생활의 모든 면에 직접적·간접적으로 관여하며, 개별 인간 존재의 본질을 결정해 준다고 볼 수 있다. 생애 발달적으로 결정적 시기를 살아가는 유아의 언어생활이야말로 모든 제반 발달에 깊은 영향을 미친다.

또한 인간에게 언어는 사회적 도구로서 의미를 갖는다. 인간은 다른 사람들과 함께 언어를 사용함에 따라, 자신의 정체성과 사회관계망을 구성해 나간다. 나의 언어가 누군가에게 어떻게 들리는가에 따라서 나는 나와 다른 사람에게 어떤 사람이고, 나의 성격과 교양은 어떤지 판단하도록 이끄는 수단이 된다.

언어의 사회적인 특징과 인간 발달에 중요한 사회적 도구로서 기능함을 대표적으로 보여 주는 것은 지니(Genie)의 사례일 것이다. 지니는 미국 로스앤젤레스 주택의 침실 안 욕실에 갇혀 살아오다 발견되었다. 그녀의 부모는 자신의 천진난만하고 순수한 딸이 사회악에 물드는 것이 두려워서 13년간 사회와의 접촉을 끊고 사회와 단절시켜 가두어 키웠던 것이다. 발견 당시 그녀는 유아기에 모국어 습득 시

◆◆◆ **그림 1-3 언어 발달의 결정적 시기와 지니(Genie)의 사례**
출처: https://en.wikipedia.org/wiki/Genie_(feral_child)

기를 놓쳐 모국어인 영어를 배우는 것을 마치 외국어 배우는 과정처럼 어려워했고, 구출 후에는 지능에 문제가 없었으며 집중적인 언어교육을 받았음에도 그녀의 언어 수준은 숙달되지 못했다(James, 2008).

영유아가 언어를 학습하는 것은 사회적 상호작용을 통한 학습의 결과이다. 왜냐하면 영유아는 언어를 배우는 것뿐만 아니라 배운 언어를 통하여 사회적 현상과 제반 지식을 얻을 기회를 가지기 때문이다. 영유아기는 언어 발달이 생애주기에서 가장 빠른 시기이다. 만약 이런 결정적인 시기에 언어 습득자로서의 제반 지원이 이루어지지 않는다면, 일생일대의 치명적인 결손을 가져올 것이다. 즉, 평생 언어사용자로서 살아가는 데 필요한 자신감과 기술을 영유아기에 습득하지 못한다면 그로 인한 손실을 되돌릴 수 없기 때문이다. 언어적 결손은 제반 발달 영역으로 확장될 것이다. 따라서 영유아기 언어 발달이 중요한 이유(이연섭, 강문희, 2003)는, 첫째, 영유아기 언어 발달은 모든 학습과 발달의 중요한 단서를 제공한다. 둘째, 영유아교육에 있어서는 교육활동의 도구적인 역할을 담당한다. 셋째, 영유아기 언어와 사고의 연관성이 매우 밀접하다. 넷째, 영유아기 언어와 정서 발달과의 연관성이 높다.

특히 영유아를 위한 언어교육이란 인간이 집단 속에서 생활해 갈 때 언어활동을 잘 영위할 수 있도록 도와주는 모든 의도적인 경험과 노력을 말한다. 그것은 말하기와 듣기, 읽기와 쓰기의 네 영역으로 언어를 사용하는 활동을 말하며, 다음과 같은 측면에서 언어교육은 중요하다.

- 언어교육은 의사소통을 가능하게 한다. 언어교육을 통해 의사소통의 형태를 가르치고 개발하고 촉진하는 것은 유아가 다른 생활영역에서도 성취감을 가지도록 도와준다.
- 언어교육은 유아의 사고 발달을 돕는다. 언어는 사고와 긴밀한 관련을 가지고 있어서 유아의 언어 사용은 사고력 발달과 상호 직접적인 관련성이 있다. 인간의 언어 사용은 곧 자신의 생각들을 주고받는 활동이기 때문이다.
- 영유아기에 적절한 의사소통능력은 사회적 상호작용을 할 수 있도록 한다. 영유아기에는 또래들 간에 적절한 표현을 할 수 있는 능력, 부모나 교사에게 자신의 욕구나 흥미들을 정확하게 표현할 수 있도록 하는 언어능력을 길러야 한다.

Jalongo의 언어 발달 지연과 유아행동 간 상관성 연구

- 언어 발달이 늦은 유아들은 그렇지 않은 유아들에 비해 공격적인 행동의 빈도가 더 높을 것이다.
- 언어 발달이 느린 유아들의 이해력은 자기 표현력이 낮을 것이다.
- 읽기능력이 발달되지 않는다면 연이은 교육기회를 포기할 가능성이 높을 것이다.

출처: Teaching Strategies (2010).

---

2. 뇌발달과 언어

1) 뇌의 구조와 언어와의 관계

인간의 뇌는 1.36kg의 무게를 지니고 있으며, 1,000억 개의 세포로 이루어져 있고, 매초 1억 가지의 서로 다른 감각에 반응하며, 백과사전의 100억 페이지와 맞먹는 정보를 가지고 있다. 뇌의 각 부분은 상호 밀접하게 연결되어 있는데, 뇌의 구조는 뇌신경, 뇌간(연수, 교, 중뇌), 소뇌, 시상, 시상하부, 변연체(편도체, 해마, 변연피

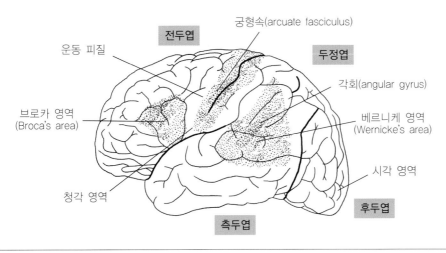

◆◆◆ **그림 1-4 뇌의 언어영역**

출처: 주영희(2001).

질, 중격), 뇌량(좌반구와 우반구를 연결) 등을 통해 복잡하게 얽혀 있다. 지금까지 여러 영역 중 언어의 이해와 생성에 직접적으로 관여하고 있다고 보고된 뇌의 부분은 좌뇌 대뇌피질의 측두엽에 위치한 베르니케 영역과 전두엽에 위치한 브로카 영역이다.

표 1-1 뇌의 구조와 역할

구분	내용
대뇌피질	대뇌를 둘러싸고 있는 대뇌피질에서는 사고, 창조, 판단 등이 이루어진다. 형태는 꼬불꼬불한 m자의 다발로 되어 있고, 표면에 굵직하게 나 있는 홈을 기준으로 앞쪽은 전두엽, 위는 두정엽, 뒤쪽은 후두엽, 양쪽은 측두엽으로 영역이 나뉜다.
전두엽	(이마에 위치) 가장 넓은 부위를 차지하고 있는 전두엽은 창의성, 계획력, 추상적 사고, 통찰력 등의 사고와 언어에 대한 일을 담당한다.
두정엽	(머리 상부에 위치) 두정엽은 신체를 움직이는 일과 입체 공간적 인식 기능을 담당하며 사고와 인식 기능, 계산 및 연상 기능 등을 수행한다. 두정엽을 발달시키기 위해서는 어릴 때부터 도형 맞추기, 숫자 및 언어 맞추기 등과 같은 교육이 필요하다.
후두엽	(머리 뒤통수에 위치) 뇌 뒤쪽에 위치한 후두엽은 눈으로 느끼는 시각적인 정보를 담당한다. 이 부위를 발달시켜 주려면 아기에게 다양한 사물을 볼 수 있도록 해 주고 색깔 대조가 분명한 물건을 눈앞에서 천천히 흔들어 주는 것이 좋다.
측두엽	(관자놀이 근처에 위치) 측두엽은 언어적 능력과 시각의 일부분 그리고 청각에 관련된 일을 담당한다.

뇌에서 일어나는 언어행동의 전달 경로(EBS, 2006)는 다음과 같다.

1차 청각 영역에 접수된 청각 신호는 옆의 베르니케 영역(Wernicke's area)에 도달하여 해석되고, 이 해석을 바탕으로 할 말이 결정되면 궁형속(arcuate fasciculus)을 통하여 브로카 영역으로 전달된다. 브로카 영역(Broca's area)은 말을 하기 위해 발음에 관련된 정보들이 모여 운동 영역에 전달되고 발음과 관련된 각종 부위(허파, 입술, 혀, 목 등)에 신호를 보낸다.

한편, 문자언어는 1차 시각 영역에 접수되어 시각 신호와 청각 신호를 통합하는 각회(angular gyrus)를 지나 역시 베르니케 영역에서 해독된다. 이 해독된 정보가 브로카 영역에 이르면 동일한 경로를 거쳐 발화를 하게 된다.

그러나 단순히 이러한 과정만을 거치는 것이 아니고 청각 정보와 시각 정보가 뇌량(약 200만 개 정도의 신경섬유)을 통해 한쪽 반구에서 다른 반구로 전달되기 때문에 언어행동에 관련된 형상은 더 복잡한 양상을 띠게 된다.

뇌를 정면에서 바라보면 좌뇌와 우뇌로 구별되는데, 고전적인 양 반구 기능에 의하면 좌반구는 분석적이고 추상적인 정신능력과 관련되고, 우반구는 전체적이고 구체적인 정신능력과 관련된다. 우반구에는 인간의 감각-운동적인 기능, 특히 시각-공간적인 처리기제가 자리 잡고 있다. 언어능력은 일차적으로 좌반구에 자리 잡고 있다. 음운론과 통사론 같은 언어의 형식적인 체계는 일차적으로 왼쪽에 국지화될 수 있다. 그래서 통사적인 장애현상은 좌반구가 손상되었을 때만 등장하는 것이고, 우반구는 오늘날에도 아직 광범위하게 언어와 상관없다고 간주된다. 그러나 의미론은 지식체계로서 통사론만큼 강하게 좌반구의 특수한 부위에 결부되어 있지 않다. 오히려 의미적 지식은 양 반구의 대뇌피질 모든 부분에 있다고 볼 수 있다.

만약 우반구가 손상을 입게 되면 어휘 결손 및 명명장애가 나타날 수 있다. 특히 구상 명사나 형용사에 있어서 그렇다. 이와는 달리 추상명사를 처리할 때는 좌반구가 우세하다. 시각적인 상상의 그림과 결부된 구체적인 어휘를 처리할 때에는 우반구가 활성화된다. 우반구의 어휘가 수용적이라면 언어 생산은 사실상 좌반구가 수행한다. 요컨대, 언어는 특정한 부위에서 이해되거나 생성되는 것이 아니고, 피질과 피질 간의 연결이나 피질과 피질하 구조물 간의 특정한 연결로에서 발생한다. 이것은 언어 이외의 감각 정보 전달 방식이 신경망으로 이루어진다는 점에서 언어에 관련된 행동방식도 동일한 것으로 유추해 볼 수 있다.

2) 뇌와 언어 발달의 영역과 특징

일반적으로 우리 두뇌에서는 좌뇌가 언어를 담당하며, 감성적인 것을 주로 다루는 우뇌는 말의 운율을 담당한다. 우뇌가 담당하는 말의 높낮이나 음악적 성향도 의사소통에는 중요하다고 볼 수 있다. 좌뇌에는 언어와 관련된 베르니케 영역과 브로카 영역이 있다.

베르니케 영역은 말을 알아듣는 일을 담당하고, 브로카 영역은 말을 하고 문법을 만드는 일을 담당한다. 베르니케 영역이 포함된 왼쪽 측두엽(관자엽)에서 두정엽(마루엽) 영역은 단어를 이해하는 작업을 할 때 활성화되며, 이보다 앞쪽에 있는 브로카 영역이 포함된 전두엽(이마엽)은 문장의 차이를 구별하고 말할 때 활성화된다. 베르니케 영역은 청각, 시각, 촉각을 담당하는 영역의 경계면에 위치하고

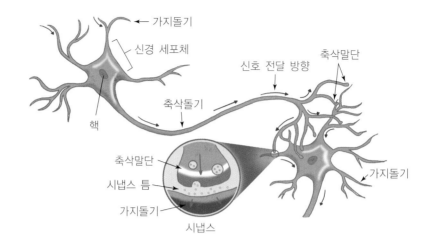

◆◆◆ **그림 1-5 뉴런의 구조**

출처: 다음백과. 고등교과서 생명과학 (주)천재교육(http://100.daum.net/encyclopedia/view/24XXXXX46130).

있다. 따라서 베르니케 영역은 단어의 소리와 단어가 나타내는 사람, 장소, 사물 사이의 관련성을 저장하기에 좋다. 브로카 영역은 계획, 순서, 논리, 규범, 학습을 담당하는 전두엽 근처에 위치해서 문법을 이용하여 언어 사용 능력을 발달시키는 데 좋다.

베르니케 영역은 브로카 영역보다 빨리 성숙한다. 2세가 되면 이미 베르니케 영역이 발달하여 아이가 부모가 말하는 것이나 책을 읽으면서 듣는 단어를 이해할 수 있지만, 브로카 영역은 4~6세가 되어야 완성되기 때문에 4세 이전에 아이가 문법을 만들고 말을 조리 있게 하는 것은 쉽지 않다.

아이의 뇌는 의미를 알아내는 영역과 말을 하는 영역이 분리되어 있고 뇌의 각 부분의 발달에 차이가 있다는 사실은 언어 발달을 이해하는 데 중요한 의미를 지닌다. 즉, 아이들은 말하는 것보다는 말을 알아듣는 것을 먼저 하는 것이다. 교육에 있어서도 표현언어보다는 수용언어를 강조하는 것은 뇌발달 시기의 차이에서 비롯되며, 실제로 표현언어보다는 수용언어가 IQ와의 연관성이 더 높다.

3) 뇌발달과 언어 발달의 관계

인간의 뇌 구조는 언어 자극을 받아들이고 언어를 생성하고 창조하는 기능을 가지고 있다. 따라서 영유아 시기의 뇌발달은 언어 발달과 밀접한 관계가 있다고 할 수 있다. 흔히 뇌장애로 인해 언어를 상실한 경우 이것이 언어 발달 장애로 이어지는 경우도 종종 있다. 이처럼 뇌의 기능과 구조는 언어 사용과 발달에 있어서 가장 중추적인 역할을 한다고 할 수 있다.

언어는 생각, 감정, 기억의 표현과 이해라고 할 수 있다. 즉, 생각, 감정, 기억은 뇌의 작용이다. 따라서 뇌발달은 언어 발달의 필수조건이 된다.

◆◆◆ 그림 1-6 언어와 관련된 뇌 작용

일반적으로 영유아가 말을 배우는 것은 성인의 말을 흉내 냄으로써 이루어진다고 생각하기 쉽다. 그러나 실제 영유아의 말을 듣고 있으면 전혀 들어 보지 못한 말을 하는 경우가 많다. 성인이 전혀 사용한 적이 없어 영유아가 흉내 낼 기회가 없었던 말이 영유아에게서 나올 수 있는 것이다. 더구나 영유아는 배우지 않았음에도 불구하고 주위의 여러 가지 소리로부터 사람의 말소리를 분별해 낸다.

신생아 때부터 뇌는 각각 다른 종류의 음향을 다루도록 전문화되어 있다. 신생아는 출생 초기부터 언어와 언어가 아닌 것을 구별할 수 있으며 언어에만 특별히 주의를 기울인다. 이는 대뇌 속에 청각 영역이 만들어 내는 능력이다. 대뇌의 청각 신경회로는 듣고자 하는 소리에 집중하고 듣고 싶지 않은 소리를 무시하는 능력이 있다. 아무런 경험이 없는 영유아가 이런 능력을 가지고 있다는 것은 놀라운 일이다. 더 놀라운 일은 아이에게 어떤 문법적인 규칙을 가르쳐 주지 않았음에도 불구하고 아이가 문법적으로 맞는 문장을 말할 수 있다는 사실이다. 물론 언어는 인간만이 가지고 있는 것은 아니다. 침팬지는 기호를 사용할 수 있고, 2세 아이 수준의 기교를 가지고 언어규칙에 따라 발성하며 놀이를 할 수 있다. 그러나 인간의 언어와 침팬지의 의사소통과 다른 점은 바로 문법 때문이다. 동물들도 의사소통을 할 수 있는데, 짖거나 울거나 몸짓을 보이면서 의사를 주고받는다. 그러나 의사를 나타내는 단어들을 모아서 새로운 의미를 만들 수 있는 것은 오직 인간뿐이다. 인간의 언어는 문법으로 인하여 언어의 질이 달라지는 것이다.

이렇게 언어가 생래적(生來的)일 수밖에 없는 이유는 언어 그 자체가 선천적으로 뇌에 입력되어 있기 때문이다. 선천적으로 언어를 알아들을 수 있는 능력과 문법을 만들 수 있는 규칙이 뇌에 들어 있다. 그래서 아이는 배우지 않고도 언어를 인식하고 분석하고 만들며 표현할 수 있는 것이다. 따라서 뇌의 정상적인 발달과 성장은 언어의 활용과 사용에 있어서 가장 큰 영향을 미치는 요소이다.

이상에서 살펴본 바와 같이 두뇌는 언어 발달과 밀접한 관계를 맺고 상호작용하며 발달한다고 할 수 있다. 다양한 신경계로 들어오는 감각과 반응은 뇌에 작용하게 되고, 이러한 작용들은 유아의 언어나 표현으로 다양하게 나타나게 된다. 따라서 올바른 두뇌교육과 적절한 자극은 유아의 언어 발달을 촉진시키고 보다 유창한 언어와 어휘의 사용을 돕는다. 흔히 뇌장애를 겪는 장애아의 경우 언어능력까지 잃어버리는 경우가 많다. 이처럼 언어 발달에 있어서 뇌는 필요충분조건이라고 할 수 있다. 영유아의 언어 발달을 위해서는 적절한 반응과 자극을 제공하고, 충분한 영양을 섭취하도록 하며, 두뇌발달에 좋은 다양한 활동과 경험을 제공해 주는 것이 필요하다.

3. 언어의 구성요소와 형태

1) 언어의 구성요소

인간의 언어 습득은 앵무새가 훈련을 통해 소리를 반복적으로 되풀이하는 것보다 훨씬 더 구조적이어서 감동적이다. 왜냐하면 출생 후 언어를 습득하여 자기 생각과 느낌을 자유롭게 전달하기 위해서는 세 가지 중요한 차원을 활용할 수 있어야 하기 때문이다. 언어의 세 가지 차원의 구성요소는 형식적 차원, 내용적 차원, 사용

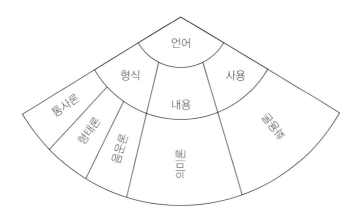

◆◆◆ **그림 1-7 언어의 세 가지 차원의 구성요소**
출처: Owens (2001).

적 차원이다.

먼저, 언어의 형식적 차원이란 통사적 요소, 형태적 요소, 음운적 요소에 대한 이해이다.

언어의 통사적 요소는 언어가 구(句)와 절(節)의 구조를 이루고 있으며, 그 구조 안에서 언어적 요소들이 상호작용하는 의미를 이해하는 것이다. 통사론은 어순에 따라 언어의 규칙을 지켜야 하는 것을 말한다. 특히 영어의 경우는 '나는 간다 학교를'처럼 주어＋동사＋목적어의 순으로 구성되거나, 우리나라와 일본의 경우 '나는 학교에 간다'처럼 주어＋목적어＋동사 순으로 구성되어 있으므로, 유아가 표현하려는 의미론적 관계를 합리적으로 제시하려면 언어의 통사구조, 문법적 규칙을 습득하고 활용할 수 있어야 한다.

또한 형태적 요소에서의 형태소란 언어의 의미를 나타내는 최소단위를 말하고, 형태론이란 형태소의 구성, 기능, 분포를 포괄한다. 즉, 형태소는 '남자' '아이' '한다'와 같이 독립적으로 사용될 수 있는 자유형태소와 '～였' '～들'처럼 의존형태소가 있는데, 언어 발달은 언어의 형태에 대한 이해에 기초하여 형태소를 자유롭게 활용할 수 있음을 의미한다. 즉, 인간 언어는 언어에 관한 문법이나 규칙의 집합과도 같다. 예를 들면, 유치원에 다니는 수진이가 언어의 법칙에 대해서 몇 개를 알고 있다고 가정해 보자. 수진이는 친구들에게 다음과 같이 명사의 형성 방법을 설명하는 경우를 볼 수 있다.

"재성이가 한 개보다 더 많이 가지고 있을 때, 그때 너가 여러 개라고 하는 거야."

라고 이야기한다면 이것은 구문론을 이해하고 있다는 증거이다. 영어에서 명사는 보통 동사 앞에 온다('달렸다 소년은'보다는 '소년은 달렸다'). 변화형이나 단어 어미의 사용은 또 다른 문장론의 법칙이다. 영어에서 유아들은 보통 일반 동사의 과거형은 '-ed'를 붙여서 만든다고 배운다. 만일 한 아이가 "We goed to Sea World."라고 말한다면 이 유아는 어떻게 동사를 과거형으로 만드는지를 알고 있는 것이다. 그러나 아직은 'go'가 불규칙 동사여서 과거형은 'went'인 것을 알지는 못한 상황인 것이다.

언어의 음운적 요소는 말소리를 선택하고 말소리의 패턴과 체계적인 음성 변화를 다스리는 문법의 요소이며, 음운규칙은 음소들의 배분과 연결을 결정하는 내용을 말한다. 우리말은 기본 자모 24자를 배열하여 사용하며, 영어의 알파벳은 26자를 사용한다. 음운론은 소리체계를 이해하여 소리를 구별해서 듣고 적절히 반응하는 것으로, '공'과 '콩'의 소리가 다르고 소리의 구조와 억양이 다르다는 것을 이해하는 것이다. 세계 여러 나라의 언어는 고유의 음운체계를 가지고 있어서, 영유아가 모국어를 습득한다는 것은 자국언어가 가지고 있는 음운체계를 이해하는 것을 의미하므로 중요하다.

둘째, 언어의 구성요소 중 내용적 차원은 언어의 의미론에 관한 것이다. 본래 의미론이란 언어가 의미를 전달하는 방식과 언어구조의 의미 현상에 관한 내용을 연구하는 이론이다. 예를 들면, 아이들이 '안녕'이라는 단어로 만났을 때도 '안녕?', 헤어질 때도 '안녕!'이라고 인사를 한다. 같은 단어이지만 상황마다 가지고 있는 의미가 다르다는 것은 영유아 입장에서는 혼란스러울 수밖에 없는 것이다. 이처럼 의미론은 문법의 구조로는 맞지만 의미상으로 맞지 않는 경우도 많아 언어 이론에서 가장 애매하고 논란이 되는 개념이다. 발달적으로 유아기의 '의미론 습득'은 어휘와 그 어휘에 연결된 의미의 습득으로 시작되며, 궁극적으로 상위언어학적 지식의 습득이 이루어지면 언어에 포함된 어휘들을 인식하고 그에 대한 평가를 할 수 있게 된다.

셋째, 언어의 구성요소 중 사용적 차원은 언어의 화용론에 관한 것이다. 화용론은 언어를 사용하고자 할 때 인지적 측면과 사회문화적 맥락에 적합한 의사소통을 가능하게 하는 언어영역이다. 즉, 화용론은 누군가에게 말하기를 할 때 대화 상태나 발화 맥락 등을 고려한 후 그에 적절한 언어를 취사선택하여 사용하는 규칙과 방식에 대한 내용을 말한다. 유아 언어발달 중 화용론 영역의 발달 수준을 평가하기 가장 좋은 방법은 그들의 놀이를 관찰하는 것이다. 화용론 차원에서 유아들의 놀이에서 나타나는 언어 사용 형태를 관찰해 보면, 유아들이 상황 속에 대상에 알맞은 존칭어와 반말을 적절히 사용하는지, 자신의 대화 차례를 적절히 인지하고 순서에 따라 말을 하거나 침묵하는지 등을 통해 이해할 수 있다. 언어 이외에도 비언어적 표현을 통해서도 화용론적 이해 수준을 평가할 수 있다. 대화할 때 상호 간에 얼마만큼 거리를 두는 것이 적합한지를 아는 것, 대화할 때 시선과 눈맞춤의 역할은 적절히 하는지(예: 동양 문화권에서는 시선을 아래로 향하는 것이 겸손을 의미하지만 서구권에서는 대화 시 눈맞춤을 중요하게 여기는 것), 대화를 돕는 몸동작은 어떠해야 하는지(예: 문화에 따른 손가락질 사용이나 스킨십 및 포옹) 등이다.

이와 같은 언어의 구성요소를 살펴보면, 언어란 상징과 이 상징의 사용 규칙으로 된 아주 복잡한 체계로 이루어져 있는 사회적 도구임을 알 수 있다. 이에 교사는 언어의 구성요소를 중요시하고 유아들의 언어 발달을 진단하는 내용요소로 활용할 수 있을 것이다. 앞에 설명한 언어의 세 가지 차원의 구성요소를 관계적 측면에서 [그림 1-8]과 같은 기능주의 모형으로 나타낼 수 있으며, 영유아의 연령별 언어 발달의 이정표를 정리해 보면 〈표 1-2〉와 같다.

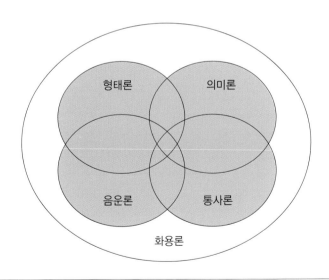

◆◆◆ **그림 1-8** 유아 언어의 구성요소
출처: Owens (2012).

❖❖❖ **표 1-2** 영유아의 연령별 언어 발달의 이정표

연령	음운	의미	문법/구문론	화용론	초언어적 인식
0~1세	• 언어에 대한 수용성과 소리에 대한 구분 • 옹알이는 모국어의 소리들을 닮기 시작	• 다른 사람의 언어에서 억양단서의 해석 • 비언어적 몸짓이 나타남 • 어휘들이 나타남 • 개별적 단어 의미 거의 없음	• 단계 구조의 선호와 모국어의 패턴을 강조	• 양육자와 사건과 사물에 공동주의 • 게임과 언어화에서 차례 지키기 • 비언어적 몸짓의 등장	• 없음
1~2세	• 단어 발음의 단순화를 위한 전략 등장	• 첫 단어 등장 • 18개월 이후 어휘 급격 확장 • 단어이해의 과잉확장과 과잉축소	• 하나의 단어가 두 단어 전보문이 됨 • 문장은 구분되는 어의적 관계를 표현 • 몇 가지 문법적 형태소 습득	• 메시지를 명확히 하기 위한 몸짓과 억양단서의 사용 • 언어적 차례 지키기 규칙의 풍부한 이해 • 영아기 언어에서 최초의 예의에 관한 신호들이 시도됨	• 없음
3~5세	• 발음의 증진	• 어휘 확장 • 공간적 관계이해, 언어에서 공간적 단어를 사용	• 문법적 형태소가 정규 문장에 첨가 • 대부분의 변형문법을 인식	• 비관용 의도의 이해가 시작되고 다른 청자의 언어 특성에 적응 • 애매한 메시지를 명확히 하기 위한 몇 가지 시도	• 몇몇 음운과 문법적 인식
6세~청소년	• 성인 수준의 발음	• 형태론적 지식의 습득 • 청소년기 추상어를 포함한 어휘의 극적인 확장 • 의미론적 통합의 증장과 세련화	• 초기 문법적 실수를 정정 • 복잡한 어의적 규칙을 습득	• 사람들이 보내고 받는 비정보적 메시지를 탐지하고 수정하는 능력이 발달	• 상위언어적 인식이 꽃피고 연령이 증가하면서 보다 확대됨

2) 언어의 활동 형태

유아를 위한 언어의 활동은 듣기, 말하기, 읽기, 쓰기의 네 가지 형태로 구성된다. 듣기와 읽기는 외부에서 받아들인 음성적·시각적 기호를 해석하는 수용언어 기술이며, 말하기와 쓰기는 유아가 의미를 전달하기 위해 산출하고 표현한 음성적·시각적 기호로서 표현언어 기술이다. 이러한 각각의 언어 기술은 인지 과정 또는 사고의 과정을 통해 발현된다. 즉, 사고 과정 없이는 효과적으로 듣고, 말하고, 읽고, 쓸 수 없다.

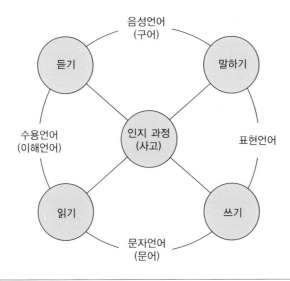

◆◆◆ **그림 1-9** 언어의 네 가지 활동 형태 간의 관계
출처: 이영자(2004).

4. 언어의 특성과 기능

1) 언어의 특성

모든 인간 언어는 의사소통을 위한 독특한 형식을 가지며, 언어로 식별될 수 있는 다음과 같은 주요한 특징을 가지고 있다.

첫째, 언어는 사회적이다. 언어 사용의 목적은 자신의 생각을 다른 사람들과 소통하기 위한 것이다.

둘째, 언어는 체계적이다. 언어는 항상 일정한 순서에 의해, 규칙에 맞게, 정해진 방법으로 소리나 글자를 배열한 체계를 갖는다.

셋째, 언어는 임의적 약속기호이다. 언어는 규칙에 의해 변화한다. 모든 언어는 단어를 정렬하는 것과 의미하는 것, 그리고 다른 단어들의 형식과 같은 규칙체계를 가지고 있으며, 음성적 · 시각적 기호를 통해 표상하려는 물체와 아이디어가 문자와 소리 패턴을 통해 임의적으로 연결되어 있다. 우리말의 경우 24개의 자모음으로 구성되어 있고, 영어의 경우 26개의 알파벳으로 구성되어 있다. 따라서 인간의 모든 언어는 언어를 읽고 쓰는 방법을 일정한 사회에서 임의로 결정하여 사용하는 약속과 같다.

넷째, 언어는 추상적이다. 언어는 실제 표상하는 사물과 유사성이 없다. 언어의 의미는 사회적으로 규정되어 있으며, 사회적 언어로 의미가 주어졌기 때문에 그 사회에 국한된 의미를 지니고 있으므로 언어적 본질은 추상적이다.

다섯째, 언어는 융통성이 있다. 과거와 현재의 변화된 언어들을 살펴보면 소멸되어 버린 언어들이 있는 반면, 새로이 태어나는 언어들도 있다. 언어는 변화의 요구가 있을 때 변화할 수 있는 융통성을 가지고 있다.

◆◆◆ **그림 1-10** 영아기 부모와의 상호 작용

여섯째, 언어는 변화할 수 있다. 언어에는 다양한 방언이 있고, 다른 집단의 사람들은 말하는 방법이 다르다. 방언은 여러 지역의 언어를 대표하는 언어이며, 때로는 지역사회 안에서의 사회적 집단을 대표하는 언어이기도 하다. 방언의 차이는 발음, 어휘, 문장구조의 차이로 나타난다.

이처럼 인간의 언어는 그 용도의 범위가 넓고 광범위한 특성을 가지고 있으며 유기체와도 같아서 시대적 조류에 따라 조정 · 변화될 수 있다. 마치 완전한 상상의 나라를 창조해 내는 과학자처럼, 아직 존재하지 않는 것들에 대한 소통을 위해 언어를 활용하는 것이 가능하다.

2) 언어의 기능

언어는 소통하기 위해 존재하며 사회적 관계 안에서 서로에게 메시지를 주고받도록 돕는 매개체 역할을 담당한다. 이 메시지들은 사고와 감정들, 생각과 가치들을 포함한다. 인간 언어의 기능 중 가장 중요한 기능은 사회적 도구라는 점이다. 사회적 도구로서의 언어의 기능을 살펴보면 다음과 같다.

- 문화 전달의 도구로서의 기능을 담당한다. 언어란 사회의 집단적 사고방식을 반영하는 소통의 도구이자 사회적 도구로서, 인간의 생각과 사고는 언어를 통해 표현되고 기록되고 축적·발전·계승되며, 이전 세대의 문화는 언어를 통해 다음 세대로 전이된다.
- 의사소통의 수단으로서의 기능을 담당한다. 개인이 가지고 있는 정보를 전달하거나 타인의 정보를 받아들이는 통로 역할을 한다.
- 대인관계 형성의 도구로서의 기능을 담당한다. 이미 사회적 존재로 태어난 인간이 타인과의 상호작용을 통해 관계를 형성해 가는 밑바탕이 된다.

이러한 언어는 유아들에게도 환경에서의 욕구를 충족시키기 위해 자연적으로 언어를 습득하고 학습하게 된다. 언어는 유아의 행동뿐만 아니라, 다른 사람의 행동을 변화시키고 통제한다. 사회적 도구로서의 언어는 다른 사람과 상호작용하는 하나의 수단이 된다. 언어는 인지 성장을 돕고 아울러 인지 성장에 필수적이다. 언어는 다른 사람과의 상호작용 발달을 도우며 개인으로서 특성을 표현할 수 있게 해 준다. 이러한 언어의 기능을 정리하면 다음의 일곱 가지로 종합할 수 있다(Halliday & Matthiessen, 2004).

- 지시와 도구적 기능(instrumental function)을 한다. 자신이 필요한 음식과 장난감과 같은 도구적·신체적 필요의 욕구를 표현할 때 사용한다.
- 통제적 기능(regulatory function)을 한다. 다른 유아의 행동에 영향을 주는 것을 시도하며 다른 사람의 행동을 통제할 때 사용한다. 통제에 사용되는 언어로는 질문, 진술, 비평 등이 있다.
- 상호작용적 기능(interactional function)을 한다. 대인관계를 연결하는 사회적인

상호작용을 포함하며, 의례적인 인사도 포함한다.

• 개인적 기능(personal function)을 한다. 자신의 정체성과 자기 존재의 중요성 혹은 유일성에 대한 지각을 돕는 기능을 한다.

• 발견적 기능(heuristic function)을 한다. 주변 환경의 본질을 탐색하는 데 사용하는 호기심 어린 질문과 대답 등이 이에 해당된다.

• 상상적 기능(imaginative function)을 한다. 자신의 세계를 창조하기 위해 언어를 사용하며 극놀이의 언어와 이야기 말하기에서 사용되는 언어가 있다.

• 정보적 기능(representational function)을 한다. 다른 사람과 아이디어나 정보를 교환하기 위해 사용되는 언어이다.

[연관 활동]

언어의 완성 동영상

• EBS 기획 다큐 〈문자―위대한 탄생〉을 시청하고 언어의 기원에 대하여 토의해 보세요.

뇌 관련 동영상

• EBS 〈지식의 최전선―생명체의 마지막 신비, 뇌〉 동영상을 시청하고 뇌 발달과 언어의 관계에 대하여 토의해 보세요.

제 2 장

언어 발달 이론

생각해 봅시다

• 영유아는 언제부터 언어를 이해할 수 있을까요?
• 영유아 듣기, 말하기, 읽기, 쓰기 영역 중 가장 먼저 발달하는 영역과 가장 늦게 발달하는 영역은 어느 영역일까요?

우리는 아기들이 어떤 말을 했을 때 말하기 시작했다고 하는지 생각해 보자. 파푸아뉴기니에서는 아기가 '우유'와 '젖'이라는 단어를 말할 때부터 말을 시작했다고 하는가 하면, 미국에서는 '마마(mama)'와 '다다(dada)'라는 말을 하면 말을 시작했다고 여긴다. 우리나라의 경우 옹알이를 거쳐 '엄마'라는 어감을 표현할 즈음이면 말하기 시작했다고 한다. 어느 사회에서도 보통 생후 12개월 즈음 한두 개의 단어를 사용하며 말을 시작한다. 유아들이 이전에 모르던 언어를 어떻게 습득하는지에 대한 학자들의 견해가 언어 발달에 관한 제반 이론이다.

◆◆◆ **그림 2-1** 세계 여러 나라의 언어들

언어 발달에 관한 이론들은 다음의 견해 중 하나로부터 발달했다고 볼 수 있다.

• **첫째 견해**
유아들은 모방을 통해서 언어를 배운다. 유아들은 소리와 단어들을 만들기 전에 주변으로부터 자극과 반응을 받게 되고, 이를 통해 말을 배운다.

• **둘째 견해**
유아들이 언어를 배우는 것은 발달 과정의 한 부분이기 때문에 유전에 의해 영향을 받는다.

• 셋째 견해

인간의 두뇌에는 이미 언어를 위한 '구조'가 있기 때문에 선천적으로 말을 배우려 한다. 유아들이 언어를 습득하려는 것은 자연적인 것이다.

• 넷째 견해

유아들은 그들의 타고난 능력과 그들의 경험 사이에서 말을 배우려 한다. 유아들은 끊임없이 배우고 세상 밖의 의미를 만들기 위해 노력하는 존재이다.

• 다섯째 견해

유아들이 언어를 배우는 것은 사회문화의 한 부분이다. 언어를 통해 유아들은 사회 규범을 배우고 그들이 사회 참여가 가능하다는 것을 알아 간다.

앞의 견해 중 자신의 생각과 가장 유사한 것은 어떤 견해인지 생각해 보자. 아마도 몇 가지 비슷한 견해를 찾을 수 있을 것이다. 왜냐하면 앞의 견해들은 언어 발달에 대한 제반 견해들의 집합이자 언어 발달론자들의 사상을 대변하는 이론적 관점이기 때문이다. 첫 번째 견해는 행동 이론이며, 두 번째 견해는 성숙 이론이고, 세 번째 견해는 전성설 이론, 네 번째 견해는 인지 발달 이론이며, 다섯째와 여섯째 견해는 사회적 학습 이론을 반영한다. 이에 대표적인 견해인 행동주의, 성숙주의, 구성주의 관점에 대해 살펴보자.

1. 행동주의적 관점

언어 습득이 개체에 작용하는 환경의 결과라고 보는 행동주의 언어 발달 이론은 유아의 언어 습득이 선천적인 능력에 의한 것이 아니라 외적으로 주어진 자극에 반응하는 과정에서 강화 모방들을 통해 이루어진다는 것이다. 이러한 견해는 유아들이 성인과 다르지 않으며 동일하다는 유아관에서 비롯된다. 행동주의 이론에 따른 언어 발달의 일반적 가정은 다음과 같다.

• 언어 습득은 후천적인 것이다.

- 언어학습을 포함한 학습은 전적으로 인간의 행동을 형성해 주는 환경의 작용이다.
- 언어행동은 특정 자극의 출현으로 나타난 특정 반응의 모방, 강화를 통해 형성된다.
- 언어행동은 초기에는 단순하고 일반적인 반응에 정적 강화가 주어지지만 나중으로 갈수록 보다 복잡하고 궁극적인 언어행동목표에 강화가 주어진다는 점을 강조한다.

1) Skinner

유아의 언어 발달이 학습과 모방에 의하여 이루어진다고 생각하는 이론으로 이러한 주장을 하는 대표적인 사람은 Skinner이다. 그는 1957년에 『언어행동(verbal behavior)』이라는 책에서 조작적 조건화 원리로 유아가 어휘와 문법을 획득하는 과정을 설명하고 있다.

행동주의 이론의 아버지인 Skinner는 조작적 조건화와 강화의 원리를 언어 습득에 적용시켜 유아의 언어는 부모의 선택적 강화로 결정된다고 주장한다.

영아가 고양이에 대한 시각적 자극을 받아 "야옹이"라고 언어적으로 반응할 경우, 성인은 "그래, 야옹이야."라고 반응하여 자극과 반응의 연결을 강화한다. 그런데 영아가 강아지를 보고 똑같이 "야옹이"라고 반응하게 되면 부모나 교사가 "아니야, 이건 멍멍이가 아니란다."라고 반응하면 자극에 대한 반응의 연결이 악화되는 것이다. 결국 고양이에 대한 자극이 성인의 반응과 반응결과에 따라 학습의 결과에 영향을 미치는 것을 행동주의 언어 습득 과정이라고 보았다.

또한 그는 유아의 언어 발달이 부모들이 제공하는 강화에 의해 학습된다고 보았다. 즉, 영아의 언어 발달은 옹알이에서부터 시작되는데, 옹알이에는 자극의 언어에서 사용되는 음소가 포함되어 있다. 부모들은 영유아가 자신들이 사용하는 언어에 포함되는 음소를 발음하면 더 주의를 주거나 좋아하는 경향이 있다. 이러한 부모의 긍정적 태도는 강화의 역할을 하여 영아가 모국어의 음소뿐만 아니라 어휘 및 문법을 획득해 나간다는 것이다. 이와 같이 Skinner는 언어행동을 자극, 반응, 강화로 설명하고 있지만, 이를 언어 의미나 인지 문제와 직접적으로 관련짓지 못한다는 제한점이 있다. 그러나 이와 같은 그의 강화원리는 언어 발달을 돕고, 나아가 의미 발생의 계기가 된다고 볼 수 있다.

이러한 유아의 언어 발달에 관한 조건형성의 원리에 따르면, 인간의 언어행동은 주위 환경에서 주어지는 강화작용에 의해 좌우되며, 특히 부모가 주는 선택적 강화

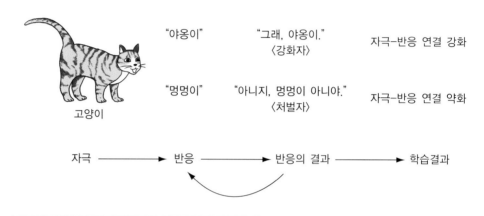

♦♦♦ **그림 2-2 행동주의 언어이론의 언어 습득 과정**
출처: Owens (2001).

기여한 점
- 복잡한 언어 발달 과정을 환경 맥락에서 설명하고자 많은 실제 사례를 제시하였다.
- 행동주의 심리학자들이 말하는 행동은 언어 훈련에 매우 유용하다.
- 언어 지체나 장애 아동을 위한 치료 프로그램의 기초가 되었다.

비판점
- 언어행동이나 발달 과정에서의 능동적인 역할에 대하여 인정하지 않았다.
- 모방은 초기의 통사학습을 약간은 설명할 수 있으나 언어학습에 대한 모든 것을 설명할 수는 없다.
- 언어적 산출을 강조함으로써 언어와 연관된 이해와 내재된 인지 과정을 극소화하였다.

에 의해서 언어행동이 점차적으로 사회가 인정하는 성인 수준의 언어행동에 도달하게 된다고 주장한다. 만일 언어 습득이 언제나 이와 같은 조건형성의 원리에 의존한다면, 부모는 유아가 어떤 발음이나 말을 할 때마다 강화를 해 주어야만 될 것이다. 그러나 실제로는 한 번도 강화해 준 일이 없는 단어를 유아가 사용하는 경우도 있으며, 언어 발달의 속도는 부모의 강화 빈도와 비교도 되지 않을 만큼 빠르다. 따라서 학습이론으로 유아의 언어 습득 과정을 어느 정도는 설명할 수는 있으나, 인간의 언어행동 전부를 설명할 수는 없다.

2) Bandura

Bandura는 영유아의 언어 발달이 관찰에 의한 모방에서 이루어진다고 보는 대표적인 학자이다. Bandura는 인간의 학습과정이 직접적인 강화에 의해서도 이루어지지만, 타인의 행동을 관찰하고 이를 모방함으로써도 새로운 행동의 학습이 이루어진다고 보았다. 유아의 언어 발달도 관찰에 의한 모방에 의해 이루어진다고 본다. 실제로 유아의 언어 발달 과정에서 보면 유아는 모방에 의해 많은 어휘를 학습하는 것을 알 수 있다. 부모는 알게 모르게 유아가 모방을 하도록 여러 가지 노력을 한다. 예를 들  어, 부모는 유아에게 어휘를 가르칠 때 자신의 입을 보도록 하거나 유아와 대화를 할 때 짧고 단순한 문장을 자주 사용한다. 유아는 자신의 언어 수준과 비슷한 말을 더 모방하는 경향이 있다. 그러므로 유아와 이야기를 할 때 유아의 수준과 같거나 약간 높은 언어를 사용하는 것은 유아의 모방 학습에 있어서 매우 중요하다.

비판점

모방에 의해서 언어를 학습한다는 것은 영유아가 성인을 모방하거나 흉내 냄으로써 말을 배운다는 것을 의미한다. 그러나 영유아의 말이 성인의 말을 단순히 모방하는 것이 아니고 나름대로의 규칙과 같은 것을 활용하는 경우도 많다. 새로운 어휘의 학습에서 모방이 큰 역할을 하고 있음을 부분적으로는 인정할 수 있지만, 모든 영유아가 그들의 형제나 부모들을 모방하는 것은 아니며, 또 모방하는 영유아도 말의 의미를 이미 알 때에만 모방한다. Bandura가 주장하듯이 모방이 어휘 발달이나 문법 습득에 중요한 영향을 미치는 것은 사실이나, 전적으로 모방에 의해서만 모든 언어를 발달시켜 나간다고 볼 수는 없다.

2. 성숙주의적 관점

성숙주의적 관점에서는 유아 언어 발달은 내재적인 특성과 일련의 관계를 가지고 이루어진다고 보아 성숙과 유전을 크게 강조한다. 성숙주의 유아관에 따르면 유아들은 성장 과정을 통해서 자연스럽게 학습에 필요한 준비도를 성취해 가므로 교사들이 제공하는 활동은 유아의 흥미와 요구를 충족시켜야 한다는 견해이다. 성숙주의적 관점에서 언어 발달에 관한 주요한 이론은 생득주의 이론으로, 유아의 언어 습득은 생득적이며, 후천적 노력으로 배우는 것이 아니라 선천적 요인에 의해 팔과 다리가 자라듯 자라난다고 보는 이론이다. 생득주의 이론의 주요 특징은 다음과 같다.

- 극단적인 경험론 입장의 행동주의적 인간관에 정면으로 도전하는 관점이다.
- 인간이 사용하는 모든 언어는 보편적인 구조를 가지고 있다.
- 모든 인간의 언어 습득 능력과 발달 과정은 개인차가 없다.
- 언어 습득 능력과 발달 과정은 인간 발달의 어떤 특정 시기에 발현된다.
- 언어 습득과 발달 과정은 오직 인간에게만 가능하다.

1) Chomsky

Chomsky는 인간 언어와 언어로 반영되는 사고의 구조를 선천적인 것이라고 주장하는 미국의 언어학자이다. 그는 극단적인 경험론 입장의 행동주의적 인간관에 정면으로 도전하여 심리학의 패러다임을 행동주의에서 인지주의로 바꿔 놓았다. 모든 인간이 사용하는 언어는 어떤 언어이든지 보편적인 구조, 즉 심층구조가 있는데, 이 심층구조가 언어의 표현방식인 표면 구조로 변형되어 무한한 언어 생성이 가능하다고 보았다. 그는 이 언어 생성 기제를 언어습득장치(Language Acquisition Device: LAD)라는 개념으로 요약하고, 인간의 언어 습득 현상과 내면적인 인지구조를 연구해야 할 필요성을 제기하였다. 이렇게 나온 이론이 변형 생성문법이론이다. 나중에 이 이론을 더 발전시켜, 어린이가 선천적으로 지니고 태어나는 언어습득장치에는 인간 언어의 보편적인 원리와 기본적인 변수(default parameters)가 들어 있어서 특정 언어의 자료가 입력되면 기본 변수의 값이 변하여 그 언어에 알맞은 문법을 만들어 간다는 지배 결속 이론(원리변수 이론의 다른 말)을 내놓았다.

언어적 자료 ⟶ | LAD (처리) | ⟶ 문법적 능력(언어 이해, 산출의 능력)

(입력) (처리)

◆◆◆ **그림 2-3** Chomsky의 언어습득장치(LAD)
출처: 조정숙, 김은심(2001).

성숙주의 이론은 생득적인 언어 생성 기제로 언어습득장치(Language Acquisition Device: LAD)를 강조하고 있다.

하지만 이 이론에 대한 비판점도 있다. 먼저, 인간 언어의 복잡한 언어변형규칙 과정과 언어의 내재적 의미구조를 충분히 설명하지 못한다는 점이다. 예를 들면, '생생한 식탁이 천장 바로 밑에까지 뛰었다.'의 무의미함을 설명하지 못한다. 둘째, Chomsky 이론은 언어 습득 과정에서 유아가 수동적 역할을 한다는 비판을 받고 있다. 셋째, 그의 이론은 환경의 중요성과 초기 사회적 · 인지적 성장의 중요성을 간과

Chomsky의 언어생득설을 설명하는 LAD 존재의 타당성

- 모든 어린이가 가지고 있는 언어의 심층구조는 같으며, LAD가 이것을 표면구조로 변화시킨다.
- 어린이는 언어 입력의 양이나 질이 불충분함에도 불구하고 LAD 때문에 언어를 습득한다.
- 어린이는 지능에 상관없이 LAD에 의해 모국어를 습득한다.
- 조직적인 훈련 없이도 어떤 환경에 노출되는 성인보다 빠르게 언어를 습득하는 것도 LAD 때문이다.
- LAD 가설은 Chomsky의 언어 습득에 대한 견해들, 즉 인간 본연의 언어능력을 나타내 주는 언어의 창조성과 보편성을 잘 설명해 준다.

하고 있다고 지적되고 있다. 넷째, 생득적이라는 것을 너무 강조한 나머지, 실제로 타인과의 상호작용을 통해 정상적으로 발달한다는 것을 고려하지 않는다는 것이다.

반면, Chomsky 이론이 지지받고 있는 점은, 행동주의자들과 학습 이론가들이 제시하였던 것과는 다르게 인간 존재에 대한 그 나름대로의 견해를 제공하고 있으며, 인간 유기체에 대한 개념을 심리적으로는 능동적이고 언어적으로 창조적인 존재라고 보았다는 점이다. 언어학자들이 제시하고 있는 언어적 보편성 개념(모든 언어에 공통된 어순이나 문법 특성들이 있다는 사실)이나 언어 발달에 결정적 시기가 있다는 사실들은 생득론적 입장을 지지하고 있다.

Chomsky는 유아의 언어 발달이 강화와 모방의 영향을 받는 것은 분명하지만, 그것들만으로는 언어 발달을 충분히 설명하지 못한다고 주장한다. 반면, 그는 인간의 뇌에 언어 발달 과정에 대한 것이 프로그램화되어 있어 유아가 언어의 추상적이고 복잡한 규칙을 적극적으로 활용해 간다고 보았다.

2) Lenneberg

Lenneberg는 Chomsky와 함께 유아의 언어 발달이 선천적으로 타고난 기제에 의하여 이루어진다고 주장하였다. Lenneberg의 기본적 주장은 언어를 획득하고 산출해 내고 이해하는 능력은 인간에게 있어서 타고난 특성이라고 보았다. 나아가 인

간의 뇌에 언어 발달을 통제하는 특정 영역이 있다고 보았다. 이는 모든 문화권의 유아들이 첫돌을 전후하여 말을 배우기 시작하고, 18~24개월에 두 단어 문장을 사용하기 시작하며 4~5세경이 되면 기본 문법 규칙을 모두 배우게 된다는 사실로 뒷받침된다. 더 나아가 Lenneberg의 주장을 지지하는 것은 청각장애아의 언어 발달 연구에서 나타난다. 청각장애아는 소리를 들을 수 없음에도 불구하고 정상 유아와 유사한 과정을 거쳐 언어 발달을 이루어 간다. 이러한 결과는 언어 발달이 선천적 기제에 의하여 이루어진다는 것을 시사한다.

3. 구성주의적 관점

1970년대 중반에 이르러 언어 습득이 주로 생득적이라는 언어 습득 이론에 대한 비판이 일기 시작하면서 상호작용주의 이론에 기초한 구성주의적 관점의 언어 발달 이론이 대두되었다. 구성주의적 관점에서의 언어관은 유아의 언어 습득이 성숙과 환경과의 상호작용 결과로 이루어진다는 것으로 유아들은 풍부한 물리적 환경과의 직접적이고 능동적인 경험과 성인, 또래와의 상호작용을 통해서 발달되어 간다는 유아관에서 비롯된 것이다. 즉, 상호작용주의적 관점에서의 언어관은 1980년대 이후 유아의 언어 습득이 부분적으로는 발달적인 성숙에 의존한다 할지라도 유아 스스로가 다른 사람과 의사소통을 하기 위해, 실제적인 사회 상황에서 접하는 언어를 모방하고 언어 형태를 만들면서 능동적으로 언어를 구성한다고 보는 관점이다.

상호작용주의 이론에서는 사회적 · 언어적 · 성숙적 · 인지적 제 요인들이 언어 발달에 영향을 주며, 이러한 요인들이 상호 의존적으로 상호작용하고 수정하면서 언어가 발달한다고 본다. 이 제 요인들은 논리적으로 어떤 요인이 언어 발달에 우선적이라고 할 수 없다. 인지적 · 사회적 요인이 언어 습득을 조절할 수 있고, 반대로 언어 습득이 인지적 · 사회적 기술의 발달을 조절해 줄 수도 있다. 따라서 여러 변인이 상호작용하면서 이들 요인 간에는 상호인과적 관계를 갖는다. 상호작용주의 이론은 언어 습득에 영향을 주는 주된 요인에 대한 생각에 따라 크게 인지적 상호작용주의 이론과 사회적 상호작용주의 이론으로 나뉜다.

1) 인지적 상호작용주의

　　인지적 상호작용에 따른 언어 발달은 Piaget의 인지 발달 이론에 기초한 언어 발달관으로, 유아의 언어 발달이 인지 발달에 의존하며, 언어는 인지적 성숙의 결과로 얻어지는 산물이라고 보는 견해이다. 즉, 유아의 사고를 촉진하고 발달시킬 수 있는 자극과 인지구조에 적합한 환경을 풍부하게 제공해 주는 것이 유아의 언어 발달과 학습을 위한 최적의 방법이라고 보는 것이다.

　　Piaget의 이러한 견해는 Skinner나 Chomsky의 견해와는 달리 언어 습득이 인지 발달과 관계있다고 주장한다. Piaget는 언어 습득에 대해 포괄적인 연구를 하지는 않았으나, 인지 발달에서 언어 발달을 고립시키는 것이 불가능하다고 주장한다. 그는 유아의 언어는 조건화 과정의 결과로 나타나는 것도 아니요, 선천적으로 타고난 기제에 의한 것도 아니라고 본다. 유아의 언어는 감각운동 발달과정에 포함되는 여러 과정을 통해 나타난다고 보았다. 즉, 인지 발달 단계를 거치면서 유아의 언어 발달은 계속 이루어진다. 출생 후 첫 18개월 동안 영아는 주위의 사물을 만져 보고, 냄새를 맡아 보고, 입에 넣어 본다. Piaget에 의하면 이러한 탐색을 통해 영아는 세상에 대해, 그리고 사물과 사람이 행동하는 방식에 대해 알게 된다. 이러한 첫 단계 끝무렵부터 비로소 언어가 나타나게 된다. 그런데 영아가 언어를 획득하기 이전에 이미 그들에게는 인지 발달이 이루어져 있음을 알 수 있다. 예를 들어, 말을 하기 이전에 이미 영아는 대상 영속성의 개념을 가지고 있다. 따라서 Piaget는 언어 습득에는 인지과정의 발달이 선행되어야 한다고 보았다. 즉, Piaget에 의하면 우선 인지 발달이 이루어져야 언어 발달 또한 가능하다.

　　인지 발달과 언어 발달과의 관계에 관한 이러한 주장은 언어와 사고에 대한 새로운 논쟁을 불러일으켰다. Piaget에 의하면 유아는 사물에 대한 이름을 말할 수 있기 전에 사물에 대한 사고를 할 수 있다. 이것은 언어가 없이도 사고를 할 수 있다는 것을 의미한다.

　　하지만 그의 인지 발달 이론에도 제한점은 있다. 즉, 인지의 발달 없이 언어 발달이 불가능하다는 인지 우선적인 Piaget의 입장은 언어 보편성의 기저를 설명하는 데는 상당한 설득력을 지니고 있지만, 그의 인지 이론적인 접근만으로는 도저히 언어 발달의 여러 현상을 충분히 설명할 수 없는 것도 사실이다. Piaget는 언어 발달의 근원에 대한 설명에만 국한되었으며, 언어 고유의 특성인 통사나 소통의 발달에 대해서는 거의 언급하지 않고 있다. 따라서 인지 발달이 언어 발달에 필수적이라 하더라도 인지 발달만으로 설명할 수 없는 언어 현상들이 많이 남아 있다는 점을 간과해서는 안 될 것이다.

2) 사회적 상호작용주의

구성주의 언어 발달론자인 Vygotsky는 대표적인 사회문화적 구성주의 학자로서 유아의 언어 발달은 사회적 경험이 내면화 되는 것이며 사회적 경험으로 형성된 사회적 언어는 개인의 언어를 형성해 준다고 강조하였다. 즉, 유아의 언어 발달은 사회문화적 맥락에서 효과적인 의사소통을 통해 이루어짐을 강조하고, 유아의 자발적인 대화나 질문, 문제해결 과정에서의 언어적 상호작용에 따라 발달의 차이를 보인다는 것이다. 그의 사회적 상호작용주의 이론은 전통적 생득주의 이론과 행동주의 이론의 여러 측면을 복합적으로 받아들이고 있다. 따라서 사회적 상호작용이 언어 습득을 돕고, 언어 발달은 보다 성숙한 사회적 상호작용을 돕게 된다는 것이다.

그러나 사회적 상호작용주의 이론이 제시하는 언어 발달 과정에서의 환경은 행동주의 이론이나 생득주의 이론에서 제시하는 환경과는 성격이 다르다. 행동주의 이론에서의 언어 환경은 부모나 다른 사람에 의해 적용되는 일방적인 언어 훈련의 성격을 띤다. 즉, 유아는 환경의 수동적 수용자일 뿐이다. 생득주의에서 유아는 능동적이고 주체적인 언어처리자이며, 신경체계의 성숙 정도가 발달을 안내한다. 유아의 언어 경험 시 부모가 제시하는 것은 유아의 생득적 소질의 성숙을 야기하는 역할을 할 뿐이다.

이러한 견해들과는 대조적으로, 사회적 상호작용주의자들은 유아가 부모에게 언어 발달에 요구되는 적절한 언어 경험 제공에 관한 신호를 보낸다고 주장한다. 상호작용주의자들은 유아와 언어 환경이 역동적 체계로 작용하여 유아와 다른 사람 간의 사회적 상호작용이 원활히 이루어지면서 유아의 언어 기술이 발전한다고 본다. Vygotsky는 언어 발달이란 사회적 경험이 내면화되는 것이며, 사회적 언어는 개인의 언어를 형성해 준다고 보았다. 즉, 유아는 처음에는 언어를 사회적 상호작용의 도구로 사용하다가 점차적으로 놀이 시 크게 말하거나 의도한 행동을 말로 하면서 환경과 개인적 상호작용을 시작한다. 그 결과, 언어가 유아의 행동구조의 근원이 되거나 사고를 지시하는 근원이 된다. 따라서 유아가 언어적 형태를 내면화함에 따라 언어가 사회적 도구에서 개인적 도구로 변환되어 간다고 주장하였다. 사회적 상호작용주의자들은 유아의 언어 습득을 생득적 기제로만 설명할 수 없다고 주장하고 언어적 상호작용에서의 비언어적 측면—순서적으로 말하기, 상호 응시, 함께 주의를 기울이기, 상황, 문화적 관례—을 포함하기 위한 조건화와 모방 이상의 것이 포함된다고 본다. 사회적 상호작용주의자들은 어른들이 영유아와 말할 때 억양을 과장하거나 소리를 분명히 내려고 노력하는 아동지향어(Child-Directed Speech: CDS)가 정상적 언어 발달을 조성해 주는 중요한 언어 경험이라고 지적하였다(Rowe, Raudenbush, & Goldin-Meadow, 2012).

사회적 상호작용주의 이론에서는 적절한 언어 경험을 유아에게 제공해 주는 어머니의 역할이 강조된다. 어머니의 언어 사용은 영아의 언어변별능력과 함께 소리의 흐름을 적절히 분절시킬 수 있는 능력 습득을 위해 중요하다. 사회적 상호작용주의자들은 영아의 음성적 기제 통제능력이 어머니가 영아를 대상으로 내는 과장된 소리의 관찰을 통해서 길러지는 것이라고 본다. 또한 어머니와 영아 간

◆◆◆ **그림 2-4** 부모와 영아 간에 이루어지는 CDS(Child-Directed Speech)

의 사회적 놀이 시의 상호작용 패턴이 나중에는 대화 패턴의 기초가 된다고 본다. Vygotsky는 유아가 이미 완성한 언어 형태와 사회적 지원을 받아 사용할 수 있는 능력이 형성될 언어 형태의 차이를 '근접발달지대(zone of proximal development)'이라고 부르고, 부모나 다른 사람이 유아와 언어적 상호작용을 할 때 이 근접발달지대에 접근하여 상호작용하는 것이 언어 발달을 촉진시켜 줄 수 있는 방법임을 시사하였다.

Vygotsky의 이론은 부모가 영유아의 표현에 좀 더 바람직한 언어로 상호작용해 주면 미숙한 문장과 좀 더 원숙한 문장 간의 차이를 극복하는 계기가 된다고 주장하였다. 환경적 상황과 유아의 의사소통 의도, 그리고 제시하는 대상을 기호화하는 언어 형태가 밀접히 연결되는 근접발달지대에 접근할 때 영유아는 자신의 미숙한 문장 표현과 원숙한 문장 표현의 차이를 알게 된다는 것을 강조하였다. 이에 대한 Vygotsky 언어 발달의 특징을 종합하면 다음과 같다(Vygotsky, 1987).

첫째, 언어는 초기부터 사회적이다. 유아와 성인 모두에게 있어서 언어의 일차적 기능은 의사소통, 즉 사회적 접촉을 위한 기능이다. 근본적으로 초기 사회적인 어린이의 언어는 처음에 전체적이고 다기능적이지만 점차 그 기능이 분화된다. 특정 연령에 이르면 이와 같은 사회적 언어가 자기중심적 언어와 의사소통적 언어로 분리된다.

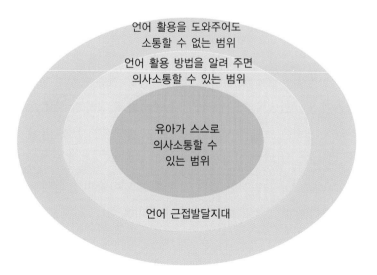

◆◆◆ **그림 2-5** 언어 발달 근접발달지대

둘째, 사고 발달은 사고의 도구인 언어와 유아의 사회문화적 경험에 의해서 결정된다고 보았다. 2세경 사고와 언어가 통합됨으로써 진정한 인간다운 사고가 나타나며, 이것이 곧 고등 정신 기능이다. 인간은 이때부터 생물학적 원리로부터 탈피하여 사회문화적 법칙을 따르게 된다. 언어를 내면화할 때에 언어에 내포되어 있는 사회적 의미도 내면화되므로 인간에게 있어서 언어는 사회의 가치, 규범, 전통 등이 내면화되는 통로가 된다. 따라서 사고 발달은 사회의 문화적 구조를 반영하게 되며, 사회문화적 맥락에 크게 의존하게 된다.

셋째, 부모나 성인과의 언어적 상호작용은 언어 발달을 위해 절대적으로 필요하다. 영아는 처음에 외부 세계에 대해 생물적으로 반응하지만, 부모 및 성인과 사회적 상호작용을 끊임없이 함으로써 보다 복잡한 심리적 과정을 형성해 간다. 이와 같은 상호작용이 영유아의 언어 발달을 돕는 것이다.

넷째, 근접발달지대라는 새로운 개념을 제시하여 언어가 학습의 도구임을 강조하였다. 현재의 발달 수준과 잠재적 발달 수준 간의 간격을 뜻하는 근접발달지대는 교육에 의해 확장되고 내면화되며, 이 과정에서 특히 중요한 것이 대화와 수업에서의 언어 역할이다. 또한 근접발달지대는 또래 간의 언어적 상호작용에 의해 창조된다고 생각하고 유아들 간 상호작용의 필요성을 중시한다. 유아는 놀이 시 실제 나이 이상의 역할을 할 수도 있고 일상생활에서와는 다른 가상적 상황하의 행동을 할 수도 있기 때문이다.

다섯째, 사고와 언어는 서로 독립된 근원을 가지고 발달하며, 사고 발달에는 언어 이전의 사고(prelinguistic speech)가 있고 언어 발달에는 지능 이전의 언어(preintellectual speech)가 있다. Vygotsky는 침팬지에 대한 연구를 예로 들면서 동물들의 사고와 언어의 발달 근원이 다르며 서로 다른 계열을 따라 발달한다고 설명한다. 영장류들이 도구를 만들어 사용하거나 문제를 해결하기 위해 우회로를 찾는 것과 같은 창의적 능력은 초보적 사고이지만 사고 발달에서 보면 언어 이전 단계에 속하는 행동이다. 그는 침팬지 실험을 수정하여 아직 말을 하지 못하는 10~20개월 된 영아를 대상으로 연구를 실시한 결과, 실험대상 영아들이 침팬지와 유사하게 행동하는 것을 발견했다. Vygotsky에 의하면 아기의 옹알이, 울음 또는 최초의 한 단어 말도 사고 발달과는 무관한 언어 발달의 단계이다. 초기 영아가 표현하는 단어는 조건화된 것과 같은 소수의 사물, 사람, 행위, 상태 또는 소망에 관한 것들뿐이다. 영아는 다른 사람들이 제공해 준 단어만을 알고 있다. 그러나 인간의 경우 어느 시점에 이르렀을 때 사고와 언어는 서로 통합된다.

여섯째, 2세경이 되면 사고와 언어의 발달 곡선이 서로 교차되어 생각한 바를 말로 표현할 수 있고 말도 논리적이 된다. Vygotsky는 언어가 지능을 돕고 사고가 언어로 표현되기 시작하는 시기를 2세경으로 보고 결정적 시기라고 부른다. 이 시기의 영아는 단어에 대해 많은 호기심을 가지고 '이게 뭐야?'라는 질문을 하며 이에 따라 어휘를 급격히 증가시킨다. 또한 모든 사물이 명칭을 갖는다는 사실을 알고 단어의 필요성을 느끼게 되며 질문을 통해서 사물을 참조하는 신호들을 적극적으로 배우려고 한다. 즉, 언어와 사고의 발달 곡선이 만남으로써 단어의 상징적 기능을 발견하고 감정적·욕구적이었던 언어가 지적 국면에 들어가게 되는 것이다.

Vygotsky는 부모·성인과 유아 사이의 긴밀한 사회적 상호작용이 언어 습득 과정에서 중요한 역할을 하는 기본적 조건임을 주장하여 그의 이론이 여러 면에서 공감을 얻고 있다.

[연관 활동]

발달 이론 비교

- 행동주의, 성숙주의, 구성주의의 언어 발달 관점이 어떻게 다른지 발달 이론을 비교하여 토의해 보세요.

구분	행동주의	성숙주의	구성주의
공통점			
차이점			

제 3 장

언어 발달

생각해 봅시다

• 나는 언제부터 말을 시작했는지 이야기 나누어 봅시다.

• 인터넷상의 신조어에 대해 이야기 나누어 봅시다.

유아 언어 발달에 대한 연구는 현대 아동 연구에서 가장 활발한 분야이자 발달 과정을 종단적으로 관찰할 수 있는 연구 분야이다. 유아의 언어능력은 놀랄 만한 속도로 발달한다. 아이들은 12~18개월이 되면 말을 시작하며, 4세 즈음이면 형태를 갖춘 문장을 사용하거나 가끔 생각하지 못한 복잡한 어휘를 사용해 주변을 놀라게 하기도 한다.

언어 발달에 대한 Fact

- 1세 이전의 두뇌 발달은 초고속으로 이루어진다.
- 두뇌 발달과 마찬가지로 영아의 언어 발달도 환경의 영향을 받는다.
- 고등교육을 받은 성인은 듣고 말하는 데 약 1만 개의 단어를 사용하지만, 읽고 쓰기 위해서는 약 10만 개의 단어를 알아야 원만한 언어 구사가 가능하다.
- 3세 즈음의 유아는 하루에 6~10개의 새로운 단어를 학습한다.
- 언어로 전하는 메시지의 대략 70%는 목소리, 억양, 몸짓, 얼굴 표정과 같은 비언어적인 메시지를 통해 의미를 전달한다.
- 발달 단계에 알맞게 언어가 발달하지 못한 유아들은 성장 과정에서 사회적 고립, 문해 어려움, 취학 후 학업에 대한 고충 등을 경험할 수 있다.

출처: Griffin & Ferreira (2006); Trawick-Smith (2012).

---

1. 영아기 언어 발달(0~2세)

전 언어기(prelinguistic speech)에 영아들이 사용하는 언어의 대부분은 성인기에 사용하지 않는 말들이다. 영아들은 주로 단음절로 소리를 만드는데, 특히 1세 전후의 영아들은 '마' '무' '타'와 같이 자음 소리를 만들어 더듬거리며 말하거나 '우'와 같이 모음 소리를 만들어 웅얼거리기도 한다.

1) 언어 이전 시기

유아의 언어 발달은 신체 발달과 같은 생물학적 운동능력에 의존하여 발달한다. 유아들이 언어를 사용하기 이전에는 언어 발달을 위한 준비 및 연습 시기를 거치는데, 이 시기를 언어 출현 이전 시기 혹은 전 언어기라고 한다. 기본적으로 언어 발달은 울음소리의 분화과정부터 몇 단계로 구분할 수 있다.

(1) 울음
① 미분화된 울음

출생 후 약 1개월까지의 영아는 첫 울음으로부터 울음이 분화되지 않아, 울음소리만 듣고 영아가 요구하는 것을 이해하기 어렵다. 이 시기의 울음은 단지 반사적인 울음이다. 관련 연구들(Bodrova & Leong, 2007; Florez, 2011)에 의하면, 자기의 울음소리를 녹음했다가 그대로 들려준 집단과 다른 영아의 울음소리를 들려준 집단을 비교한 결과, 자기 울음소리를 들은 집단의 신생아들이 더 반사적인 울음을 많이 울었다. 즉, 이 시기의 울음은 자기조절적(self-regulatory)인 것으로 울음소리가 또다시 울음을 유발시켜 따라 울게 되기도 한다. 반면에 부드럽고 리드미컬한 소리가 영아를 달래는 데 효과적이라는 연구 결과도 울음의 자기조절적 기제와 같다는 맥락에서 나온 것이다. 또한 이 시기의 영아도 음성언어의 특성을 변별할 수 있다고 보았는데, 출생 후 12시간 된 신생아에게 영어로 말하는 소리, 모음을 뺀 말소리, 규칙적으로 두드리는 소리, 중국어로 말하는 소리를 들려준 실험에서 신생아들은 인간의 말소리(영어, 중국어로 말하는 소리)에만 반응을 보였다(Condon & Sander, 1974; Feldman, 2007). 이러한 반응을 상호작용적 동조성이라고 명명할 수 있다.

② 분화된 울음

생후 1개월이 지나면서 유아의 울음소리는 분화되기 시작하여 기본적인 울음소리와 화가 난 울음소리가 뚜렷하게 구별된다. 분화된 울음은 배고픔이나 고통과 같은 구체적인 욕구를 나타내는 것이기 때문에 어머니에게 보내는 하나의 신호가 될

수 있다. 이 시기 영아는 울음을 통해 자신의 요구와 느낌이 소통되는 것을 점차 배우게 된다. Bell과 Ainsworth(1972)의 연구에 의하면 생후 1년 즈음에는 영아가 자주 울기는 하지만 울음소리가 처음에 비해 짧게 끊어지는 경향이 있다고 하였다. 어머니가 생후 초기 몇 달 동안 영아의 울음을 무시하고 반응하지 않는 경우에는 점점 울음이 많아지며, 적게 우는 아이가 의사소통 기술이 잘 발달되었다고 보고하였다.

이렇듯 영아의 울음은 2개월 즈음 되면 상황에 따라 분화되어 감정을 조절할 수 있으며, 필요에 따라 엄마를 자신에게 불러들일 수 있음을 알게 되고, 울음과 함께 의사전달을 위한 제스처를 사용하기도 한다. 24개월 영아의 경우 어눌한 음성과 몸짓만으로 양육자와 의사소통하며 욕구표현이 추가된 울음은 자신의 유일한 표현 수단으로 활용되기도 한다. 영아의 울음 특징에 따라 표현 내용을 분류해 보면 〈표 3-1〉과 같다.

◦◆◦ **표 3-1 영아의 울음 특징에 따른 표현 내용**

구분	특징	내용
정상 울음	규칙적인 높낮이와 평균 음높이	배고프거나 생리적으로 불편한 경우
통증 울음	울음의 시간이 길고 불규칙적이며, 높은 비명	아픈 경우
불만 울음	칭얼거리듯 낮고 작은 목소리	출생 후 첫 의사소통 시도

(2) 쿠잉

쿠잉(cooing)이란 1~2개월경 울음이 아닌 발성으로 출생 후 곧 나타난다. 이는 울음과 비슷하나 자세히 들으면 울음과 구별될 수 있다. 울음이 아닌 비둘기 울음소리와 비슷한 소리로 나타나는 음성화를 쿠잉이라고 한다(Cross, 2005). 쿠잉은 초기에는 엄마와 영아 간의 상호 발성(coactional vocalization)이 이루어지며, 약 3개월경이 되면 엄마가 영아에게 표현했던 쿠잉 중 하나

를 소리 내고 기다리면 영아가 이에 응하여 같은 쿠잉으로 반응하기도 한다. 이러한 반응으로 이 시기에 이미 언어를 통한 상호교환적 의사소통이 시작된다고 볼 수 있다.

[3] 옹알이

3~4개월경부터는 울음소리 이외의 비교적 다양한 소리를 내기 시작한다. 이것이 영아에게는 일종의 음성적인 놀이 또는 연습이다. 옹알이가 시작된다는 것은 반사적인 비언어적 발성이 끝나고 음소(phoneme)의 발달이 이루어지는 것을 나타낸다.

옹알이(babbling)는 언어 발달에 있어 중요한 의미를 가지고 있다. 옹알이를 통해 모국어의 음소를 획득하게 되기 때문이다. 이때 유아는 성인과의 접촉을 통해 자신이 속해 있는 집단에서 쓰지 않는 소리는 점차 내지 않고, 많이 쓰이는 소리는 점점 많이 내게 된다. 전자는 음소의 배제(phonemic contradiction), 후자는 음소의 확장(phonemic expansion)에 해당된다.

옹알이는 발성연습이 되므로 언어 발달을 촉진시킬 뿐 아니라 부모와의 상호소통의 매개체 역할을 하는 사회적인 가치가 있다. 특히 옹알이는 유아가 성인의 발성을 접하는 시간이 늘어나면서 상당히 증가한다.

Kagan과 Klein(1973)의 비교문화 연구에 의하면 미국의 영아인 경우 부모가 영아가 깨어 있는 동안 25%는 소리를 내어 주고 있어 영아가 25~30%의 옹알이를 하는 데 반해, 과테말라 시골에서는 부모가 영아를 조용히 두고 말을 걸어 주지 않아 영아는 깨어 있는 시간의 7%만 소리를 냈다고 한다. 이러한 연구 결과는 영아의 발성 빈도의 차이가 언어 발달에 중요한 영향을 미침을 보여 준다. 영아가 자신의 발성에 대한 피드백을 받을 수 없게 되면, 성인의 소리를 모방할 기회가 드물기 때문에 필요한 음소학습이 어려워진다. 특히 이 시기에 청각장애가 있거나 주위에서 소리를 들려주지 않으면 들리는 소리를 흉내 내는 과정을 통해 생활에 필요한 음소를 학습할 수 없어 언어 발달에 장애를 초래할 수도 있다.

① 자기 소리 모방

영아 스스로 소리를 만들어 반복해 내는 자기 소리 모방(lallation)은 대략 생후 6개월경부터 나타나기 시작하여 8~9개월경에 나타난다. 이때는 자음과 모음의 결합을 형성하여 '마마' '바바'와 같은 반복적인 소리를 내게 된다. 이때의 말은 첫 단어가 아니라 의미 없는 자음과 모음의 결합이라고 할 수 있다. 이 시기의 영아는 억양이 다른 목소리에 반응할 수 있으며, 기분이 좋은 성인 목소리와 그렇지 않은 목소리에도 각기 다른 반응을 할 수 있다. 즉, 기분이 좋은 성인 목소리와 그렇지 않은 목소리의 억양의 차이를 이해하고 이에 각기 다른 반응을 보일 수 있다. '안 돼!'라는 짧고 빠른 음성에 영아는 자신이 하고자 하는 행동을 중지하는 모습을 쉽게 볼 수 있다.

② 타인 소리 모방

언어 이전 시기의 마지막 단계인 생후 9개월 즈음에 영아는 성인의 말소리를 모방할 수 있다. 특히 어떤 특정한 대상이나 사람, 사건을 지칭하는 어떤 소리를 지속적으로 사용한다. 이 소리들은 옹알이보다 다양하고 어른과 비슷한 강세와 억양의 형태를 가진다. 그리고 자기 소리와 다른 사람의 목소리를 식별할 수 있고, 성인의 소리를 앵무새처럼 모방한다고 하여 반향음 내기(echolalia)라고 한다. 어휘 발달 과정에서 반향음 내기는 매우 중요한 역할을 한다. 이 단계는 언어 사용기로 이행하는 직전 단계이다.

2) 몸짓 언어

몸짓은 언어 이전 시기의 영아에게 있어 중요한 언어의 역할을 한다. 언어를 대신하는 몸짓을 통해 자신의 의도와 요구를 표현한다. Lewis(2002)는 몸짓을 영아의 신체적 언어로서 숨겨진 언어(secret language)라고 표현하였다. 언어가 발달된 유아도 자신의 느낌과 정서적 표현이 언어만으로 부족하다고 생각할 때 보충적 언어로서 몸짓 언어(body  language)를 사용한다. 그래서 몸짓을 옹알이보다 효과적인 소통기구로 보는 견해도 있다. 몸짓은 사회문화적으로 동일하게 해석되지 않는 경우가 있으므로 필요한 때에 언어의 의미를 강조하거나 보충하는 경우 이외에는 과잉 사용되지 않도록 지도하는 것이 바람직하다.

베이비 사인(baby sign)

- 1987년 Joseph Garcia에 의해 제안되었으며, 1989년부터 Acredoro와 Goodwynn 박사에 의해 20여 년의 장기 연구를 거친 언어 발달 과정 프로그램
- 우리나라의 경우 2003년 베이비 사인 연구소 출범으로 이중 언어 영유아 언어 프로그램으로 연구되고 있음
- 베이비 사인이란 언어가 완성되기 전 단계인 0~3세 사이에 양육자와 의사소통할 수 있도록 도와주는 대화의 도구이자 의사소통 및 언어수단으로써 아이가 스스로 표현할 수 있는 영아 언어를 의미함
- 베이비 사인은 몸짓, 표정, 음성으로 구성됨

베이비 사인의 특징
- 상호작용을 동반
- 감성개발에 유익
- 양육자와의 좋은 관계 개발에 기여
  다만, 음성언어가 발달하면 베이비 사인은 음성언어로 전이되며 사라짐

---

2. 유아기 언어 발달

생후 1년을 전후하여 유아는 어떤 사물이나 사람 또는 사건들을 지칭하기 위해 의미 있는 단어들을 사용하기 시작한다. 이때부터 연령이 증가함에 따라 급격하게 어휘의 수가 증가하게 되는 이 시기를 단어의 폭발기(age of explosion)라고 한다. 유아의 언어 발달은 어휘의 발달, 문장 발달, 문법 발달, 의미 발달의 순서로 발달하므로 언어 발달 과정을 문장, 문법, 의미의 발달로 나누어 볼 수 있다.

◆◆◆ **그림 3-1** 유아 언어 출현단계

1) 문장 발달

유아가 말하기 위해서는 단어들을 적당히 배열하여 의미를 전달하는 문장 구조를 습득해야 한다. 문장 발달의 과정은 다음과 같다.

[1] 한 단어 시기

한 단어 시기(one-word speech stage or holophrase)는 생후 9~15개월부터로, 영아는 어떤 상황에서 특수한 사람이나 사물을 지칭하기 위해 소리를 지속적으로 내면서 첫 단어로 말을 하게 된다. 이 시기에 흔히 사용되는 단어는 '엄마' 또는 '아빠'인데, '엄마'라는 단어는 명사 그 자체의 뜻이 아니라, 이 하나의 단어가 상황에 따라서 여러 의미를 함축하게 된다. 예를 들어, 영아가 '엄마'라고 말을 했을 때, 배고플 때는 '엄마 젖 줘!', 혼났을 때는 '엄마 미워!'의 뜻을 포함한다. 그러므로 한 단어를 사용하는 것은 단순한 단어가 아니라 의미가 담긴 문장을 사용하는 것이다.

이 시기 영아의 언어를 이해하기 위해서는 영아가 하는 말 이외에 영아의 행동과 현재의 상황 등도 아울러 고려해야 한다. 일어문(一語文)으로 성인의 문장과 같은 내용을 표현하는 현상은 전 세계의 영아들에게 공통적으로 발견된다. 초기 단어의 반 이상은 사물에 대한 명칭이며, 주로 영아의 행위와 관련된 단어들이 많다. 따라서 이 시기에는 성인들이 사물이나 단어들을 가르쳐 주었을 때보다는 자기 자신이 여러 가지 방법으로 경험을 했을 때 더 빨리 그 단어를 습득하게 된다.

(2) 두 단어 시기

두 단어 시기(two words speech stage)는 생후 18~20개월경으로, 이 시기에는 많은 어휘를 습득하게 되면서 두세 개의 단어를 결합하여 자신의 의사나 감정을 의미 있게 표현하기 시작한다.

① 전보문장식 표현

영아들이 이 시기에 사용하는 두세 단어로 구성된 문장은 성인의 문장보다 훨씬 더 짧고 간단하며 독창적이다. 영아들은 중요한 단어들만 사용하고, 문법적인 기능을 하는 말(부사, 조사, 조동사, 복수형, 과거형 등)들은 생략해서 말한다. 예를 들어, '엄마 쉬' '아빠 뚜뚜' '엄마 어부바' 등의 말을 한다. Brown(1973)은 이것이 성인들이 사용하는 전보의 문장과 같이 핵심적인 단어만으로 구성된다고 하여 전보문(telegraphic speech)이라고 명명하였다. 유아들이 전보문을 사용하는 것은 어휘 수가 제한되어 있고, 성인의 문장을 모방할 만큼 기억 범위가 충분하지 못하며, 많은 정보를 가진 단어들을 획득하기 위해 필요한 초기 인지적 법칙을 배워 나가는 데 시간이 걸리기 때문이라고 유추할 수 있다.

② 주축어와 개방어

이 시기의 문장을 살펴보면 특정한 소수의 낱말이 여러 낱말과 결합되어 자주 쓰이는 것을 발견할 수 있다. McNeill(1970)은 이것을 주축어(pivot word)와 개방어(open word)로 설명하였다. 주축어는 그 수가 적고 사용 빈도는 많은 데 비해, 개방어는 그 수가 많고 사용 빈도가 적다. 앞의 예에서 '엄마'는 주축어이고, '쉬' '어부바'는 개방어가 된다. 주축어는 종류에 따라 두 단어 조합의 앞이나 뒤에 고정된 위치를 가지며, 주축어가 갖는 특징은 다음과 같다.

- 고정된 위치에 나타난다.
- 단독으로 사용되지 않는다.
- 다른 주축어와 함께 사용되지 않는다.
- 모든 개방어와 조합될 수 있다.

조명한(1982)은 주축문법을 과도기적인 표현이라는 단서하에서 실용어와 내용어의 관계로 설명하였다. 그가 관찰한 주축문법적인 단어 조합의 예를 살펴보면 <표 3-2>와 같다.

✦✦✦ **표 3-2** 단어 조합의 예

주축어(실용어)	개방어(내용어)
엄마 아빠 애기야 언니야 아 우 또	쉬 이리 와 얘야 우유 이거 아찌 이뻐 추워 무거 여기

이러한 주축문법은 간단한 문법 구조가 아니라 여러 가지 다양한 관계를 표현할 수 있다. 영아는 초기부터 장소, 소유, 목적격 등을 표현하고 있다. 예를 들면, '엄마 양말'이라는 말은 '엄마가 양말을 신겨 주고 있다'와 '엄마의 양말'이라는 소유격 의미로 해석될 수 있다.

[3] 두 단어 이상의 문장 시기

두 단어 이상의 문장 시기(more than two words speech stage)는 생후 2년 6개월쯤으로, 영아는 점차 2개 이상의 어휘를 사용하게 된다. 수식어와 접속어의 사용이 늘고, 보다 복잡하고도 수준 높은 언어 사용자가 되어 간다. 유아의 문장이 길어짐에 따라 구문적 지식 역시 더욱 명료해진다. 즉, 단순한 의미에 기초한 표현들과 문법적인 것들의 연계가 확립되어 가면서 어순의 사용이 보다 구문적으로 발달되어 간다.

Brown(1973)은 명사, 동사, 부사와 같이 주 내용어의 의미를 조정하고 맞추는 기능어 혹은 어미들로 구성된 문법 형태소는 영아의 언어 발달에 대한 정보를 제시해 준다고 하였다. 문법 형태소들은 발달적으로 복수를 가장 먼저 획득하고, 소유 형태소를 그다음에, 그리고 동사 어미가 가장 늦게 발달하는 것처럼 대부분의 주요 형태소의 발달이 순서적으로 일어난다. 이 순서적 발달은 형태의 복잡성(같은 과거의 표현이라 하더라도 '-ed'보다는 'was'가 더욱 어렵기 때문에 뒤에 나타나는데, 후자의 경우 인칭과 시제가 복합되어 있기 때문)에 기인하는 것으로 보인다.

우리나라의 경우 3세 초반에는 아직 부정 형태소의 위치를 잘못 배치하는 오류를 범하게 되어, '계란 안 먹어'를 '안 계란 먹어' 등과 같이 부정 형태소의 배치를 틀리게 혼합하여 사용하는 것도 흔히 접할 수 있다. 이와 같이 '안'을 사용하는 부정문은 유아기에 계속해서 많이 나타나는 부정문의 유형이며, 점차 바른 배치가 나타난다. 연령이 증가함에 따라 '아니'를 사용하는 부정문은 감소하고 '못 먹는다'에서와 같이 '못'을 동사나 형용사 앞에 위치시켜 해당 동사나 형용사를 부정하는 부정문의 유형이나 '~하지 못한다'를 사용하는 부정문이 증가한다.

질문 유형의 산출은 이해보다 늦게 이루어진다. 유아가 가장 먼저 이해하고 산출하는 질문의 형태는 '무엇' '어디' '예, 아니요' 대답의 형식이고, 그다음은 '누구' '누구의'이며, '왜' '어떻게' '언제'가 포함된 질문은 후에 나타난다. 인과관계에 관한 '왜'와 행위의 도구나 수단에 관한 '어떻게'는 늦게 발달되며, 특히 시간 개념에 관한 '언제'는 가장 늦게 표현되는 질문 형태이다. 이와 같은 유아의 질문 형태 습득은 언어의 의미 관계 발달 과정과 일치되며 인지 발달을 반영하는 현상이고, 언어의 의미적 발달은 다음의 두 절차로 진행된다.

- 첫째, 명사적 의미(propositional semantics)로서, 이는 유아가 문장으로 단어들을 조합하는 능력과 함께 진행된다.
- 둘째, 단어 의미의 획득은 어휘적 의미(lexical semantics)라고 부르는 것의 발달에 의하여 일어난다.

유아의 인지 능력과 언어 기술이 풍부해지면서 언어를 사회적 소통 도구로 사용하는 역량도 함께 발달한다. 의사소통능력이란 상호작용하는 방법, 다른 상황에서 서로 적절히 의사소통하는 방법, 의사소통 상황에서 다른 사람이 말하고 행하는 것에 관한 의미를 파악하는 방법 등을 포함한다. 또한 표현의 숨은 의도까지 알게 되고, '좀 시끄럽군'이라는 표현을 조용히 하라는 의미로 해석할 수 있게 된다. 자신의 표현과 듣는 것을 점차 청자나 화자의 입장에 맞추어 조절할 수도 있는 능숙한 소통자가 되어 간다. 유아기 동안 유아의 발화는 좀 더 분명해지며, 다른 사람의 발화가 불분명한 경우 명확히 하기 위해 명료한 설명을 요청하는 의사소통 기술도 발달한다.

2) 문법 발달

유아가 많은 어휘를 습득하면서 단어를 의미 있게 배열하여 문장으로 만드는 문법적 규칙은 초기부터 습득된다. 앞에서 전보문과 주축문법에 대해 설명한 바 있으나, 주축문법과 전보문장식 언어형식으로의 분석이 유아의 언어를 충분히 설명할 수 없다는 의견이 나오자 단어의 조합인 문장의 의미에 관심을 두게 되었다.

유아는 사용어휘 및 품사를 습득하고 점차 증가시켜 나감에 따라 더욱 복잡한 단어의 조합과 문장의 구조를 습득하게 된다. 이어문(二語文)의 문장을 사용하는 유아 언어의 문법적 특징을 보면, 주어나 목적어라는 문법관계에 대해 아무런 지식이 없이 의미론적 관계에서 문장을 산출하고 있다. 이것을 Fillmore(2014)는 격문법(case grammar)으로 설명하고 있다.

세 개 이상의 단어를 사용하는 시기부터 점차 성인언어와 유사한 체계를 갖추기 시작한다. 소유하기와 수식하기 등이 명사구로 사용되는 경우를 보이며, 접속절과 비슷한 표현들이 나타나 마치 복합문장과 같은 형식과 구성을 보이기 시작한다. 이뿐만 아니라 서서히 기능어, 즉 문법 형태소가 나타나기 시작한다.

처음으로 문법 형태소를 사용하는 시기의 특징을 보면 유아 나름의 규칙 체계에 따라 성인과 달리 사용한다. 문법적인 관계를 배워 나가는 과정에서 어떤 규칙을 지나치게 일반화하여 사용하므로 과잉 일반화(overgeneralization) 현상이 나타난다. 예를 들면, 수족관의 기포를 보고 '콜라'라고 하거나 선생님을 '엄마'라고 부르는 것을 말한다. 또 다른 현상으로는 보편문법이 있는데, 영어의 경우 동사의 과거형은 동사의 원형에 -ed를 붙인다는 규칙을 알게 되면 불규칙 동사 go, come 등에도 -ed를 붙여 goed, comed로 생각한다. 우리말의 경우 '가'가 주격 조사인 것을 알고 나면 '발'과 같은 받침이 있는 단어에까지 '이' 대신에 '가'를 사용한다. 예를 들면, '선생님이가'라고 말하는 것이다.

문법 형태소는 종류와 유아에 따라 산출되는 시기가 다른데, 그 이유를 몇 가지 살펴보면 다음과 같다.

- 사회적 소통에 필요한 것일수록 먼저 습득된다. 그래서 공존격(같이, 랑), 호칭 어미(~야)가 먼저 습득된다.
- 인지 발달의 영향을 받는다. 유아의 인지 발달 과정에서 공간 개념이 일찍 발달되므로 장소격 조사(엄마 앞에, 엄마한테)가 먼저 습득된다.
- 지각의 현저성이다. 우리나라 유아가 미국의 유아보다 문법 형태소를 더 빨리 습득하는데, 그 이유는 우리말의 경우 형태소가 대개 단어 끝부분에 오기 때문이다. 유아들은 단어 끝부분에 주목하는 경향이 있다.
- 문법적 복잡성이다. 수동 형태소(히, 이)가 다른 동사 유형보다 조금 늦게 발달되는 것은 문법의 복잡성 때문이다.

동사의 시제를 습득하는 것은 2~2세 반경부터 과거형(산에 갔어), 미래형(아찌 줄꺼야)을 표현하며, 현재진행형(가면서 먹을래)은 보다 늦게 나타난다.

부정문의 발달에 대해서 이연섭(1980) 등은 다음과 같이 설명하였다.

> '아니' 혹은 '아니야'와 같은 '안'이라는 부정어가 동사나 형용사 앞에 위치하여 해당 동사나 형용사를 부정하는 경우가 유아의 언어에서 가장 많이 나타남을 발견하였는데, 이러한 경향은 연령에 관계없이 자주 산출되었다. 아니라고 반응하는 부정은 일종의 자의(自意)부정으로서 '~하지 못한다'라는 타의(他意)부정보다 훨씬 더 자주 쓰였으나, 연령이 증가하면서 감소되는 경향을 보여 주었다. 반면에, 타의부정은 발달상으로 보아 뒤에 나타나는 것으로 밝혀졌다. 이는 유아의 사고 발달 과정에서 자기중심적 사고가 차츰 타인을 이해하는 사고로 전환되어 가는 과정과도 관련이 깊다.

유아가 의문문을 적절히 사용하기 위해서는 질문은 어떤 것이며 질문의 의미가 무엇인지 학습해야 한다. 그러므로 의문문의 습득은 인지 발달과도 연관성이 있다. '무엇, 어디, 누구, 누구의' 등의 질문은 비교적 일찍 나타나고, '왜, 어떻게'는 보다 늦게 발달되며, 특히 시간 개념에 관한 '언제'는 가장 늦게 표현되는 질문 형태이다.

문법 형태소를 사용하기 시작하면서 복문을 구사하게 된다. 복문을 접속문과 내포문으로 나눌 수가 있는데, 전자는 대등절을 병렬시키거나 주절과 종속절을 병렬시킴으로써 한 문장을 만드는 것이고, 후자는 한 명제를 다른 명제에 포함시킴으로써 한 문장을 만드는 것이다. 이때의 접속문은 초기의 접속문과 다르다. Clancy(1986)는 접속문의 의미관계를 대등(coordination), 대립(antithesis), 시간적 연속(sequence), 원인(causality), 한정조건(conditional notions), 동시성(simultaneity) 의 여섯 범주로 나누었는데, 이러한 유형이 유아의 언어에서도 그대로 나타난다.

3) 의미 발달

유아가 사용하는 단어들의 의미는 성인이 쓰는 단어의 의미와 다른 점이 있다. 일어문(一語文) 시기의 유아가 '엄마'라고 할 때 단지 엄마만 의미하는 것이 아니라 무엇을 요구하거나 준다거나 하는 등의 여러 의미를 담고 있다.

초기 단어 발달은 대부분 대상이나 행위를 나타내는 이름을 붙이는 것이 주가 되는데, 이때 이름을 붙이는 대상이나 행위, 즉 참조물(referent)이 무엇인가 하는 것이 단어의 의미를 이해하는 데 매우 중요한 역할을 하고 있다. 이것은 곧 참조물에 대한 개념적 이해와 관련이 있어 유아의 인지 발달과도 관련성이 있다.

유아들은 단어를 획득하기 전에 지각적·기능적 유사성에 기초하여 적절한 유목 (class)을 형성할 수 있다. 그런데 유아들은 자신이 처음 사용한 단어들을 성인의 적용범위 이상으로 확장시키는 특징이 있다. 예를 들어, '멍멍이'라는 단어를 개나 강아지만을 지칭하는 것이 아니라 소, 말, 고양이 등에도 적용한다. 이러한 단어의 과잉확대(overextension)는 유아의 질문이 많아지고 어휘력이 급속도로 성장하면서 점차 사라지게 된다. 이와 같은 과잉확대 현상은 네 가지 관점에서 설명될 수 있다 (Clark, 1973; De villiers, 1979).

- 유아는 명칭을 붙여 말하는 사물들이 모두 같은 범주에 속하며 성인과 같은 의미로 사용된다는 생각하에 과잉확대하는데, 이것을 의미론적 특징 가설 (semantic features hypothesis)이라고 한다.
- 유아들이 적절한 단어를 모르거나 기억하지 못하기 때문에 과잉확장한다. '고양이'를 보고 '개'라고 하는 것은 '개와 같은' 혹은 '그거 개예요?'라는 의미일 수도 있다.
- 유아들이 사용하는 과잉확대는 언어가 발달하는 과정 중에 나타나는 단어 습득의 책략이라고 볼 수 있다. 유아는 자신의 요구나 성인의 관심을 끌기 위해

적절하지 않음을 알면서도 가장 유사한 단어를 사용한다. 이런 경우 유아는 성인이 상황에 맞는 어휘를 자신에게 피드백해 줄 것이라는 사실을 이미 알고 사용할 수 있다.

• 유아는 과잉확장을 통해 은유적 표현을 사용하여 시적이고 창의적인 언어표현을 하기도 한다.

경우에 따라서 유아들은 참조물에 대한 단어를 과잉축소(underextension)하기도 한다. 예를 들면, '동물'이라는 단어에는 포유동물만 속하고 물고기나 곤충은 동물에 속하지 않는다고 생각한다. 유아의 단어 의미의 적용범위가 확대·축소되는 과정을 통해 유아는 성인들이 사용하는 적절한 의미를 이해하며 발달시켜 나간다. 이 두 가지 관점은 거의 동시에 이루어진다.

언어 의미에 관한 또 다른 차원은 수평적-수직적 어휘 발달이다(McNeill, 1992). 수평적 어휘 발달(horizontal vocabulary development)이란 유아의 단어에 대한 의미의 적용범위가 넓혀지거나 좁혀지는 것을 말한다. 이를 위해 해당 단어에 대해 많은 것을 경험해야 한다. 예를 들어, '네발짐승'을 '멍멍이'라고 이해했다가 점차 다리가 네 개이고, 털이 있으며, '멍멍' 소리를 내는 것이 '개'라는 동물의 속성임을 알고, '개'에는 '진돗개' '치와와' 등이 있는 것을 알게 된다. 앞의 과잉확대, 과잉축소가 단어 의미에 관한 수평적 발달 과정에서 나타남을 볼 수 있다.

또한 수직적 어휘 발달(vertical vocabulary development)은 유아가 어떤 개념의 속성을 알고 나면, 관련된 단어들을 접하면서 하나의 의미적 집합(semantic cluster)을 형성하게 되어 새로운 어휘들을 집합에 추가시킬 수 있는 것을 말한다. 예를 들어, '개'에 대해 개념을 학습한 유아는 고양이, 소, 말 등이 '동물'에 속한다는 것을 알고 새로 접하는 염소가 이 집합에 속한다는 것을 쉽게 이해하게 된다. 유아들은 이러한 수평적-수직적 의미 발달 과정을 통하여 단어의 의미를 좀 더 깊고 넓게 이해해 간다. 유아들이 단어의 의미를 발달시켜 가는 과정은 아주 서서히 일어나며, 성인이 사용하는 의미에 맞게 일치시켜 나가는 것은 인지, 사고의 발달 과정인 동시에 언어의 사회화 과정이다.

3. 유아 언어 발달의 특징

　일상의 언어생활은 음성언어와 문자언어의 사용으로 이루어진다. 음성언어는 대개의 경우 말하는 사람(화자)과 듣는 사람(청자)에 의해 말소리를 통하여 같은 공간 안에서 사용되며, 문자언어는 글이라는 매체를 통하여 글 쓰는 사람(작가)과 글 읽는 사람(독자) 사이에서 시공의 제한 없이 사용된다. 유아기의 언어지도를 위하여 고려되어야 할 구체적 특징을 살펴보면 다음과 같다.

　첫째, 이해어휘가 표현어휘보다 많다. 유치원 유아의 언어 발달 능력은 크게 운동 반응 표현, 언어 반응 표현으로 구분될 수 있다. 운동 반응 표현이란 유아가 언어로 표현하지 않더라도 이미 그 언어에 대한 개념을 가지고 있어 자신의 행동으로 이해한다는 것을 표현하는 것을 말한다. 다시 말하면, 교사가 '그림책을 가져오자'고 했을 때 아직 '그림책'이라는 말을 하지 못하더라도 그것의 의미를 알고 가져올 수 있는 이해 능력을 말한다. 이러한 반응 능력으로부터 유아는 점차 표현언어 능력을 이끌어 낼 수 있는 것이다. 이것은 또한 언어 발달이 사고 · 인지 발달과 밀접한 관련이 있다는 사실을 시사해 준다. 따라서 언어 발달을 돕는 여러 가지 방법은 유아의 언어와 함께 사고 · 인지 측면의 발달도 도모할 수 있도록 마련되어야 한다.

　유아는 자모음의 이름을 알기 훨씬 이전부터 언어의 기능에 대해 학습한다. 문자

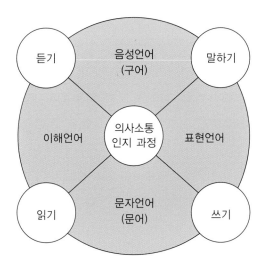

❖❖❖ 그림 3-2 유아기 의사소통 인지 과정 4요소

언어 기능의 학습은 문자언어가 의미를 가지고 있다는 것을 앎으로써 시작된다. 의미의 추출은 맥락에 의존하여 일어난다. 예를 들어, '유아용 키즈치약' 치약튜브를 보고 '치약'이라고 읽는다든지, '펩시콜라'를 '콜라'라고 읽는 행위는 그 글자의 의미를 그 맥락의 도움으로 추측하고 있음을 보여 주는 것이다. 글자를 한 자 한 자 읽는 것이 아니라 그 물건의 생김새, 색깔, 글자의 디자인과 같은 맥락에 기초하여 의미를 추출하는 것이다. 만약 그러한 맥락이 제거되면 같은 글자라도 읽을 수 없게 된다. 2~3세의 유아도 쓰기를 통하여 자기 생각을 전달할 수 있음을 안다. 자기가 끄적인 것(scribbling)을 짚으며 "나는 선생님을 사랑해요."라고 읽는다든지 그림 옆에 그 사물의 이름을 끄적이는 것과 같은 행위도 쓰기가 자기의 생각을 전달할 수 있는 방법임을 습득했다는 것을 보여 준다.

둘째, 유아의 언어는 모방적이다. 유아는 성인의 언어를 끊임없이 모방한다. 그러나 유아 자신의 체계에 따라 계통적이고 선택적이며 같은 어순으로 모방한다. 따라서 성인은 될수록 정확하고 구체적이며 다양한 언어를 사용하도록 한다. 또한 유아에게 올바른 발음을 지도하려면 교사는 명확한 발음을 구사하는 모델이 되어야 한다. 특정한 어떤 발음을 어려워하는 유아가 있을 때는 그 발음을 천천히 그리고 분명히 들을 수 있도록 배려해 주는 것이 좋다. "또 틀렸어. '무'가 아니고 '물'이야." 와 같이 지적해 주는 것은 효과적인 지도법이 아니다. 교사가 비형식적으로 발음을 들려주면 유아는 이를 자신의 발음과 비교할 수 있기 때문에 자연적으로 수정하게 된다. 따라서 유치원에서는 여러 가지 사물의 소리 흉내 내기, 자연의 소리, 사람이 내는 다양한 말소리 등에 대한 경험을 될 수 있는 대로 많이 가져서 들리는 소리에 관심을 가지고 그 차이점을 변별해 보는 능력을 길러야 한다.

셋째, 유아는 자기중심적인 언어의 특징을 가지고 있다. 이것은 유아들이 유치원에서 친구들과 여럿이 이야기를 나누며 노는 것을 살펴보면 알 수 있다. 즉, 같은 이야기를 나누지만 서로 연결이 되지 않는 혼잣말을 주로 사용한다. 또 집단으로 모여 있으나 의사소통이 되지 않고 각자 자기주장을 하며 남의 말을 이해하려고 하지 않는 집단 독백어를 사용한다. 때에 따라서는 한 말을 자꾸 반복하는 경향도 있다. 따라서 유치원에서는 이러한 언어 문형이 점차 사회화된 언어로 발전하여 서로의 뜻을 전하고 이해하는 의사소통능력이 길러지도록 도와야 한다. 이와 같이 자기주장과 같은 형태로서 자기 말만 하다가 6~7세 이후가 되어야 사회화된 언어 형태를 사용할 수 있다.

넷째, 유아의 언어는 창의적이다. 유아는 모방에 의해서만 언어를 습득하는 것이 아니라 스스로 창의적인 표현을 자주 하며, 때에 따라서는 무의미한 발음(nonsense syllables)을 반복하기도 한다. 예를 들면, 초콜릿 우유를 '캄캄한 우유'라고 한다든지, 다리에 난 털을 보고 '다리 카락'으로 표현한다든지, 안과를 '눈과'라고 하는 것이다. 또는 각 음절에 '비' 자를 붙여 보기도 한다. 이것은 유아가 나름대로 자기의 생각을 통해 창의적인 언어 표현을 다양하게 하는 것이므로 지나치게 무안을 준다든지 교정해 주기보다는 자연스럽게 표준 언어로 바뀔 수 있도록 배려해 주는 것이 좋다. 유아 언어활동을 교육과정과 연결해 볼 때 '일상생활에 관련된 어휘와 문장을 이해하고, 바르게 활용할 수 있는 능력을 기른다'와 연결하여 하위목표들을 다양한 실제 활동으로 구성해 볼 수 있을 것이다.

다섯째, 유아는 주위의 사물에 호기심을 가지고 끊임없는 질문을 계속함으로써 어휘와 문장 구조를 발달시켜 나간다. 유아는 자신을 둘러싸고 있는 주변 세계에 대해 모든 것을 알고 싶어 한다. 따라서 성인에게 끊임없이 질문한다. 이때 질문에 대하여 적절한 응답을 받고 성인들과의 언어 상호작용이 계속 유지되는 경험을 되도록 많이 가져야 한다. 이러한 기회를 많이 가져 볼수록 의사소통능력이 잘 이루어지고 사고 및 인지 능력도 촉진된다. 〈표 3-3〉은 유아에게 언어를 가르칠 때 효과적인 학습 상황을 정리한 것이다.

◆◆◆ **표 3-3 유아의 두 가지 언어 학습 상황**

학습이 쉬운 경우	학습이 어려운 경우
• 언어가 실제적이고 자연스러울 때	• 인위적일 때
• 의미의 덩어리일 때(whole)	• 조각으로 나뉘어져 있을 때
• 의미를 파악할 수 있을 때	• 무의미할 때
• 흥미로울 때	• 지루할 때
• 나와 상관이 있을 때	• 나와 아무런 관련이 없을 때
• 실제 사건의 일부일 때	• 상황과 이어지지 않을 때
• 학습자가 동기와 목적을 인식할 때	• 필요성을 전혀 인식하지 못할 때
• 내가 언어를 선택할 때	• 다른 사람이 그것을 지시할 때

4. 유아 언어 발달에 영향을 미치는 요인

유아의 언어 발달은 여러 가지 요인에 의해 영향을 받는다. 일반적으로는 연령, 지능, 형제 수와 형제 순위, 가정환경 등이 언어 발달을 촉진하거나 저해하는 요인으로 작용할 수 있다. 이러한 요인은 유아의 개인적 조건, 가정환경, 교육환경으로 나누어 살펴보고자 한다.

1) 유아의 개인적 조건

유아의 개인적 특성 중 지적 능력, 성(sex), 심신 상태에 따라 언어의 발달 양상이 달라진다.

(1) 지적 능력

사람이 말을 하고 듣고 쓰고 읽기 위해서는 적절한 기억력, 사고 능력, 모방력, 문장 구성능력 등이 요구된다. 이 때문에 언어 발달과 지적 능력의 관계가 이제까지 많은 학자의 주요 관심사가 되어 왔다. 학자들에 따라 사고(thought)의 발달이 언어 발달에 예속된다고 하여 언어를 강조하는 입장과 언어보다는 사고를 더 중요하게 생각하는 입장으로 대립되기도 하지만, 대체로 언어 발달과 지적 능력은 정적인 상관관계가 있다. Corrigan(1978)은 언어 발달과 Piaget의 인지 발달과의 관계를 연구하기 위해 생후 10개월 된 유아를 28개월까지 추적한 결과, 대상 영속성(object permanence)을 인식한 것과 한 단어를 말할 수 있는 시기가 서로 관련이 있음을 밝혀냈다. 우리나라 유아를 대상으로 한 김춘희(1978)의 연구에서도 지능에 따라 언어 표현력에 차이가 있는 것으로 나타났으며, 주영희(2001)의 연구에서도 지능이 유아의 언어능력과 관계가 깊은 변인으로 나타났다.

(2) 성

공간 지각이나 기하 도형 지각과 같은 지적 과제에서 남아가 여아보다 우수하나, 언어능력에 있어서는 여아가 남아보다 더 우수한 것이 보편적이다. Maccoby 와 Jacklin(1974)의 연구에서 유아기 때부터 사춘기에 이르기까지 어휘, 발음, 철자법, 문장 구성력, 문장 이해력, 언어적 추리력에서 여아가 남아보다 우수한 경향을 보였으며, 언어치료를 필요로 하는 경우도 여아보다 남아가 더 많은 것으로 나타났다. 또한 이 외에 여아는 남아보다 취학 후 언어 발달 속도가 빠르다. 초기 청소년기까지도 여아는 어려운 언어적 과제에 대한 이해력이 남아보다 크며 언어 유창성이 높다. Barbour와 Stevenson(1990)도 읽기 활동이 정적 활동에 속하기 때문에 활동적인 남아보다 여아가 이 활동에 더 많이 참여하게 될 뿐 아니라 읽기 자료에 대한 관심도 더 높아서 여아의 읽기능력이 남아보다 우수하다고 보고하였다. 이러한 남아와 여아의 언어 발달의 차이는 어디에서 오는 것일까? 이러한 차이는 부분적으로는 남녀 간의 신체적 성숙의 차이에서 오는 것으로 예측되고 있다. 즉, 여아는 남아보다 일반적으로 신체 성숙이 빠르며 특히 뇌에서 언어 기능을 맡고 있는 좌반구의 초기 발달이 빠른 것으로 보고되고 있다. 하지만 양육환경 측면에서 다른 요인도 생각할 수 있는데, 일반적으로 어머니는 남아보다 여아에게 이야기를 더 많이 하는 것으로 보고되고 있다. 이러한 서로 다른 양육 조건이 언어 발달에 있어서 남아와 여아 간의 언어 발달의 차이를 가져오는 또 다른 부분적 요인으로 작용할 수 있다.

[3] 신체-사회적 발달 특성

언어의 습득과 발달은 유아의 신체 조건에 따라 영향을 받는다. 유아의 신체 조건이란 촉각 기관, 발음 기관, 청각 기관 및 신경 근육 조직의 정상적인 지각 여부를 의미한다. 유아는 보고 듣고 만지는 감각 경험을 통하여 여러 정보를 수집하고 이를 뇌에 전달하여 의미를 이해한 후, 음성언어나 문자언어로 표현하게 된다. 따라서 정상적인 언어 발달이 이루어지기 위해서는 이들 신체 기관의 기능이 중요하다. 유아의 언어 발달과 신체 조건의 관계를 분석한 연구에서, 출생 시 체중 미달 유아가 이해 능력, 사용 어휘 수 등에 있어서 발달이 뒤떨어졌다고 보고되었다(Kendon, 1972). 한편, 유아의 사회성과 정서상태도 언어 발달과 밀접한 관계를 맺는다. 언어는 사회적 맥락 속에서 습득되고 발달이 이루어진다. 따라서 친구가 없는 고립된 유아보다 사회성이 잘 발달된 유아의 언어 발달이 더 빠르다. 즉, 친구와의 사회 접촉이 적은 유아는 자기중심적인 언어를 사용하게 되고 대화를 나눌 기회가 적기 때문에 언어 발달이 뒤떨어지게 된다.

2) 가정환경

환경 요인에는 가정환경과 교육환경이 포함되는데, 그중 가정은 유아가 언어 학습을 하는 데 중요한 역할을 한다. 가정환경의 여러 변인 가운데 사회경제적 조건, 형제관계, 부모와의 언어 상호작용, 물리적 환경 등이 언어 발달에 영향을 미친다.

[1] 사회경제적 조건

가정의 사회경제적 계층에 따라 유아의 언어 발달에 차이가 있음이 지적되고 있다. 즉, 중류 계층 유아의 언어능력이 하류 계층의 유아보다 더 발달되었다고 한다. 경제적으로 어려운 가정의 아동들은 경제적으로 풍족한 가정의 아동보다 문장의 길이와 어휘력이 뒤떨어지고, 작문의 길이가 짧고, 형용사의 사용 빈도와 추상화 능력이 다소 낮은 것으로 나타났다(Johnston & Kamhi, 1984; Parisi & Giannelli, 1979).

하지만 계층별 차이를 설명하는 데는 결손 가설(deficit hypothesis)과 차이 가설(difference hypothesis)의 서로 상반된 견해가 있다. 결손 가설에서는 하류계층 유아의 언어 경험 부족이 언어 발달을 지원하지 못한다는 설명이다. 경제적으로 어려움이 있는 가정환경은 아동의 언어 발달을 충분히 자극하지 못하므로 언어 발달의 지체를 초래하게 된다는 것이다. 반면에 차이 가설에서는 중류층 유아와 하류층 유아의 언어를 질적 측면에서 비교하지 않고 단순히 각 계층에서 사용하는 언어의 차이로 설명하고 있으며, 이러한 차이 때문에 중류층 유아만을 염두에 두고 제작된 여러 언어 검사에서 하류층 유아들이 실패하게 된다고 주장하기도 한다.

[2] 형제관계

유아들의 형제 수, 형제 순위 등도 언어 발달과 관련이 있는 것으로 보고되고 있다. 형제가 있는 유아들보다 외딸이나 외아들의 언어 발달이 빠른 편이라고 알려져 왔다. 그 까닭은 형제가 없는 유아들이 성인과의 언어적 상호작용이 많은 데 비해서 형제가 있는 유아들은 언어 발달이 미숙한 형제와 언어 상호작용을 하므로 언어 발달이 늦어지기 때문이다. 서로 미숙한 언어를 모델로 보게 되는 쌍생아는 보통 유아들보다 언어 발달이 조금 느리고, 형제 순위가 중간인 유아도 장남, 장녀보다 언어 발달이 다소 늦다고 알려져 있다.

(3) 부모와의 언어 상호작용

가정에서 부모와 상호작용을 함으로써 최초의 언어를 습득하게 되고 이를 계속 발전시켜 나간다. 따라서 부모가 유아와 어떤 언어 상호작용을 맺으며 어떤 언어 모델을 제공하고 얼마나 언어 발달을 자극하느냐가 대단히 중요하다. 아동의 언어 가 정상적으로 발달하기 위해서는 아동이 보호자와 따뜻하고 애정적이며 신체적인 접촉을 해야 한다. 그렇게 함으로써 영아는 옹알이를 하고 싶어 하게 되고, 이후 의 미 있는 언어로 전이를 할 수 있게 된다. 아동이 언어를 배우는 이유는 사회적인 것 으로, 부모나 보호자와 애착됨으로써 밀접하게 연결되고 애정과 기쁨을 받게 되기 때문으로 볼 수 있다. 즉, 영아의 발성에 대해서 성인이나 주위 사람들이 미소를 짓 거나, 다독거리거나 이야기를 하면서 그들의 기쁨을 표현하는 등의 긍정적 반응을 해 주는 것이 언어 발달에 중요한 영향을 미친다. 이를 후속 반응이라고 한다. 영아 가 소리를 내거나 옹알이를 하여도 후속 반응이 없으면 영아는 소리를 내려고 하지 않는다. 자신이 소리를 내면 성인이 반응하는 경험을 통해서 영아는 원인과 결과의 관계, 즉 자신의 행동이 어떤 결과를 초래한다는 점을 깨닫게 된다.

Snow 등(Snow, Barnes, Chandler, Goodman, & Hemphill, 1991)에 의하면 어머니 는 유아와 대화를 할 때 간단하고 짧은 문장을 주로 사용하며, 구체적인 단어를 이 용하여 반복적인 표현을 많이 한다. 또한 어머니는 유아가 부정확하거나 부적절한 언어를 사용하는 경우, 올바르게 교정하여 반복해 주는 방법, 즉 반복 확장 방법을 사용하는데, 어머니가 반복 확장 방법을 약 52% 사용하여 유아의 언어를 교정해 주 는 것으로 밝혀졌다.

(4) 물리적 환경

가정의 물리적 환경이 어떻게 조성되었느냐에 따라 유아의 언어 발달이 영향을 받게 된다. 장영애(1982)의 연구에서는 유아의 언어능력을 의의 있게 예언해 주는 변인으로 가정의 물리적 환경과 놀이 치료가 분석되었다. Lapp와 Flood(1992)도 여러 종류의 책과 교육적 놀잇감이 구비된 가정의 유아가 언어 발달, 특히 읽기능 력이 우수하다고 지적한 바 있다. 그 밖에 오늘날의 유아들에게 제3의 부모라고 할 수 있는 TV가 언어 발달에 영향을 미치는 것을 강조하면서 <Sesame Street>와 같 은 영유아 대상 텔레비전 프로그램을 시청한 유아의 글자 학습 능력이 증진되었음 을 보고하고 있다(Krcmar, Grela, & Lin, 2004).

3) 교육환경

가정을 떠나 유아교육기관에서 최초의 사회적 경험을 하면서 유아의 언어 발달이 급격히 증진된다. 따라서 유아교육기관의 환경도 매우 중요하므로 교육환경 중 교사, 교수 방법에 관하여 살펴보고자 한다.

[1] 교사

유아교육의 교수 활동은 대부분 교사의 언어행동에 의해 이루어지게 된다. 즉, 교사는 언어를 매체로 하여 유아와 긴밀한 상호 관계를 맺게 되고 학습 활동을 지도한다.

Anderson, Morrison, 그리고 Friedrich의 연구(2010)에서는 교사의 음성, 말투, 어휘 등이 교사 언어행동의 질을 좌우하게 된다고 주장한다. 즉, 거칠고 커다란 교사의 음성은 유아를 당황하고 불안하게 만들며 부드럽고 잘 조절된 음성은 유아를 편안하게 만드는 등 유아의 정의적 측면에 영향을 미치는 동시에 언어 학습의 모델링(modeling) 역할을 하게 된다는 것이다.

임선옥(1991)의 연구에서도 전북 지역 유치원 교사의 언어 형태는 전체적으로 지배적이고 지식 주입적인 경향을 보였으며, 교사의 경력, 학력 수준, 연령, 가치관에 따라 차이가 나타났다. 교사의 경력이 많을수록 꾸중하는 비율이 높았고, 학력이 낮을수록 지배적이었으며, 학력과 연령이 높을수록 폭넓은 질문을 많이 하는 것으로 나타났다. 또한 발전 가치 지향적인 교사가 유아들에게 폭넓은 질문을 많이 하는 것으로 나타났다.

[2] 교수 방법

유아기 유아의 언어능력을 향상시키기 위한 효율적인 교수법을 모색하는 일이 이제까지 많은 연구자의 관심이 되어 왔다. 유아의 흥미와 발달 단계에 맞추어 반복적으로 그림 동화를 들려주고 유아로 하여금 다시 이야기하거나 읽도록 하는 비지시적 읽기 지도가 유아의 읽기 발달을 촉진시킨다. 김영실(2006)은 소집단의 유아에게 전후 상황의 관계가 풍부한 그림책을 제시하고 이에 관한 유아의 흥미, 개인적 경험, 언어적 반응을 격려해 주는 읽기 및 토의 활동을 활용하는 상황적 읽기 교수 전략의 효과를 분석한 결과, 유아들이 읽기 활동에 자발적이며 적극적으로 참여하는 반응을 보였다고 한다. Warner(2004)는 언어 경험 접근법, 즉 유아가 이야기한 내용을 기록하여 읽어 보게 하는 교수법으로 지도한 결과, 단어 읽기에서 높은 효과를 보였다고 보고하였다.

이상의 여러 연구 결과는 유아기의 언어 습득이 비지시적이며 유아의 적극적이고 자발적인 참여를 장려하는 교수법이 효과적임을 지지한다고 하겠다.

5. 문자언어 발달

문식성이란 문자언어를 사용할 줄 아는 능력, 즉 읽기, 쓰기 능력을 말한다. 읽기와 쓰기는 단순하게 자소(字素)를 음소(音素)로, 음소를 자소로 바꾸는 활동이 아니라, 글이라는 표상 체계를 사용하여 필자와 독자가 의미를 주고받으며 상호작용하는 활동이다. 필자는 글을 통하여 의미를 구성하고, 독자는 필자가 구성해 놓은 의미를 이해하는 매우 복잡하고 높은 수준의 정신적 과정이 요구되는 활동이다.

1) 문자 읽기 발달

[1] 읽기 발달 현상

• 읽기의 목표는 글의 의미를 이해하고 독해(comprehension of printed text)하는 것이다.
• 독해력의 발달은 음성언어의 발달, 초기 쓰기의 경험, 주변 환경 속에서 끊임없이 글과 글자를 접하는 것, 그리고 무수한 사회적 상호작용이 기초를 이룰 때 가능하다.
• 독해력은 유아의 의미 구성 능력에 따라 크게 차이가 있다.
• 유치원이나 초등학교에 입학하는 아동들은 우리 성인들이 상상할 수 있는 것보다 훨씬 더 많은 언어적 지식을 가지고 있다(Harste, Woodward, & Burke, 1984).
• 유아들은 글의 의미를 구성할 때 그림이 주는 단서나 음성언어로 제시된 이야기를 통해 글을 이해한다. 이뿐만 아니라 이미 가지고 있는 세상 지식과 이야

기 감각을 이용하여 단어를 분석하고 단어에 관한 지식을 이용하여 의미를 구성해 내기도 한다.

- 능숙한 독자는 글을 읽을 때에 글에 제시된 정보들을 자신의 배경지식이나 경험들과 관련시키며 능동적으로 해석하고 이해한다. 따라서 교사와 부모들은 글을 읽을 때 글과 아동의 배경지식을 연결시키는 전략을 가르칠 필요가 있다.

(2) 읽기 발달 단계

- **Ehri(2002)의 발달 단계**
  - 표의적 단계(logographic stage): 단어를 읽을 때 시각적 단서나 자형적인 특징을 이용한다(예: McDonald의 상표를 보고 McDonald라고 읽는다).
  - 변형기적(과도기적) 단계(transitional stage): 단어를 읽을 때 시각적 단서를 사용하던 것을 특정 낱자에만 자·모 결합의 원리(alphabetic principle)를 적용시켜 읽기 시작한다.
  - 자소-음소 대응 규칙의 단계(alphabetic stage): 단어를 읽을 때 무조건 자소와 음소를 대응하며 그 관계를 생각하여 발음하는 단계이다.
  - 철자법적 읽기 단계(orthographic stage): 단어를 읽을 때 자·모 결합의 원리와 예측 가능한 낱자의 유형, 낱자의 연결 등을 고려하면서 단어를 전체적으로 읽는 단계이다.

(3) 읽기 발달의 원리

① 자연적 발달

대부분의 아동은 가정에서부터 읽기를 배우기 시작한다. 아동이 전형적으로 가지게 되는 읽기 경험은 엄마와 함께 그림책을 읽는 것이다. 유아들이 가지는 첫 번째로 중요한 읽기 경험은 간접적인 경험으로, 아빠나 엄마, 그리고 형과 언니들이 읽고 쓰는 것을 보는 것이다.

② 상호작용적 발달

대부분의 유아들은 교사나 부모와 상호작용하면서 단어를 재인할 수 있는 능력을 접하고 문장의 의미를 이해해 나간다. 이후에는 점차 남의 도움을 받지 않고 혼자서도 읽기가 가능해지기도 한다. 따라서 사회적 상호작용이 없이는 결코 실제적인 읽기능력 발달이 불가능하다.

③ 기능적 발달

유아들은 읽기를 배우기 위해 읽기를 하는 것이 아니라 어떤 정보를 얻어 내기 위해 읽기를 한다.

④ 구성적 발달

아동이 생활 속에서 읽기를 기능적으로 경험하면서 문자가 일상생활과 어떤 관계가 있는지 이해하게 된다. 유아들은 자신의 생각이나 감정에 관해 글로 표현하는 기회를 가져 보고, 부모와 교사가 읽어 주는 이야기를 들으면서 이야기 속에서 발견되는 아이디어들과 자신의 아이디어들을 비교해 보기도 한다. 이런 경험들을 하면서 유아는 글을 쓴 사람이 전달하려는 의미가 무엇인지 이해하려는 노력을 기울이게 되고, 의미 구성적인 읽기능력이 발달하게 된다.

⑤ 통합적 발달

유아들의 읽기 발달은 읽기의 어느 한 측면이 특별히 발달되면 가능한 것이 아니다. 발음, 어휘, 문법, 낱자의 이름, 낱자의 소리, 단어재인 등의 기능은 읽기에 필요한 요소들이다. 이런 세부적인 기능과 요소들이 통합적으로 고루 발달되어 나가야 읽기능력 발달이 가능하다.

⑥ 점진적 발달

읽기는 어느 날 갑자기 발달하는 것이 아니다. 읽기에 대한 경험이 쌓이면서 조금씩 점진적으로 발달한다. 따라서 6.5세경의 모든 유아가 반드시 글을 읽을 수 있게 되는 것은 아니다.

2) 쓰기 발달

(1) 쓰기 발달 단계

읽기 발달과 마찬가지로 유아들이 어느 날 갑자기 표준적인 쓰기를 시작하는 것이 아니라, 그리기, 긁적거리기, 창안적 글자 쓰기(invented spelling), 그리고 표준적 쓰기(conventional spelling)로 점차 발전해 나간다.

- Clay(1991)가 관찰한 유아의 초기 쓰기 발달 단계에 나타나는 원리
  - 반복의 원리(recurring principle): 작은 동그라미나 선 모양을 줄을 따라 반복적으로 그려 놓는다. 글을 얼핏 보면 마치 작은 동그라미나 선 모양이 반복적으로 그어져 있는 것처럼 보인다.
  - 생성의 원리(generative principle): 잘 알고 있는 낱자나 잘 쓸 수 있는 몇 개의 낱자들을 여러 가지로 조합해서 반복적으로 쓴다.
  - 기호 개념의 원리(principle of sign concept): 그림, 디자인, 기호의 차이를 인식하고 종이 위에다 단어, 아이디어, 정보들을 나타내려고 애를 쓴다. 그림을 그려 놓고 밑에다 정확하지는 않지만, 글자 모양을 그려 놓고 구두로 설명을 덧붙이기도 한다.
  - 융통성의 원리(principle of flexibility): 유아가 글자의 기본 모양을 가지고 한 번도 본 적이 없는 새로운 글자들로 글자와 말소리의 관계를 만들어 내려고 애를 쓴다. 이때부터 창안적 글자 쓰기(invented spelling) 형태가 나타난다.
  - 줄 맞추기와 쪽 배열의 원리(priciple of linear and page arrangement): 일명 방향성의 원리라고도 한다. 글을 쓸 때 줄을 맞추려고 애를 쓰며, 왼쪽에서 오른쪽으로, 그리고 다 쓰고 나면 아래로 내려와서 다시 왼쪽에서 오른쪽으로 쓰기 시작한다.
  - 띄어쓰기의 원리(principle of spaces between words): 단어와 단어 사이를 띄우는 것을 알게 된다. 때로 그것이 어려워 단어와 단어 사이에 마침표를 찍기도 한다.

- 이영자와 이종숙(1990)이 관찰한 유아 쓰기 발달 현상
  - 1단계: 긁적거리기 단계
    하위 1단계: 글자의 형태가 나타나지 않으나 세로선이 나타나는 단계
    하위 2단계: 글자의 형태는 나타나지 않으나 가로선이 나타나는 단계
  - 2단계: 한두 개의 자형이 우연히 나타나는 단계

1단계   2단계

  - 3단계: 자형이 의도적으로 한두 개 나타나는 단계
  - 4단계: 글자의 형태가 나타나지만 가끔 자모의 방향이 틀린 단계

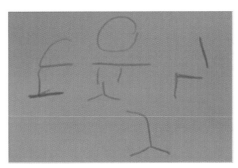

3단계   4단계

  - 5단계: 단어 쓰기 단계
    하위 1단계: 완전한 단어 형태가 나타나지만 가끔 자모음의 방향이 틀린 단계
    하위 2단계: 완전한 단어 형태가 나타나고 자모음의 방향이 정확한 단계

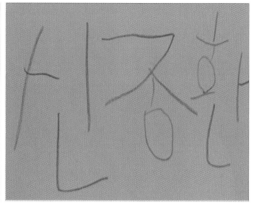

- 6단계: 문장 쓰기 단계

  하위 1단계: 문장 형태가 나타나지만 부분적으로 잘못도 나타나는 단계

  하위 2단계: 틀린 글자 없이 완전한 문장 형태가 나타나는 단계

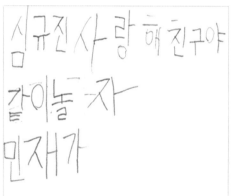

- Dyson(1992)이 관찰한 쓰기 발달 현상

  - 유아들이 사용하는 상징적 매체는 초기에는 매우 유동적이고 융통성이 있다. 예를 들면, 그림, 점, 기호, 글자 모양의 선들을 사용한다. 그리고 이런 매체들을 계속 사용하고 탐색하면서 유아들은 그 기능과 형태와 절차들에 점차 친숙해지고 편안해진다.

  - 여러 가지 사회적 상황 속에서 쓰기의 체계를 탐색하고 쓰기의 내적 작용, 의미와 글자의 관계성을 파악하기 시작한다.

  - 아무렇게나 써 놓은 것은 읽을 수 없다는 사실을 인식하게 된다. 그러나 아직도 남들이 알아볼 수 있는 표준적 쓰기를 할 수 없기 때문에 계속해서 남들이 알아볼 수 없는 것들을 마치 그리듯이 써 놓는다.

- 기본 글자들 중 몇 개의 글자를 알게 되고 그것들을 자주 사용한다. 특히 자신의 이름이나 아는 사람의 이름에 사용되는 글자를 인지하고 관심을 나타낸다.
- 맞춤법의 체계를 이해하기 시작하고 창안적 글자 쓰기를 시작한다. 이때 나타내고자 하는 사물의 물리적 속성이나 연령에 따라 글자를 많이 쓰기도 하고 적게 쓰기도 하며, 크게 쓰기도 하고 작게 쓰기도 한다.
- 부호화(encoding)에 대한 개념을 가지게 된다. 다시 말해서, 나타내고자 하는 의미에 따라 낱자의 선택과 배열을 달리해야 한다는 것을 인식한다.
- 자소-음소의 관계를 인식하고 나름대로 철자를 조합하여 발음을 하면서 쓰기 시작한다.
- 대상에 이름을 쓰기 시작하고, 그에 해당하는 소리를 가진 낱자를 찾아 사용하기 시작한다. 창안적 글자 쓰기가 많이 나타난다.
- 그림이나 기타 여러 가지 선이나 글자 모양을 그려 놓고 문어식(written language like) 음성언어로 설명하기 시작한다.
- 자신의 생각, 감정, 경험들을 문어식으로 불러 주면서 다른 사람들이 받아쓰게 한다.
- 정서적으로 의미 있는 경험들을 다양한 상징적 매체를 사용하여 표현하고 해석한다. 그리고 다른 사람의 반응을 살피고 관심을 가진다.
- 다른 사람들의 의견이나 비판을 자신의 쓰기에 적극적으로 수용한다.
- 정보의 종류에 따라 그림과 글의 관계를 비판적으로 따지기 시작하고, 글을 써서 즐겁게 친구들과 나누기 시작한다.
- 점차 이야기로 글을 쓰기 시작하고, 더욱 중요한 아이디어는 그림을 곁들이면서 설명하기 시작한다.

(2) 쓰기 발달의 원리

① 자연적 발달

유아들은 생활 속에서 자연스럽게 말하는 것을 배운다. 의도적으로 따라서 말하게 하거나 반복해서 훈련을 시키지 않아도 자연스럽게 말하기를 배운다. 마찬가지로, 쓰기도 실생활 속에서 자연스럽게 배운다.

② 상호작용적 발달

유아들은 가족이나 사회 속에서 자신의 필요를 충족시키기 위한 수단으로서 쓰기를 배운다. 유아들이 처음으로 쓰게 되는 말은 그들을 돌보아 주는 부모나 주변 사람들의 각별한 주의와 돌봄 그리고 여러 가지 상황 속에서 특별하게 지각된 말들이다.

③ 기능적 발달

유아들의 쓰기는 의미 있는 활동을 통해서 발달된다. 유아들은 무의미한 여러 가지의 분절된 언어적 요소들을 반복적으로 연습함으로써 쓰기를 배우는 것이 아니라, 의미가 있는 언어의 총체적이고 실제적인 사용을 통해서 배운다. 쓰기는 자신의 쓰기를 읽어 줄 대상과 쓰기를 해야 할 실제적인 이유가 있을 때 의미 있는 활동이 될 수 있다.

④ 구성적 발달

쓰기는 어떤 대상에 이름을 붙이고, 기억해야 할 항목들을 열거하고, 중요한 사항들을 메모해 놓는 것만으로는 충분하지 않다. 쓰기의 목적은 글을 읽을 사람에게 어떤 의미를 이해시키는 것이다. 의미를 이해시키기 위해서는 먼저 그 의미를 구성해야 한다. 의미를 구성하기 위해서는 하나 이상의 문장을 산출해 내야 한다. 문장의 산출은 반드시 의미가 담겨 있는 상황과 연결되어 있어야 하며, 또 각 문장들은 일관성과 응집성을 지니고 있어야 한다. 따라서 유아들의 쓰기 발달은 상황과 관련이 있으면서 일관성과 응집성이 있는 문장들을 산출할 수 있는 의미 구성적 과정을 경험할 수 있을 때 가능하다.

⑤ 통합적 발달

유아들의 쓰기 능력 발달은 쓰기에 필요한 여러 가지 구성 요인이 통합적으로 경험되면서 이루어진다. '통합'이란 둘 이상을 합쳐서 하나로 모으는 것을 말한다. 언어 사용의 양식에는 여러 가지가 있다. 말하기, 듣기, 읽기, 쓰기는 언어 사용의 각각 다른 양식들이다. 이런 양식들은 합쳐져서 하나의 커다란 언어체계 속으로 통합된다. 따라서 유아들은 말하기, 듣기, 읽기, 쓰기의 개별적 언어활동을 통합적으로 경험하게 되면서 더 큰 체계인 언어체계를 더 쉽게 이해하게 된다. 쓰기도 이런 통합적 경험 속에서 더 쉽고 확실하게 배우게 된다.

⑥ 점진적 발달

유아들의 쓰기는 어느 특정 시점에서 갑자기 출현하는 것이 아니라 점진적으로
발달한다. 그것은 마치 나무의 뿌리가 땅속에서 서서히 자리를 잡고 튼튼히 자라
가는 것과 비슷하다. 유아들은 그들의 생활환경 속에서 서서히 글자에 관심을 가지
게 되고, 그것들의 기능과 형태 그리고 사용 규약들을 알게 된다. 그러면서 음성언
어와 문자언어를 관계 짓게 되고, 서서히 글자를 써 나가게 된다.

6. 문식성 발달 이론

1) 성숙주의 이론

1920년대부터 1930년대에 성행했던 이론으로, 글을 읽고 쓸 수 있는 능력도 인
간의 신체 발달과 마찬가지로 때가 되면 저절로 발달된다고 믿었다. 꽃이 때가 되
면 저절로 피어나듯 문식적 능력도 자연스럽게 발달한다고 보았던 것이다. 따라서
읽기와 쓰기 지도는 아동이 가장 효과적으로 배울 수 있는 적절한 시기를 기다렸다
가 그때가 되면 시작해야 한다고 주장하였다. 이에 기초한 성숙주의 이론의 핵심
주장인 읽기 준비도(reading readiness) 개념에서는 정신연령 6.5세가 읽기 지도를
시작하기에 가장 적절한 시기라고 여겨 아동이 학습할 수 있는 준비가 성숙될 때까
지 읽기 지도는 연기되어야 한다고 보았다. 유치원 교육은 색칠을 하고, 종이를 자
르고, 모양을 그리고, 그림을 맞추어 봄으로써 읽기 학습을 위한 준비 교육을 해야
한다고 하였다. 그 후 유아들에게 수를 헤아리고 낱자의 이름을 가르치는 것은 허
용되었지만 낱자들을 조합해서 단어를 만드는 일은 금지하였으며, 또 이야기 듣기
는 권장되었지만 이야기 읽기는 금지하였고, 암기에 의한 읽기는 더욱 금지하였다.
읽기 지도는 아동이 학교 교수 상황에서 지시를 잘 들을 수 있고 따를 수 있고 학습
할 수 있을 정도의 성숙한 면을 보일 때까지 연기하는 것이 바람직하다고 보았다.

2) 행동주의 이론

1960년대에 이르러 성숙주의 이론에 반기를 든 이론으로, 성숙되지 않은 유아들

일지라도 읽기 학습을 할 수 있다는 주장이다. 읽기 지도는 발달적인 요인보다 환경적인 요인이 더 중요하며, 읽기·쓰기 지도는 일련의 기능들을 낮은 순서에서 높은 순서로 하나씩 체계적으로 가르쳐야 한다고 주장하였다. 그러므로 유치원에서의 읽기 지도는 그림 맞추기, 그림의 순서 정하기, 철자 재인, 철자를 보고 그대로 그려 보기 등과 같은 낮은 수준의 쓰기 기능들이어야 한다고 하였다. 그러므로 행동주의 이론을 따르는 사람들은 유치원에서 쓰기 지도는 주로 시각 변별 과업, 단어재인 과업, 1학년 교과서에서 나오는 쉬운 글자 쓰기 등을 그 내용으로 해야 한다고 주장하였다.

3) 상호작용주의 이론

성숙주의 이론과 행동주의 이론의 절충적인 관점으로 상호작용주의적 관점의 대표적 학자는 Piaget이다. 유아가 전조작기에 접어들면 하나의 대상을 표상하기 위해 다른 대상을 사용하는 상징 능력을 필요로 한다. 이때부터 유아는 그리기(drawing)를 시작하는데, 이 그리기가 쓰기 발달의 시작이다. 그리기를 통하여 일단 정신적 이미지를 형성하고 그 이미지를 명명하기 시작하면 유아가 현존하지 않는 대상이나 과거의 사건까지 기술하고 설명하면서 읽기와 쓰기가 시작된다. 유아의 언어 발달은 그들의 인지적 구조에 의해서 결정되며, 그들의 초기 언어는 실세계 속에 있는 대상과 사건을 나타내는 방법으로 기술된다. 따라서 유아의 언어 발달을 촉진하기 위해서 성인이 할 수 있는 일이란 이들에게 실세계 속에서 사건과 행위를 기술하고 설명할 수 있는 기회를 가능한 한 많이 제공하는 것이다. 이 이론의 제한점은 유아 스스로 준비가 되어 있지 않은 한, 타인의 도움을 받을 수 없다는 것이다. 인지 발달은 교사의 책임이 아니라 아동의 책임이어서 쓰기 발달에서 아동을 능동적인 존재로 보았다.

4) 사회적 상호작용주의 이론

대표적 학자는 러시아의 심리학자이자 교육자인 Vygotsky로, 그는 개인의 정신적 과정은 사회문화적인 기원을 가지며, 개인의 변화는 역사적·사회적 변화의 영향을 받는다고 믿었다. 따라서 유아의 읽기 및 쓰기 능력도 사회문화적인 영

향을 크게 받는다. Vygotsky는 유아의 발달이 생득적인 요소와 함께 사회적 상
호작용의 경험에 따라서도 달라진다고 믿었다. 인간의 지적 기능이 여러 가지 활
동들(activities)로 이루어진다고 보았으며, 그러한 활동들 중 가장 중요한 것이 말
(speech)이다. 즉, 인간의 정신 활동의 가장 중요한 도구가 언어이다. Vygotsky 이
론의 가장 핵심은 인간의 지적 기능이 처음에는 사회적 국면에서 일어나다가 나중
에는 개인적 국면으로 전이되어 일어난다는 것이다. 다시 말하면, 인간의 고등 정
신 기능은 언어에 의해 개인 간 심리 기능(inter-psychological functioning)이 개인 내
심리 기능(intra-psychological functioning)으로 전환된 것이다. 따라서 유아들의 읽
기와 쓰기도 다른 사람들의 영향 없이는 배울 수 없다.

◈◈◈ **표 3-4 문식성 발달에 관한 네 가지 관점**

	성숙주의적 관점	행동주의적 관점	상호작용주의적 관점	사회적 상호작용주의적 관점
인간관	인간은 생리적 존재	인간은 생물적 존재	인간은 합리적 존재	인간은 사회적 존재
언어관	• 언어는 학습의 대상 • 음성언어가 문자언어에 우선함	• 언어는 학습의 대상 • 음성언어가 문자언어에 우선함	• 언어는 사고를 반영함 • 음성언어와 문자언어의 차이에 관심 없음	• 언어는 사고를 촉진함 • 음성언어와 문자언어에 차이를 두지 않음
문자언어 학습관	• 일정한 정신연령이 되어야 문자언어 학습이 가능함 • 일정한 정신연령 이전에는 가르쳐 주어도 배우지 못함 • 음성언어의 습득 이후에 문자언어 습득이 이루어짐	• 체계적으로 가르치면 조기에도 문자 언어 학습이 가능함 • 음성언어 습득 이후에 문자언어 습득이 이루어짐	• 사고 발달 단계에 따라 언어 습득이 이루어짐	• 출생 직후부터 성인과의 상호작용을 통해 문자언어를 학습함 • 가르치지 않아도 문식 환경 속에서 자연스럽게 배움 • 음성언어와 문자언어의 습득이 동시에 호혜적으로 이루어짐
교육에의 시사점	• 문자언어 지도 이전에 학습 준비도를 꾀함	• 문자언어 지도 이전에 음성언어를 지도함 • 교수 내용과 방법의 체계화를 강조. 조기 교육을 권장	• 사고를 촉진·발달시킬 수 있는 자극과 환경의 제공	• 풍부한 문식 환경 조성 강조 • 아동과 성인의 언어적 상호작용을 강조

[연관 활동]

언어 습득의 비밀

- EBS 〈아기성장보고서―언어습득의 비밀〉 동영상을 보고 느낀 점을 함께 나누어 보세요.

언어 발달의 수수께끼

- EBS 〈다큐프라임―언어발달의 수수께끼 1부: 아이는 어떻게 말을 배울까?〉 동영상을 보고, 영유아들이 어떻게 언어를 습득하는지에 대해 생각을 나누어 보세요.

제**4**장

언어교육의 접근법

생각해 봅시다

- 유치원과 어린이집에서 언어교육은 어떻게 이루어지는지 생각해 봅시다.
- 영아를 위한 언어교육은 어떻게 이루어지는 것이 바람직한지 생각해 봅시다.
- 유아를 위한 언어교육은 어떻게 이루어지는 것이 바람직한지 생각해 봅시다.

언어는 사회적 도구와 매개체로서 인간 삶을 사는 데 필수적이다. 인간은 언어를 통해 사회적 상호작용을 하며 자신의 생각을 전달하거나 타인의 생각을 이해하며 필요한 정보를 얻기도 하고 상호 간의 갈등과 문제를 해결하는 과정에서도 중요한 기능을 담당한다. 이러한 언어교육은 실제로 유치원과 어린이집에서 매일의 일과와 주제와 연결된 듣고, 말하고, 읽고, 쓰는 언어활동을 통해 통합적으로 다루어진다. 현재 유아교육 현장에서 다양한 언어교육 방법이 이루어지고 있는데, 이 장에서는 여러 언어교육 방법 중 발음중심교육 접근법, 총체적 언어교육 접근법, 균형적 언어교육 접근법, 문학적 언어교육 접근법에 대해서 살펴보고자 한다.

◆◆◆ **그림 4-1** 영유아를 위한 언어교육

1. 발음중심교육 접근법

발음중심교육이란 문자기호를 음성기호로 옮길 수 있는 능력을 교육하는 것으로, 언어교육 중 언어의 의미를 이해하기 전에 읽기 기술을 지도하는 것이다. 즉, 발음중심교육이란 듣는 소리가 어떻게 글로 쓰이는지를 알게 하는 교육 방법을 말한다. 발음중심교육 접근법에 따른 읽기 학습은 글자의 자음과 모음의 발음과 자음·모음이 결합하여 글자를 이루는 원리를 가르치며, 유아들이 읽은 것에서부터 의미를 해석해 나갈 수 있도록 돕는 것이 목표이다. 이를 위해 최대한 단어를 빨리 그리고 자동적으로 읽어 내는 것을 강조하기 때문에 학습의 전이 효과가 높고 문자 해독 측면에서 효과적인 방법이지만, 유아들에게 의미 없는 읽기와 쓰기만을 강조하는 지루한 학습이 될 수 있는 단점이 있다. 이러한 발음중심교육 접근법은 행동주의 관점에 기초한 전통적 부호중심 언어교육(code emphasis approach) 방법이라고 할 수 있다. 언어를 하나의 자극에 의한 습관으로 봄으로써 습관화를 위한 무조건 자극과 반복적 모방 학습이 최선의 방법이며, 이 과정에서 강화가 중요한 역할을 담당한다. 이 접근법에서는 언어 중 문자언어 습득에 역점을 두며, 음성언어에서 문자언어 이해로 발달이 진행된다고 본다. 따라서 읽기와 쓰기를 별도로 가르쳐야 하며, 언어가 소리, 낱글자 등이 합쳐져 전체 언어를 구성하듯이 언어 학습도 부분에서 전체(낱글자 → 단어 → 문장 → 이야기)로 체계적이고 상향식으로 접근(bottom-up approach)하는 것이 효과적이라고 여긴다.

1) 등장 배경

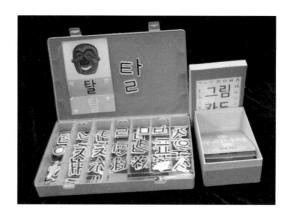

◆◆◆ 그림 4-2 발음중심교육 접근법 활용 교구

발음중심교육 접근법은 특별히 명시적인 발음 지도를 강조한다. 본래 발음(phonics)이란 글자를 말로 바꾸어 소리 내는 것을 말한다. 글자를 말소리로 바꾸기 위해서는 자·모 체계를 알고, 글자를 읽을 때 글자와 말소리의 관계를 이해하여 글자에 해당하는 말소리로 바꾸어야 한다. 이것이 해독(decoding)이다. 따라서 발음 지도는 읽기를 배우기 시작하는 때부터 지도해야 하고, 주로 낱자나 단어를 중심으로 명시적이고 직접적인 체계에 따라서 이루어지며, 글자의 읽고 쓰는 능력을 강조하는 교육법으로 등장하였다. 이런 점에서 발음중심 읽기 지도는 총체적 언어

접근법이나 의미중심 지도법과 크게 대비된다.

2) 목적

발음중심교육 접근법의 가장 중요한 목적은 읽기를 처음으로 배우는 유아들에게 읽기에 필요한 기초적인 지식과 기술을 습득하여 모르는 글자를 접하게 되어도 그 것들을 쉽게 읽고 쓸 수 있게 하자는 데 있다. 발음 지도는 읽기 자체가 아니라 읽기를 잘할 수 있도록 돕기 위해 읽기의 하위 기능을 길러 주자는 데 목적이 있다. 다시 말하면, 발음 지도가 곧 읽기 지도는 아니라는 것이다. 읽기를 잘하도록 지도하려면 발음 외에도 많은 것을 지도해야 한다. 발음중심교육 접근법을 주장하는 사람들도 발음 지도가 곧 완전한 읽기 지도라고 생각하지는 않는다. 다만, 글자를 처음 배우기 시작하는 유아들의 경우는 일정 기간 다른 어떤 것들보다 먼저 자·모 체계나 그 조합 원리에 대한 지식, 그리고 단어를 해독하는 법을 명시적인 방법을 통해 체계적으로 가르쳐야 한다는 것이다. 그래야만 유아들은 머뭇거림 없이 빠르게 자동적으로 단어를 재인할 수 있다고 보며, 단어의 빠른 재인 없이는 결코 효율적인 독자로 발달해 갈 수 없다는 것이다.

3) 지도 유형과 방법

◆◆◆ **그림 4-3** 발음중심교육 접근법을 통한 언어교육

- 읽기 · 쓰기 지도 방향
  - 실생활과는 동떨어진 별개의 교과로 다루어진다.
  - 위계적인(낮은 수준 → 높은 수준) 학습 계획과 반복적인 연습이 필요하다.
  - 구조화되고 계열화된 읽기 · 쓰기 지도를 강조한다.

- 읽기 지도
  - 읽기 준비도 기술을 먼저 가르친 후에야 읽기 학습이 가능하다.
  - 읽기 준비도 기술이란 인쇄물 글자에 대한 읽기 능력으로 탈맥락적인 언어 개념으로서 음소와 음운 인식 지도가 주류를 이룬다.
    ➡ 구체적인 읽기 지도 방법으로는 읽은 단어에 밑줄 긋기, 특정 단어와 같은 글자 연결하기, 이야기 안에서 특정 글자로 시작되는 단어 찾기, 글자 이름 인식하기, 글자와 발음 연결시켜 보기 등(주영희, 2001)이 있다.

- 쓰기 지도
  - 듣기, 말하기, 읽기 지도가 충분히 이루어진 후 학습이 가능하다.
  - 쓰기 준비도 기술이란 왼손과 오른손 사용의 차이 인식, 왼쪽에서 오른쪽으로 시지각 옮겨 가며 보기, 크기나 모양의 차이점과 공통점 알기, 공간 관계의 이해, 방향 개념, 물체의 관계와 위치에 대한 이해, 눈과 손의 협응력, 쓰기 목적에 대한 이해를 말한다.
  - 쓰기의 하위 기능으로는 어휘력, 시각적 변별력(낱자나 단어 재인, 청각 변별력), 운율의 유사함에 대한 변별력, 베끼기, 음가 알기, 낱자 이름 알기, 단어 암기 속도, 음소-자소의 대응 능력 등을 말한다.

- 현장 적용의 특징
  - 구조적인 학습 형태로 이루어지는 경우가 대부분이다.
  - 교사의 직접적 감독 아래 대집단으로 가르치는 경우가 많다.
  - 출판된 학습지 사용, 표준적 글자 쓰기를 강조한다.
  - 책상에서 종이와 연필을 사용한 교수법이 대부분이며, 교사의 지시에 따라 또래와의 상호작용 없이 조용히 쓰기 활동을 하는 경우가 대부분이다.
  - 의미와 관계없는 기술적인 활동(예: 낱말 카드의 글자 쓰기)이 많다.

－일과에서 읽기와 쓰기가 통합되지 않고 매우 구조적이고 형식적인 형태로 활동한다.

　유아들은 여러 가지 방법을 통해 세상 속에 존재하는 다양한 글자를 효율적으로 읽을 수 있는 능력을 갖춘 독자로 변해 간다. 이를 위하여 유아들은 먼저 단어를 읽을 수 있어야 한다. 단어를 수월하게 읽을 수 있는 가장 기본적인 방법은 해독이나 유추의 방법을 통하여 거의 대부분의 단어를 이해 가능한 시각 단어로 만들어 놓는 일이다. 해독이나 유추를 통하여 글자와 말소리를 관계 짓는 과정은 결과적으로 사회적 수준의 시각 단어를 만드는 과정으로 발전할 것이다(Ehri, 1992; Share & Stanovich, 1995). 발음중심 읽기 지도를 주장하는 사람들은 바로 이렇게 체계적 발음 지도를 통하여 먼저 '단어'를 효율적으로 읽게 한 다음, '읽기'를 효율적으로 하게 하자는 것이다.

◆◆◆ **표 4-1 발음중심교육 접근법의 장·단점**

장점	단점
• 자음과 모음이 결합하여 하나의 글자를 이루는 한글의 구조를 체계적으로 지도할 수 있다. • 자음과 모음의 글자 요소와 그 글자 요소의 음가를 대응시켜 발음의 규칙성을 지도할 수 있다. 특히 자소와 음소 대응이 매우 규칙적인 한글 지도에 알맞다. • 자소와 음소의 대응관계와 규칙을 이해하게 되면 이 규칙을 새로운 낱말 읽기에도 적용할 수 있으므로 학습전이가 높다. • 철자에 유의하게 되므로 맞춤법 지도에 유용하다. • 낱글자를 익힌 후 낱말 읽기에 쉽게 적용할 수 있다. • 맞춤법 학습과 바른 글자 쓰기 지도에 도움이 된다.	• 너무 분석적이고 논리적이어서 유아가 이해하는 데 어려움이 따른다. • 발달 수준이 적합하지 않게 가르치면 언어란 어렵고 지루한 것이라는 느낌을 심어 줄 수 있다. • 추상적이고 무의미한 낱글자까지 다루므로 유아의 학습 흥미를 유발하고 지속하기가 어렵다. • 의미보다는 문자 자체에 더 큰 관심을 가지게 되므로 독해지도를 소홀히 할 수 있다. • 지나치게 자소와 음소 대응을 강조하게 되면 받침 있는 음절, 연음이 되는 단어 읽기에 오히려 어려움이 따를 수 있다. • 의미보다 문자를 강조하면 기계적으로 읽기는 하지만 의미는 파악하지 못할 수 있다. • 의미 없는 반복적 학습으로 흥미가 떨어지고 학습에 대한 집중이 안 될 수 있다.

2. 총체적 언어교육 접근법

총체적 언어교육 접근법이란 인위적으로 분절된 듣기, 말하기, 읽기, 쓰기 교육에서 벗어나 자연스러운 상황에서 언어의 의미를 상호 관련시키고자 하는 교수 전략을 의미하는 것으로 언어에 대한 관점, 교사와 학습자에 대한 관점, 학습의 관점을 통합해 주는 하나의 방식이다. 총체적 언어교육은 단지 언어교육과정만이 아니라 교실에서 이루어지는 모든 것에 대한 신념으로서 철학적인 것이며, 언어학, 심리언어학, 사회학, 인류학, 유아발달, 교육학, 문학, 기호학 등 다른 학문영역으로부터 발생한 최근의 이론적 논쟁을 실생활에 적용할 수 있도록 시도해 온 교사와 연구가들의 제안이라고 정의할 수 있다(Goodman, 1990). Weaver(1996)는 총체적 언어교육 접근법에 대해 자연적 언어와 학습자의 경험에 기초한 읽기와 쓰기에 대한 접근 방법임을 강조하였다.

1) 등장 배경

유아의 흥미와 경험을 강조하는 Dewey, 유아를 능동적 학습자로 보는 Piaget의 시각, 근접발달지대에서 성인이나 유능한 또래가 비계를 설정하여 상호작용할 것을 시사하며 언어 발달을 돕기 위한 성인, 또래와 같은 사회적 지원이 중요하다는 것을 시사한 Vygotsky, 언어를 실생활에서 지속적으로 사용함으로써 언어를 습득하고 언어 자체에 대해서도 배운다는 Halliday(2007) 등이 총체적 언어교육 접근법 등장에 영향을 주었다.

유아들은 음성언어를 배우듯이 자연스럽게 문자언어를 배운다. 그리고 음성언어를 먼저 배우고 문자언어를 배우는 것이 아니라 모두 한꺼번에 배운다. 즉, 힘쓰며 올라가야 하는 사다리식 학습이 아니라 그림 그리기 식의 자연스러운 학습이 이루어진다. 따라서 음성언어나 문자언어를 지도할 때 일정한 법칙이나 원리를 적용시킬 필요는 없다. 다만, 의미 있는 상황 속에서 언어 사용이 가능하면 많이 일어나도록 돕는 학습 방법이 총체적 언어교육 접근법이다. 읽고 쓰기 위한 연습은 금물이다. 언어의 부분적 요소는 반드시 전체와의 관계 안에서만 그 의미와 기능이 살아난다. 총체적 언어교육 접근법은 언어의 요소들을 분절하여 가르치지 말고 실제 상황과 비슷한 역할놀이나 게임을 많이 하여 언어 교환이 많이 일어나게 가르치는 교육 방법으로 언어에 대한 다음과 같은 측면을 강조한다.

- 언어는 실제 상황에서 가장 쉽게 배운다.
- 언어는 전체에서 부분으로 배우게 된다.
- 언어의 형태보다는 언어의 기능을 먼저 배운다.
- 모험과 실수를 통해 언어를 배운다.
- 언어활동에 유아가 실제적으로 참여할 때 쉽게 배운다.

이들을 종합해 보면, 총체적 언어교육 접근법이란 언어의 네 가지 기능인 말하기, 듣기, 읽기, 쓰기 능력을 신장시키기 위해 실제적이고 유의미한 상황에서 실제적인 활동을 통해 통합적으로 이루어지는 학습자중심 언어수업 방법이라고 볼 수 있다(정숙경, 2001).

2) 총체적 언어교육의 강조점

총체적 언어교육 접근법에서 강조하는 '총체적'의 의미는, 첫째, 언어는 하나하나 분절된 낱글자로 가르치는 것이 아니라 전체적인 의사소통의 측면에서 접근해야 한다는 것, 둘째, 언어는 듣기, 말하기, 읽기, 쓰기가 따로따로 발달하는 것이 아니라 동시에 통합적으로 발달한다는 것, 셋째, 언어교육은 모든 교과와 통합하여 가르쳐야 한다는 것을 강조하고 있다.

또한 유아의 언어는 개인적인 사고 기능을 담당하면서 사회적 의사소통의 도구이며, 언어 발달과 인지 발달은 상호 호혜적인 관계에 있으며, 지식 구성자로서 유아는 능동적으로 언어를 재구성해 나간다. 유아들은 언어영역 중 구어와 문어 모두 실생활에서 어떻게 작용하는지에 대한 자신의 가설을 계속 재구성해 가는 능동적 존재이다. 또한 총체적 언어교육에서 읽기의 목적은 글의 이해를 통한 의미 구성에 있으며, 쓰기 또한 자신의 경험과 생각으로부터 표현하고자 하는 것에 의미를 두는 접근법이라고 할 수 있다. 하지만 이러한 기본 가정에 대해 바르게 이해하지 못하고 총체적 언어교육 접근법에 대해 다음과 같이 오해하기도 한다. 낱글자를 가르치는 것을 총체적 언어교육 접근법이 아니고 통글자로 가르치는 것을 총체적 언어교육 접근법이라고 생각하는 것이다. 이는 총체적 언어교육 접근법이 단지 전체적인 글의 의미 전달을 강조할 뿐이라고 여기는 오해에서 비롯된다. 또한 읽기 기술을 가르치는 것이라고 생각하기도 하는데, 올바른 문해교육이란 읽기·쓰기 기술을 배우는 것이 아니라 그 활용법을 배우는 것이다.

총체적 언어교육 접근법을 언어교육 프로그램으로 생각하는 경우가 있는데, 이는 총체적 언어교육 접근법이 언어가 어떻게 학습되고 언어교육은 어떻게 이루어져야 하는지에 대한 믿음이며 철학임을 간과한 탓이다.

유아들은 음성언어를 배우듯이 자연스럽게 문자언어를 배우므로 언어교육을 위한 연습과 훈련보다는 언어생활의 맥락 안에서 전체와의 관계를 이해하며 언어영역 중 세부적인 것을 스스로 깨달을 수 있도록 돕는 교육 방법이라고 할 수 있다.

3) 교수 방법

◆◆◆ **그림 4-4 총체적 언어교육 활동**

- **문자 학습에 대한 가정**
  - 문자 학습은 사회적 의사소통을 통해 이루어지며, 읽기·쓰기 발달은 통합적으로 이루어진다.
  - 유아에게 풍부한 문어 환경이 제시된다면 문어에 대한 지식을 스스로 구성할 수 있다.
  - 문자 학습은 낱자보다 전체적인 문자언어의 의미와 인식을 강조한다.

- 문어 학습은 전체 이야기에서 문장, 단어, 낱자 순서로 하향식 접근을 통해 이루어져야 한다.

• 총체적 언어교육 접근법의 교수과정 특징
  - 읽기와 쓰기가 통합적인 활동을 통해 이루어진다.
  - 유아들은 동시에 다면적 활동을 하나, 교사는 유아들과 개별적으로 접촉한다.
  - 교사는 유아들의 또래 간 상호작용이 활발하도록 도우며 자연스러운 언어로 친숙한 이야기를 나누도록 격려한다.
  - 또래 교수 활동이 활발하며, 쓰기에서도 협동 학습이 많다.
  - 읽기와 쓰기에 관련된 프로젝트 주제 탐구 활동에 적극 참여한다.
  - 문장의 의미를 중시하며, 책을 만들거나 쓴다.
  - 교사는 유사 읽기(pretending reading) 행동과 창안적 글쓰기(invented spelling)를 격려한다.
  - 다양한 흥미 영역에서 읽기, 쓰기 활동을 격려한다.
  - 교사가 없어도 자발적으로 이야기 만들기를 한다.
    ➡ Rootman과 Gordon-El-Bihbety(2008)가 제시한 총체적이고 통합적인 언어활동의 전략으로는 소리 내어 읽어 주기(reading aloud), 소리 내어 써 주기(writing aloud), 함께 읽기(shared reading), 함께 쓰기(shared writing), 안내된 읽기(guided reading), 안내된 쓰기(guided writing), 혼자 읽기(independent reading), 혼자 쓰기(independent writing) 등이 있다.

◆◆◆ **표 4-2** 총체적 언어교육 접근법의 장 · 단점

장점	단점
• 단어나 문장을 하나의 단위로 읽어 나가기 때문에 발음보다는 의미파악에 초점을 둘 수 있다. • 반복적으로 훈련시키는 인위적인 방법을 배제하고 생활 속에서의 읽기와 쓰기가 강조된다. • 제한된 단어, 문장으로 반복 지도하므로 학습이 쉽다. • 실생활에서 익숙한 단어나 문장을 중심으로 지도하므로 학습의 흥미 유발, 지속적 관심을 유지할 수 있다. • 문자 읽기에 그치지 않고 읽은 내용을 생활과 연결시켜 말해 보는 방법을 곁들이므로 읽기와 말하기 지도를 병행할 수 있다. • 유아가 언어의 의미와 기능과 상황을 매번 느끼고 생각할 수 있는 경험을 할 수 있다. • 유아가 의미 있는 언어를 일상생활과 비슷한 상황에서 사용해 봄으로써 언어 학습에 더욱 흥미를 느끼게 된다. • 유아가 언어에 대한 유의미한 경험을 하게 됨에 따라 언어를 활용하고 싶어지고 글을 쓰고 싶은 요구를 가지게 된다.	• 너무 의미파악에 초점을 맞추게 되므로 정확한 발음(읽기) 지도가 어렵다. • 제한된 단어와 문장만을 지도하므로 학습량이 많지 않아 언어교육을 위한 체계적인 지도가 부족할 수 있다. • 일단 배운 글자는 그 형태 또는 기억에 의해 쉽게 읽을 수 있으나 배우지 않은 단어나 문장은 거의 읽을 수 없다. 즉, 학습의 전이가 낮다. • 기억이 나지 않는 단어는 추측하여 읽게 된다.* • 일반적인 방향만을 제시할 뿐 체계적이고 조직적인 언어교육이 어렵다. • 언어의 형태적 요소들이 등한시된다. • 유아 스스로 요구하지 않는다면 언어의 음운과 철자 및 문법에 대해 체계적으로 가르치기 어렵다.

* 주: 이러한 비판에 대해서, 추측하여 읽는 것은 독해에 대한 관심의 표명이므로 권장되어야 한다고 주장하는 학자들도 있다.

3. 균형적 언어교육 접근법

균형적 언어교육 접근법은 이전의 교사 주도적인 발음중심교육 접근법과 총체적인 언어교육 접근법 간에 다리를 놓아 주는 제3의 언어교육 접근법이라고 할 수 있다.

1) 등장 배경

총체적 언어교육 접근법이 가져온 긍정적인 변화에도 불구하고 1990년대 초부터 미국 어린이들의 읽기 능력 저하가 총체적 언어교육 접근법과 관련 있다는 지적이 대두되면서 음운 지식이나 해독 기술을 체계적으로 가르칠 필요성이 제기되었다. Adams(1991)의 연구에서 초기 읽기 지도는 발음중심교육 접근법이 더 효과적이지만 총체적 언어교육 접근법에서 주장하듯이 동기와 흥미를 유발할 수 있도록 의미 있는 읽기 자료에도 많이 노출될 필요가 있다고 의견이 개진되었다. 미 연방 학력평가원에서 실시한 학력평가에서 총체적 언어교육 접근법을 적극적으로 도입하였던 캘리포니아주의 읽기 성취도 점수가 전국 2위에서 꼴찌로 하락하고 텍사스주 역시 유사한 결과가 나타나자 음운중심 접근(phonic approach)과 의미중심 접근(meaning approach) 교육법을 주장하는 양자의 치열한 논쟁이 유발되었다. 이에 모든 유아에게 가장 좋은 유일한 교수 방법은 없으며, 개별 유아의 특성과 환경, 발달 요구에 따라서 여러 가지 교수법을 적절하게 사용하여야 한다는 교육자들의 주장에 의해 균형적 언어교육 접근법이 출현하게 되었다.

2) 특성

◆◆◆ **그림 4-5 균형적 언어교육 활동**

균형적 언어교육 접근법을 간단하게 정의하면, 발음중심교육 접근법과 총체적 언어교육 접근법을 혼합한 언어교육 방법이다. 언어교육 연구자들이나 교육자들은 유아가 글을 읽고 글의 내용을 이해하기 위해서는 먼저 글자를 해독할 줄 알아야 하고, 글자를 해독하기 위해서는 반드시 음운 인식이 가능해야 한다고 주장하고 있다(이차숙, 2004). Raven(1998)은 유아는 각기 다른 학습 양식을 가지고 있고, 그 양식에 따라 교수 방법 역시 달라야 한다고 주장한다. 분석적이고 청각적 감각이 뛰어난 유아들은 발음중심교육 접근법으로 그리고 시각적 · 촉각적 감각이 뛰어나고 총괄적 학습 양식을 가진 유아들은 총체적 언어교육 접근법으로 지도를 받는 것이 더 효과적이라고 말한다. 이뿐만 아니라 읽기 발달의 수준에 따라서도 각기 다른 언어 지도법이 적용되어야 한다는 것이다. 캘리포니아 교육부(California Department of Education, 1996)도 읽기 프로그램의 핵심은 매우 명시적이고 체계적인 읽기 기술들의 지도와 문학, 언어, 독해 지도 사이의 관계라고 지적하고 있다. 이에 언어교육 분야에서는 총체적 언어교육 접근법과 단어 재인(word recognition)에 필요한 기초적인 읽기 기술들을 병행하여 가르칠 수 있는 방안으로 균형적 읽기 지도법이 활용되고 있으며, 균형적 읽기 지도법은 다음과 같은 특징이 있다(이차숙, 2004).

- 언어교육의 효율성 측면에 관심(Groff, 1989)을 갖는다.
- 추상적인 기술적 요소를 무시하는 총체적 언어교육 접근법과 의미 있는 문해 경험의 통합을 소홀히 하는 부호중심 접근법도 잘못이며, 이 둘이 하나로 통합될 때 진정한 읽기, 쓰기의 경험과 기쁨, 의미를 모두 가져다줄 수 있다고 본다.

균형적 언어교육 접근법의 기본 가정은 다음과 같다.

- 음성언어는 자연스러운 습득이 가능하지만, 문자언어 학습을 위해서는 성인의 도움이 필요하다.
- 문자언어도 총체적 언어의 틀에 기초하여 가르쳐야 한다.
- 유아가 수동적으로 언어 기술을 습득하여서는 안 되며, 스스로 생각하고 학습과정에 능동적인 역할을 담당한다.
- 음운 인식과 읽기, 쓰기 학습은 상호 촉진적인 관계로 중요함을 인식한다.
- 음운 인식은 글자-소리 관계에 대한 인식과 병행하여 이루어져야 한다.
- 문해 환경이 풍부하지 못한 저소득층 유아에게는 글자의 이름이나 음운 대응 규칙에 대한 지식을 가르쳐야 한다.

3) 교수 방법

- 총체적 언어교육 접근법(전체적 접근)과 음운중심 접근법(분석적 접근) 중 어느 한쪽이 적합한 유아가 있으므로 두 가지 접근법의 적절한 조합이 요구된다.
- 문어교육의 기본 틀은 문학을 중심으로 유아의 선택을 존중하여 흥미 위주, 자연스러운 글쓰기에 초점을 두고 소그룹으로 단어중심의 음운학을 직접 지도한다.
- 균형적 언어교육 접근법이 단순히 총체적 언어교육 접근법과 부호중심 접근법을 섞어 놓은 것은 아니다.
- 다양한 상황에서 토론과 협동 활동을 통해 음운학을 가르칠 때 보다 효과적이다.
    - 총체적 언어교육 접근법은 읽기의 비율과 이해도에 영향을 준다.
    - 음운중심 접근법은 단어 재인, 특히 모르는 단어를 재인하는 데 영향을 준다.
- 음운중심 접근법을 지나치게 강조해서는 안 된다.
- 교사의 적용 능력이 중요하며 개별 유아에 따른 균형점을 찾는 데 노력한다.

이와 같은 균형적 언어교육 접근법의 기본 가정은 다음과 같다.

- 기술적 지식(단어 재인 능력, 어휘력, 모르는 단어 읽기 전략 등)과 총체적 지식(의미 해석, 이해력, 책에 대한 흥미)이 모두 중요하다.
- 동료 교사, 부모, 또래, 환경 등의 다양한 자원을 효과적으로 활용한다.
- 다양한 학습 방법을 활용한다.
- 문학을 통한 듣기, 말하기, 읽기, 쓰기가 통합된 풍부한 문해 환경과 의미중심 교육이 필요하며, 동시에 음운 기술(낱자 지식, 음운 인식, 자·모 체계의 이해, 단어 재인, 어휘력)의 교수를 포함시켜야 한다.
- 의미 없는 기술이나 학습지는 음운 인식과 음운 지식 발달에 효과가 없다.
- 음운 규칙이 아닌 패턴에 초점을 맞추어야 한다.
- 낱개 음소를 먼저 알기 전에 각운과 두운에 먼저 관심을 가지도록 돕는다.
- 음운 인식은 토론을 포함한 상호작용과 협동적인 활동으로 이루어져야 한다.

균형적 언어교육 접근법의 교수 요소(주영희, 2001에서 재인용)는 다음과 같다.

- 유아에게 큰 소리로 읽어 주기
- 유아와 함께 읽고 쓰기
- 유아 혼자서 읽고 쓰기
- 평가하기
- 문해 환경 구성하기
- 수업 계획 수립하기

균형적 언어교육 접근법의 활동 예

- 각운이나 두운이 있는 동요 읽어 주기
- 발음하기 어려운 어휘 놀이 함께 하기
- 두운, 각운을 포함한 음소에 관한 놀이하기
- 유아와 함께 자 · 모음 책 만들기
- 재미있는 철자나 소리가 나는 단어 책이나 목록 만들기
- 친구 이름에서 소리와 패턴 찾아보기
- 유아 앞에서 글자와 소리 관계를 특별히 강조하면서 쓰기
- 자석 글자 같은 놀잇감을 가지고 놀도록 격려하기
- 들리는 대로 소리를 적어 보기
- 책에서 단어 첫 글자만 보여 주고 상황적 힌트를 통해 단어 알아맞히기 등

균형적 언어교육 접근법은 유아들의 환경과 일상생활을 고려하고 각 유아들의 수준에 적합한 문학에 몰입하는 경험을 제공하는 총체적 언어교육 접근법뿐만 아니라 읽기와 쓰기에 대한 명확한 기술을 함께 가르쳐야 한다. 언어교육에 대한 모든 활동은 유아에게 의미 있는 것이어야 한다는 것을 강조하고 있으며, 아울러 체계적이고 명확한 교수, 단어 해독, 이해에 초점을 맞춘 실제를 포함하면서 유아들이 관심을 가지고 스스로 활동할 수 있도록 동기화되어야 한다. 또한 균형 있는 문해 교수는 읽기와 쓰기를 시작하려는 유아들에게 효과적이며, 발음중심교육 접근법과 총체적 언어교육 접근법을 균형 있게 적용할 수 있어야 한다.

◆◆◆ **그림 4-6** 교실에서 이루어지는 균형적 언어교육 활동의 예

　Cunningham과 Hall(1998)은 균형적 읽기 지도 시 다음과 같은 사항을 교실에 적용해 볼 것을 권하였다. 언어활동을 크게 네 영역으로 나누어 적절하게 시간을 할애해야 하는데, 그 네 영역은 안내적 읽기, 자기 선택적 읽기, 쓰기활동, 단어와 관련한 활동으로 각 활동은 30~40분씩의 시간을 할당하는 것이 좋다고 말한다. 또한 균형적 문식성 접근에서 취하는 전략이 총체적 언어교육 접근법에서 사용하는 전략과 다르지 않다는 점도 강조하였다. 균형적 문식성 접근이 총체적 언어전략을 사용한다고 말하지만, 오히려 총체적 언어가 교수 방법을 뛰어넘는 하나의 커다란 철학적 패러다임으로 보았을 때 총체적 언어교육 접근법이 균형적 문식성 접근을 취한다고도 볼 수 있다.

　문제는 그동안의 논쟁이 '전체에서 부분으로' 아니면 '부분에서 전체로' 접근하느냐라는 단순한 논리를 가지고 총체적 언어교육이 마치 '부분'에서 접근하면 안 되는 것처럼 인식하면서 문제를 해결하려고 했다고 보일 수 있으나, 총체적 언어교육도 파닉스를 가르친다. 그러나 전체 학급을 대상으로, 분리되고 체계적인 파닉스를 가르치기보다는 더 총체적인 맥락 안에서 개인이나 소집단 유아들의 욕구가 있을 때 사용한다. 유아들의 문식성 발달이 전체에서 부분으로 향해 가면서 분명 유아들은 자신들이 파닉스에 관심을 가지고 있다는 것을 성인에게 보여 준다. 유능한 교사라면 유아들의 발달 상황을 자세히 관찰하면서 이때를 놓치지 않을 것이다. 총체적 언어교육 접근법을 사용하는 교사는 이때 파닉스를 가르치면 된다.

4. 문학적 언어교육 접근법

◆◆◆ **그림 4-7 문학을 통한 언어교육 활동**

1) 등장 배경

문학적 언어교육 접근법이란 총체적 언어교육 철학에 근거를 둔 문학을 통한 언어 교수 방법을 말한다. Rosenblatt(1938)는 『문학 탐험(Literature as exploration)』이라는 연구에서 Dewey의 개념을 적용하여 읽기를 독자와 교재 간의 고유한 의사소통적 교류로 설명하였으며, Goodman(1986)은 읽기가 인쇄물의 의미를 구성하는 것이고, 쓰기는 그 의미를 표현하는 것이라고 하였다. Routman(1988)과 Edelsky(1991)는 유아기 언어 학습에서 문학이 강력한 교수 매체라고 하였으며, Cullinan(1992)은 문학적 언어교육 접근법을 총체적 언어교육 관점에서 지지하면서 문학작품 속의 언어가 언어활동의 핵심이라고 보았다. 그러므로 읽기와 쓰기는 단순한 글 해독이나 부호화가 아니라 의미를 구성하고 표현하는 것이어야 하며 의미 구성 및 표현에 가장 적절한 매체가 바로 문학작품이라는 것이다. 가정에서 성인과 함께한 책 읽기 경험이 이후 문자언어 능력 발달에 유의미한 영향을 준다는 연구 결과들(Jalongo, 1992; Strickland & Taylor, 1989)을 통해 문학적 언어교육 접근법은 부모들에게서까지 관심을 끌게 되었다(이차숙, 2000).

2) 특성

문학적 언어교육 접근법은 문학(그림책)을 중심으로 언어의 제 영역(듣기, 말하기, 읽기, 쓰기)을 통합하는 것이 용이하다. 문학(그림책)의 내용을 중심으로 여러 가지 대·소집단 활동은 물론, 교사 주도 혹은 유아 주도 활동의 균형적인 구성이 가능하다는 것이다. 다양한 장르의 문학(그림책)은 학문중심의 구조화된 교육과정과 유아와 흥미에 기초한 비구조화된 교육과정 사이의 균형을 적절히 맞출 수 있는 좋은 소재라 할 수 있다. 그러므로 문학적 언어교육 접근법은 '균형 잡힌 교육과정' 구성이 가능한 접근 방법이다.

3) 교수 방법

문학적 접근 교수 전략

- 작가적 전략['글쓰기'를 활용하는 방법: 저널, 등장인물에 대한 일기, 작가에게 편지 쓰기, 이야기 지어 책으로 묶기(앞 이야기, 중간 이야기, 후속 이야기), 브로슈어 활용, 신문-광고 만들기, 자서전 꾸미기, 등장인물 단평 쓰기, 동시 짓기(개작 포함), 직업 목록, 가상하기, 단어 벽 사용하기, 내 단어책 등]
- 협동 학습 전략(한 유아가 다른 유아에게 도움을 주는 방법)
- 게임 전략(읽은 책을 게임에 활용)
- 이해를 위한 전략[그림책을 이해하고 의미를 창조하도록 돕는 방법, 주원문해 (SWBS)*, 큰 책 만들기, 벤다이어그램, 단어가지 만들기 등]
- 이야기 구조(내용) 인식을 위한 전략
- 듣기 전략
- 연출 전략(읽기, 합창, 연극, 인형극과 팬터마임 등)
- 시각 예술 전략: 그림책의 그림에 관심 가지고 이해하기 활동

출처: Moen (1991).

* 주원문해(SWBS): SWBS는 Somebody, Wanted, But, So의 약자로서 각각의 뜻은 주인공은 누구인가, 무엇을 원했는가, 무엇이 문제인가, 어떻게 해결되었는가에 대한 질문을 통해 활동을 전개한다.

- 책 소개하기(그림책과 유아의 경험을 연결시키기), 책 읽어 주기, 책에 관련된 활동을 제공한다.
- 그림책을 토대로 한 활동을 통해 듣기, 말하기, 읽기, 쓰기 학습을 격려한다.
- 유아의 능력에 따라 책을 즐기고 도전하도록 격려한다.
- 예측 책략을 사용하여 책의 제목이나 표지 그림을 보고 유아의 경험을 토대로 내용을 예측하도록 할 수 있다.
- 교사-유아 간 상호 협력하고 지지하는 관계가 가능하다.
- 학습의 결과보다 과정에 중점을 두어 개별 유아의 발달 수준에 따른 능동적 참여를 격려할 수 있다.
- 교사-유아 간 책 읽기를 통하여 유아의 혼자 읽기에 긍정적 영향을 줄 뿐 아니라 책과의 상호작용이 일어나는 사회적 맥락 간의 대화를 통하여, 유아의 능동적 참여를 유도할 수 있기 때문에 교사의 역할을 매우 중요시한다.

이제껏 살펴본 언어교육의 다양한 접근법 중 어느 특정 접근 방법만이 가장 적절하다고 강조하여 다른 접근법을 소홀히 하는 것은 여러 가지 제한점을 갖는다. 가장 유아중심적인 접근법을 든다면 기본적으로는 의미중심 지도 방법을 선택하면서 언어의 형태적 요소도 자연스럽게 가르칠 수 있는 방법을 모색해야 하는 것이 보다 지혜로운 접근이 될 것이다. 절충적인 방법도 효과적이다. 언어교육을 할 때 어떤 특정한 접근법이 절대적으로 좋다는 식의 이분법적인 태도보다는 언어를 기능적으로 사용할 수 있는 능력을 길러 주기 위해 어떤 접근방안이 효과적인지를 먼저 생각해 보고 모든 방안을 균형 있게 가르칠 수 있도록 노력하는 것이 바람직할 것이다.

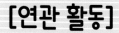

[연관 활동]

언어교육의 접근법 비교

- 발음중심교육과 총체적 언어교육, 균형적 언어교육, 문학적 언어교육 접근법을 통한 언어교육의 장·단점에 대해 비교하며 토의해 보세요.

구분	발음중심교육 접근법	총체적 언어교육 접근법	균형적 언어교육 접근법	문학적 언어교육 접근법
장점				
단점				
비고				

제 5 장

언어교육과정

생각해 봅시다

- 내가 만약 국가수준의 3~5세 유아를 위한 의사소통 교육과정 활동지도서를 집필한다면 언어활동 중 무엇을 강조할 것 같은가?
- 내가 만약 국가수준의 0~2세 영아를 위한 의사소통 보육과정 활동지도서를 집필한다면 언어활동 중 무엇을 강조할 것 같은가?

유아 언어교육을 교육과정에 적용하기 위해서 만 3~5세 유아를 대상으로 한 누리과정과 만 0~2세 영아를 대상으로 한 표준보육과정을 중심으로 영아 언어교육에 연계된 국가수준 교육과정의 주요 내용에 대해 살펴보고자 한다.

1. 만 0~1세 표준보육과정에서의 의사소통 영역

1) 만 0~1세 표준보육과정 의사소통 영역의 성격

의사소통 영역은 출생 후 첫 울음, 옹알이 등의 소리나 몸짓, 표정과 같은 비언어적 행동을 통해 자신의 감정이나 요구를 타인에게 전달하다가 점차 한 단어와 짧은 문장으로 다른 사람과 소통할 수 있는 기초를 이루는 영역이다.

만 0~1세 영아는 옹알이나, 다른 사람의 목소리에 귀 기울이는 능력이 점차 향상되고 점차 고개 젓기 등의 몸짓으로 자신의 의사를 표현하는 등 다른 사람과의 의사소통을 위한 기초적인 능력이 향상된다. 이 시기의 영아는 타인이 자신에게 어떤 표정과 어투로 말을 거는가에 주의를 기울이다가 성인의 말을 모방하기도 한다. 생후 12개월경에는 처음으로 첫 단어가 나타나며, 이후 24개월까지 약 200~300개의 어휘가 급격히 증가한다. 이러한 어휘를 사용하여 불완전하지만 짧은 문장으로 자신의 요구나 느낌을 표현하려고 한다. 이처럼 만 0~1세 영아는 말하고 듣는 기초 능력이 급격히 발달하는 중요한 시기이다. 또한 성인이 읽어 주는 그림책과 내용에 관심을 보이며 쓰기 자료가 주어질 경우 끼적이기에 관심을 보인다.

의사소통 영역은 '듣기' '말하기' '읽기' '쓰기'의 네 가지 내용범주로 구성되어 있다. 특히 24개월 이전까지 영아의 듣기와 말하기는 급격한 발달을 이루며 이에 대한 다양한 경험이 주로 포함되어 있다. 듣기와 말하기 내용범주는 밀접히 연관되어 있어서 거의 동시에 일어나는 경험이다. 읽기와 쓰기는 만 0~1세 영아가 주변의 친숙한 환경에서 그림책이나 환경 인쇄물과의 첫 경험을 통해 이에 대한 관심을 가지고 끼적이기에 대한 시도가 이루어지도록 한다.

의사소통 영역에서는 신뢰감이 형성된 사람과 친숙한 환경에서 네 가지 내용범주의 경험이 이루어질 수 있도록 하는 것이 중요하다. 일상생활에서 자연스럽고 친근하게 말을 걸어 주는 성인의 말소리를 듣는 것에 흥미를 나타내고 소리나 옹알이, 어휘를 즐겨 표현하도록 눈을 맞추고 영아에게 주의를 기울이도록 한다. 그림책의 그림을 즐겨 보며 마음껏 끼적이도록 격려해 준다.

2) 만 0~1세 표준보육과정 의사소통 영역의 목표

말소리를 구분하고 의사소통의 기초를 마련한다.

- 주변의 소리와 말소리 듣기에 관심을 보인다.
- 표정, 소리, 몸짓으로 자신의 생각과 느낌을 표현한다.
- 짧은 그림책이나 친숙한 환경 인쇄물에 관심을 가진다.
- 끼적이기에 관심을 가진다.

만 0~1세 표준보육과정은 영아가 말소리를 구분하고 듣기, 말하기, 읽기, 쓰기 경험을 통해 다른 사람과 소통할 수 있는 기초를 마련하는 것을 목표로 한다. 영아기는 말하고 듣는 기초적인 의사소통능력이 급격히 발달하는 시기이다. 그러므로 영아가 주변의 소리와 말소리를 구분할 줄 알고 옹알이로 말소리를 만들어 내며 상대와 대화하기 위한 기본적인 규칙을 알아 가는 것이 중요하다. 더불어 그림책에 관심을 가짐으로써 기초적인 의사소통능력을 발달시켜 나가는 것이 중요하다. 이를 위해서 영아가 주변의 소리와 말소리 듣기를 경험하고 자신의 의사를 표정과 몸짓 및 말소리로 표현하며, 짧은 그림책이나 친숙한 인쇄물에 관심을 가지도록 하는 데 중점을 둔다.

① 주변의 소리와 말소리 듣기에 관심을 보인다

듣기는 주변에서 들리는 여러 가지 소리 중 말소리를 구별하고 그 의미를 이해해 가는 것을 포함한다. 이를 위해 소리 듣기에 우선 흥미를 보여야 하고, 소리와 말소리를 들을 때 그 소리가 어디서 시작하고 멈추는지, 높낮이는 같은지 다른지 등 말소리의 차이를 구분해야 한다. 말소리는 의미를 전달하는 것으로 그 소리의 의미는 현재 영아가 직접 경험하고 있는 것 중 하나를 나타낸다. 만 0~1세 영아는 눈앞에서 직접 벌어지고 있는 반복적인 경험과 그와 관련된 말소리의 의미를 연결해야 한다.

다른 사람의 말소리를 듣기 위해서는 귀를 기울여서 말소리에 집중해야 하며, 동시에 말하는 사람의 눈길, 표정, 몸짓 등을 바라보고 이에 관심을 보여야 한다.

말하고 있는 상대방의 소리를 듣기 위해 몸을 돌려 그 사람을 응시하는 것은 의사소통능력 형성을 위해 가장 기초적인 행위이며, 이를 전제로 현재 듣고 있는 의미를 제대로 파악할 수 있게 된다.

② 표정, 소리, 몸짓으로 자신의 생각과 느낌을 표현한다

말하기는 자신이 느끼고 있는 감정이나 전달하고 싶은 욕구, 의도를 소리로 표현하되, 다른 사람이 그 내용을 이해할 수 있는 것을 포함한다. 영아는 생후 처음에는 울음이나 여러 소리, 옹알이 등으로 오랜 시간 말소리를 내다가 차츰 그 사회에서 모든 사람이 관례적으로 사용하는 말소리나 단어로 발음하여 말하게 된다.

만 0~1세 영아는 자신의 생리적인 상태와 감정을 울음이나 얼굴 표정, 눈길, 미소 짓기, 소리 내기, 말소리 등으로 표현한다. 이 시기의 영아는 상대방의 얼굴 표정에도 민감하여 그 표현에 대해서 자신의 생각과 느낌으로 반응한다.

만 0~1세 영아의 말하기는 서로 주고받는 대화의 구조에서 상대방이 말하는 것을 듣고 난 후 내 차례가 되었을 때 영아가 적절하게 표정이나 몸짓, 말소리로 이에 반응해야 한다. 만 0~1세 영아는 말소리를 조금씩 더 잘 조절하면서 소리를 내어가고 한 단어로 표현을 하다가 점차 두 단어를 나열하여 표현할 줄 알게 된다.

③ 짧은 그림책이나 친숙한 환경 인쇄물에 관심을 가진다

문자 사회에 살고 있는 영아는 일상적으로 주변에서 환경 인쇄물과 영아용 짧은 그림책 등에 자연스럽게 노출이 된다. 인쇄물과 그림책은 문자를 지니고 있는 사회에서만 독특하게 경험하게 되는 표현물이다. 생후 0~1세 영아는 분유통에 그려진 아기 얼굴 그림이나 우유의 상표들에 조금씩 관심을 보이기 시작한다. 교사나 성인이 제공한 영아용 그림책의 그림에 관심을 보이고 그 그림에 대해 말하면 그 내용을 주의하여 듣는다. 점차적으로 영아는 자신이 흥미 있어 하는 친숙한 그림책을 반복적으로 보려고 시도하게 된다.

④ 끼적이기에 관심을 가진다

쓰기는 자신의 느낌, 생각, 경험을 문자를 이용하여 나타내는 것이다. 쓰기에 대

한 관심은 손목의 힘이 어느 정도 생기고 영아가 혼자 앉기 시작하는 6개월경 이후에 나타나기 시작하여 기회가 되면 무엇인가를 끊임없이 그리고 끼적거린다. 영아가 자연스럽게 끼적이기에 관심을 가지고 즐길 수 있도록 분위기를 조성해 주며 끼적거리기를 할 수 있는 안전한 자료를 마련해 주어야 한다.

3) 만 0~1세 표준보육과정 의사소통 영역의 내용체계

(1) 내용범주

의사소통 영역에서는 영아가 듣고 말하기를 통해 다른 사람에게 자신의 욕구를 전달하고 다른 사람이 전하는 말을 이해하는 기초를 형성하며 처음으로 접하는 그림책이나 환경 인쇄물에 관심을 가지고 끼적이기를 즐길 수 있도록 한다.

'듣기'는 말하는 상대방을 보면서 주변의 소리나 말소리, 경험과 관련된 말, 운율이 있는 말을 듣고 그 의미를 알아 가는 경험을 포함한다. '말하기'는 상대방을 바라보며 자신이 말할 순서를 구별하여 자신의 욕구를 발성과 발음, 표정, 몸짓뿐 아니라 말소리로도 표현하는 경험을 가지도록 한다. '읽기'는 짧고 간단하며 흥미로운 그림책이나 자주 접하는 친근한 환경 인쇄물에 대해 관심을 가지는 경험을 한다. '쓰기'는 손에 쥘 수 있는 자료를 활용하여 끼적이기를 시도하는 경험을 포함한다.

(2) 내용체계

내용범주	내용
듣기	주변의 소리와 말소리 구분하여 듣기
	경험과 관련된 말 듣고 알기
	운율이 있는 말 듣기
	말하는 사람을 보기
말하기	발성과 발음으로 소리 내기
	표정, 몸짓, 말소리로 말하기
	말할 순서 구별하기
읽기	그림책과 환경 인쇄물에 관심 가지기
쓰기	끼적이기

(3) 세부 내용

내용 범주	내용	1수준	2수준	3수준	4수준
듣 기	주변의 소리와 말소리 구분하여 듣기	여러 가지 소리와 말소리 듣기에 흥미를 보인다.			친숙한 낱말의 발음에 흥미를 보인다.
		익숙한 목소리를 듣고 그것에 반응한다.			
		높낮이와 세기 등 말소리의 차이에 반응한다.			
	경험과 관련된 말 듣고 알기	눈앞에 보이는 경험과 관련된 말에 반응한다.			
			자신의 이름이 불리면 듣고 반응한다.		
	운율이 있는 말 듣기	운율이 있는 짧은 말소리를 관심 있게 듣는다.			
	말하는 사람을 보기	말하는 사람의 눈을 마주 바라본다. 말하는 사람의 표정, 몸짓을 관심 있게 본다.			
말 하 기	발성과 발음으로 소리 내기	여러 가지 소리를 내고 옹알이를 한다.		여러 말소리를 즐겁게 내 본다.	
				의미 있는 음절을 내 본다.	
		옹알이와 말소리에 대해 말로 반응해 주면 모방하여 소리 낸다.		교사의 말을 모방하여 발음한다.	
	표정, 몸짓, 말소리로 말하기	표정과 소리로 의사표현을 한다.		표정, 몸짓, 말소리로 의사표현을 한다.	
		표정, 몸짓, 소리로 의사표현을 한다.			
	말할 순서 구별하기	말할 순서에 따라 표정, 몸짓, 말소리로 반응한다.			
읽 기	그림책과 환경 인쇄물에 관심 가지기	다양한 감각 책을 탐색해 본다.			
				사물과 주변의 친숙한 환경 인쇄물에 관심을 가진다.	
		읽어 주는 짧은 그림책에 관심을 가진다.			
쓰 기	끼적이기		끼적이기에 관심을 가진다.		

2. 만 2세 표준보육과정에서의 의사소통 영역

1) 만 2세 표준보육과정 의사소통 영역의 성격

만 2세 표준보육과정 의사소통 영역은 만 2세 영아가 기초적인 어휘와 의사소통 체제를 습득한 후에 듣고 말하기의 구어 능력이 향상되고 읽고 쓰기에 관심이 증진되어 자신의 느낌, 생각, 경험을 구어와 문어로 표현하는 능력을 기르고 다른 사람과 소통할 수 있는 기초를 이루는 영역이다.

만 2세 영아는 발음을 하는 조음능력, 어휘력, 문장구성이 놀랍게 향상되는 중요한 시기이다. 사용하는 문장도 "빠방 가."처럼 명사와 동사로 이루어진 단순한 구조의 짧은 문장 길이를 유지하다가 점차 세 단어, 네 단어를 조합하여 이전에 비해 복잡한 문장을 말할 수 있게 된다. 말하는 양도 급격히 증가한다. 만 2세 영아는 자신에게 일어난 일을 다른 사람에게 그 사건의 처음과 중간, 끝을 어느 정도 맞추어서 말을 하는 것이 가능해지기도 한다. 성인과 대화를 할 때, 말하고 있는 내용에 대해서 두서너 번 정도는 같은 내용에 대한 대화를 교환할 수 있다. 예를 들면, "엄마 가?"라고 영아가 교사에게 묻는다. 교사가 "응, 엄마 가셨네. 이따 ○○이 데리러 다시 오실 거야."라고 답하면 "엄마 빠방 가?"(엄마가 자동차를 타고 다시 가느냐는 뜻)라고 같은 주제에 대해 다른 내용으로 질문을 할 수 있다.

의사소통 영역은 듣기, 말하기, 읽기, 쓰기의 네 가지 내용범주로 구성되어 있다. 만 2세 표준보육과정에서는 다른 사람의 말이나 짧은 이야기를 듣고 자신의 생각과 느낌을 말로 전달하는 것을 즐기는 내용이 포함되어 있다. 그림책이나 환경 인쇄물에 대한 흥미를 나타내고 글자 형태를 끼적거리는 것에 관심을 보인다. 의사소통 영역에서는 일상생활에서 반복적으로 일어나는 경험에 기초하여 영아의 말하기, 듣기 능력이 향상되도록 한다. 이 시기에는 성인과의 의사 교환이 주로 이루어지며, 이때 성인은 영아의 의도를 민감하게 해석하고 시기적절하게 반응해 주는 것이 중요하다. 정서적으로 안정되고 신뢰할 수 있는 분위기에서 영아의 의사 표현 시도가 많이 이루어진다. 또한 교사는 영아에게 질적으로 우수한 그림책과 친숙한 환경 인쇄물을 제공하고 끼적이기를 마음껏 시도할 수 있도록 환경을 구성한다.

2) 만 2세 표준보육과정 의사소통 영역의 목표

의사소통능력의 기초를 기른다.

- 다른 사람의 말과 짧은 이야기를 듣는 것을 즐긴다.
- 자신의 생각과 느낌을 말로 주고받기를 즐긴다.
- 그림책이나 환경 인쇄물에 관심을 가지며 글의 내용에 흥미를 가진다.
- 글자 형태 끼적이기에 관심을 가진다.

만 2세 표준보육과정은 영아가 기초적인 어휘와 의사소통 체제를 습득한 후 구어와 문어로 표현하는 능력을 기르고 다른 사람과 의사소통 시 필요한 기본적인 태도를 익히는 것을 목표로 한다. 영아기는 조음능력, 어휘력, 문장구성 등 언어 발달이 급진적으로 향상되는 중요한 시기이다. 그러므로 영아가 다른 사람의 말을 주의 깊게 들을 수 있고 자연스럽게 말하며 영아가 좋아하는 그림책에 나오는 그림이나 상징, 기호에 관심을 가지고 즐기는 것이 중요하다. 이를 위해서 영아가 성인과 자주 대화를 교환하며 질문을 하는 것을 즐기도록 한다. 또한 단순한 문장으로 말하다 점차 복잡한 문장을 사용하여 표현하고 익숙한 환경 인쇄물의 그림과 내용을 읽어 보도록 하며 의도를 가지고 끼적이는 경험을 통해 기초적인 구어능력과 문어능력을 증진하는 데 중점을 둔다.

① 다른 사람의 말과 짧은 이야기를 듣는 것을 즐긴다

만 2세 영아는 다른 사람의 말을 주의 깊게 집중하여 듣는 능력이 향상된다. 영아 자신의 어휘력이 많이 증진되었고 문장 이해 능력도 높아진 것이 다른 사람의 말을 듣고 이해하는 것에 기초가 된다. 또한 다른 사람의 이야기를 정확하게 듣기 위해서는 말하는 사람의 내용뿐 아니라 눈길이나 표정, 손짓, 그 밖에 주위 분위기를 종합하여 듣고 있는 내용과 의미를 판단해야 한다. 만 2세 영아의 경우에는 이러한 능력 역시 향상되어 가면서 다른 사람의 말을 듣는 것이 무엇인지를 판단하여야 한다. 특히 영아기에는 무엇보다도 상대방이 이야기하는 동안 말하는 사람의 눈과 입에 시선을 고정하고 중간에 이야기를 끊거나 방해하지 않고 끝까지 듣는 태도를 기르는 것이 필요하다.

② 자신의 생각과 느낌을 말로 주고받기를 즐긴다

말하기는 자신이 전달하고자 하는 의도를 다른 사람들이 이해할 수 있도록 단어를 체계적으로 조직하여 적절하게 표현하는 어려운 과정이다. 이러한 말하기는 소리 내기, 즉 의미 있는 발음을 만들어 내는 것을 기초로 한다. 만 2세는 새롭게 듣고 알게 된 단어가 매우 급증하는 시기로, 영아는 빠르게 습득된 단어를 음성으로 바꾸어 발음하는 데 많은 힘을 기울이게 된다. 영아의 말하기는 생활 속에서 이루어지는 자연스러운 대화를 통해 향상되므로 편안하고 수용적인 분위기와 자유롭게 말할 기회를 제공해야 한다.

③ 그림책이나 환경 인쇄물에 관심을 가지며 글의 내용에 흥미를 가진다

만 2세 영아는 그림책에 많은 관심을 보이며 글의 내용에 대해 교사가 대화를 해 주거나 읽어 주기를 기대한다. 그림책을 즐겁게 읽어 본 경험이 많으면 많을수록 그림책에 대한 영아의 흥미는 높아지고 이런 영아는 그림책을 더 접하려고 한다. 구어와 문어는 영아에게 그동안 얼마나 노출이 되었으며 얼마나 바람직한 질로 상호작용이 이루어졌는가가 관건이다. 따라서 그림책이나 환경 인쇄물을 접할 때는 글의 내용을 정확하게 이해하거나 글자 습득에 주의를 기울이기보다 영아가 그림책과 관련된 대화를 재미있어하고, 그림책을 보는 행위 자체를 즐기도록 하는 데 중점을 두어야 한다.

④ 글자 형태 끼적이기에 관심을 가진다

쓰기는 자신의 느낌, 생각, 경험을 문자를 이용하여 나타내는 것이다. 쓰기에 대한 관심은 종이에 무엇인가를 끊임없이 끼적거리는 과정을 거치면서 자연스럽게 이루어진다. 만 2세 영아의 경우, 그림과는 다른 짧거나 긴 직선이나 곡선을 사용하여 끼적이기를 한다. 그리고 자신이 끼적인 것에 대해 마치 글자를 쓴 것처럼 이름을 붙인다. 이러한 글자 형태 끼적이기는 이후의 내용 쓰기에 기초를 이루는 중요한 과정이다. 영아가 좋아하는 낱말, 관심 있는 글자나 경험한 사건 등에 대해 그림이나 끼적거리기로 표현하고 그것을 명명하거나 설명할 수 있도록 자주 기회를 제공하고 격려한다.

3) 만 2세 표준보육과정 의사소통 영역의 내용체계

(1) 내용범주

의사소통의 내용범주는 듣기, 말하기, 읽기, 쓰기로 구분된다. 그러나 듣기와 말하기, 읽기와 쓰기는 서로 연속적인 행위로 밀접히 연결되며, 쓰면서 말하거나 읽는 것을 듣는 것처럼 다른 내용범주들과도 서로 연계되어 있다.

'듣기'는 말하는 사람을 주의 깊게 보면서 그 사람이 전달하는 말소리나 짧은 문장, 짧은 이야기를 듣고 그 의미를 이해하는 능력을 기르는 내용이다. '말하기'는 상대방을 바라보며 자신이 원하는 생각이나 느낌을 낱말과 간단한 문장으로 전달할 수 있는 능력을 기르는 것이다. '읽기'는 짧은 그림책과 주변의 친숙한 환경 인쇄물에 흥미를 나타내는 것이며, '쓰기'는 손과 팔, 눈의 협응이 더 잘 이루어지면서 끼적이기를 즐기는 내용을 포함한다.

(2) 내용체계

내용범주	내용
듣기	말소리 구분하여 듣고 의미 알기
	짧은 문장 듣고 알기
	짧은 이야기 듣기
	말하는 사람을 주의 깊게 보기
말하기	낱말과 간단한 문장으로 말하기
	자신이 원하는 것을 말하기
	상대방을 바라보며 말하기
읽기	그림책과 환경 인쇄물에 흥미 가지기
쓰기	끼적이며 즐기기

(3) 세부내용

내용 범주	내용	1수준	2수준
듣기	말소리 구분하여 듣고 의미 알기	친숙한 낱말의 발음에 흥미를 보인다.	친숙한 낱말의 발음에 관심을 가지고 듣는다.
		다양한 말소리의 차이를 구분한다.	
	짧은 문장 듣고 알기	낱말을 듣고 친숙한 사물과 사람을 찾아본다.	일상생활과 관련된 친숙한 낱말을 듣고 뜻을 이해한다.
		친숙한 짧은 문장을 듣고 반응한다.	
	짧은 이야기 듣기	짧은 이야기와 노랫말 등을 즐겁게 듣는다.	
	말하는 사람을 주의 깊게 보기	말하는 사람의 표정, 몸짓, 억양 등을 주의 깊게 보고 듣는다.	
말하기	낱말과 간단한 문장으로 말하기	눈앞에 보이는 친숙한 사물의 이름을 발음해 본다.	친숙한 낱말을 발음해 본다.
		일상생활에서 경험한 새로운 낱말에 관심을 가진다.	
		일상생활의 반복적인 일이나 친숙한 상황을 한두 낱말이나 간단한 문장으로 말해 본다.	
	자신이 원하는 것을 말하기	표정, 몸짓, 말소리로 의사표현을 한다.	
		자신이 원하는 것을 한두 낱말로 말해 본다.	자신이 원하는 것을 낱말이나 짧은 문장으로 말해 본다.
	상대방을 바라보며 말하기	말할 순서에 상대방을 바라보며 말을 주고받는다.	
읽기	그림책과 환경 인쇄물에 흥미 가지기	그림책과 환경 인쇄물에 있는 그림과 내용에 관심을 가진다.	
		친숙한 그림과 환경 인쇄물을 보고 읽는 흉내를 내 본다.	
		선호하는 그림책들을 읽어 주면 집중하여 듣는다.	
쓰기	끼적이며 즐기기	의도적으로 끼적인다.	
		자기 이름 끼적이기에 관심을 가진다.	

3. 만 3~5세 개정 누리과정 편성 · 운영

이 절에서는 기존 누리과정이 개정됨에 따라 전반적인 교육과정 편성 및 운영에 대해 먼저 다룬 후, 앞서 살펴본 절들과 같이 의사소통 영역에 관한 내용을 집중적으로 다루고자 한다.

2020년부터 시행되는 2019 개정 누리과정에서는 다음의 사항에 따라 교육과정을 편성 · 운영하도록 한다(교육부, 2019).

(1) 1일 4~5시간을 기준으로 편성한다

3~5세 모든 유아에게 공통 교육과정을 제공하기 위해 유치원과 어린이집에서 편성해야 할 누리과정 운영 시간은 1일 4~5시간이다. 누리과정 운영 시간은 유아가 중심이 되고 놀이가 살아나는 유아 · 놀이 중심 교육과정의 운영 시간이며, 동시에 국가가 누리과정 운영에 필요한 행정적 · 재정적 지원을 하는 시간을 의미한다.

(2) 일과 운영에 따라 확장하여 편성할 수 있다

유치원과 어린이집은 1일 4~5시간의 누리과정 운영 시간 외에도 운영 시간을 확장하여 편성 · 운영할 수 있다. 유치원과 어린이집의 운영 시간에 대한 기준이 다르므로, 각 기관의 실정과 지역적 특성을 반영하여 융통성 있게 편성 · 운영한다. 누리과정 운영 시간 이후, 운영 시간을 확장하여 편성 · 운영할 경우에도 개정 누리과정이 지향하는 유아 · 놀이 중심 교육과정이 이루어질 수 있도록 한다.

(3) 누리과정을 바탕으로 각 기관의 실정에 적합한 계획을 수립하여 운영한다

유치원과 어린이집은 국가 수준의 교육과정인 개정 누리과정을 바탕으로 각 기관의 실정에 따라 적합한 계획을 수립하여 운영하여야 한다. 계획안에는 교사가 기관과 학급(반) 수준에서 유아의 놀이를 지원하기 위해 필요한 사항을 미리 생각하여 준비하는 모든 과정이 포함될 수 있다. 개정 누리과정은 계획안 수립에 있어서 기관과 교사의 자율성을 강조하였다. 계획안을 작성할 때에는 교육과 보육 모두를 포괄하여 유아의 경험이 교육적 가치를 가지도록 놀이를 중심으로 기록하고 교사의 지원방안을 기술할 필요가 있다.

(4) 하루 일과에서 바깥놀이를 포함하여 유아의 놀이가 충분히 이루어지도록 편성하여 운영한다

유아·놀이 중심 교육과정에서는 교사가 미리 계획하여 하루 일과를 운영하기보다는 유아의 흥미와 관심에 따라 놀이를 충분히 즐길 수 있도록 탄력적으로 편성·운영하는 것이 중요하다.

◆ 융통성 있는 하루 일과 운영

유치원과 어린이집의 하루 일과는 유아가 주도하는 놀이를 중심으로 편성·운영하도록 한다. 유아는 하루 일과에서 놀이, 일상생활, 활동 등을 하면서 다양한 경험을 한다. 놀이는 바깥놀이를 포함하여 하루 일과 중 가장 길게, 우선적으로 편성·운영하여 유아가 충분히 놀이할 수 있도록 한다. 일상생활에 포함되는 등원, 손 씻기, 화장실 다녀오기, 간식, 점심, 낮잠, 휴식 등은 유아의 신체적 리듬을 반영하여 편성·운영함으로써 유아들이 즐겁게 하루를 보낼 수 있도록 한다. 활동은 유아가 놀이를 통한 배움을 확장해 갈 수 있도록 돕는 교사의 지원이다. 교사는 유아가 주도하는 놀이를 지원하기 위해 필요에 따라 활동을 계획하여 운영할 수 있다. 교사는 미리 계획한 활동을 모두 해야 한다거나 정해진 순서대로 일과를 운영해야 한다는 부담을 내려놓고 유아가 주도하는 놀이의 흐름에 따라 융통성 있게 일과를 운영하도록 한다.

◆ 2시간 이상의 충분한 놀이시간 운영

놀이시간은 짧게 여러 번 제공하기보다 긴 시간으로 편성하여 놀이의 흐름이 끊기지 않고 유아가 충분히 놀이하고 몰입할 수 있도록 한다. 교사는 바깥놀이를 포함하여 놀이시간을 2시간 이상 확보하되, 날씨와 계절, 기관의 상황, 유아의 관심사와 놀이 특성 등을 고려하여 융통성 있게 편성·운영한다. 예를 들어, 하루 일과에서 바깥놀이는 미세먼지, 날씨 등을 고려하여 실내놀이로 편성·운영할 수 있고, 다른 날은 바깥놀이를 길게 편성할 수도 있다.

(5) 성, 신체적 특성, 장애, 종교, 가족 및 문화적 배경 등으로 인한 차별이 없도록 편성하여 운영한다

누리과정은 유아가 성, 신체적 특성, 장애, 종교, 가족 및 문화적 배경 등으로 인

해 차별받지 않고 서로 배려하는 마음을 가지도록 편성 · 운영해야 한다. 유아가 다른 사람을 대할 때 자신과 상대와의 다른 점을 틀린 것이 아니라 다른 특성으로 받아들이고 편견 없이 대할 수 있도록 지원해야 한다. 교사는 성별, 신체적 특징 및 장애 유무에 따라 유아를 비교하고 평가하거나 불이익을 주지 말아야 하며, 유아에게 고정적인 성 역할과 특정 종교를 강요해서는 안 된다. 또한 유아들에게 다양한 가족 형태 및 문화적 배경을 이해할 수 있는 경험을 제공하여 다양성을 존중하고 배려할 수 있도록 지원한다.

(6) 유아의 발달과 장애 정도에 따라 조정하여 운영한다

유아의 놀이는 연령 및 발달적 특성에 따라 다양한 모습으로 나타난다. 같은 연령의 유아들일지라도 흥미, 관심, 경험, 발달, 가정의 문화 등 많은 부분에서 차이가 있으므로, 교사는 유아가 자신에게 적합한 방식으로 놀이할 수 있도록 누리과정을 조정하여 운영한다.

발달 지연 또는 장애 유아도 또래 유아와 함께 하는 경험이 필요하다. 따라서 교사는 특별한 요구를 가진 유아가 차별 없이 또래와 더불어 생활하고 함께 놀이하도록 지원해야 한다. 교사는 모든 유아가 보편적인 환경에 접근하고 참여할 수 있도록 교육환경, 교육내용, 교육 방법 등을 조정하여 운영할 수 있다. 또한 유치원과 어린이집에서는 특수학급 또는 통합학급을 편성하여 운영할 수 있다. 교사는 장애 유아의 특성과 요구를 파악하여 개별화교육계획을 수립하고, 개별 장애 유아의 교육적 요구에 적합한 교육이 이루어지도록 한다. 이때 교육과정의 효과적인 운영을 위해 부모, 특수교사, 사회복지사, 의료진 등 가족과 관련 기관의 전문가와 서로 소통하고 협력하는 것이 중요하다. 필요에 따라 특별히 고안된 장치나 보조기구, 자료를 활용하여 유아가 장애로 인한 불편함을 덜 느낄 수 있도록 지원한다.

(7) 가정과 지역사회와의 협력과 참여에 기반하여 운영한다

유아가 속해 있는 가정, 기관, 지역사회 등은 모두 교육과정의 주체이므로, 상호 연계하고 협력해야 한다. 유아 · 놀이 중심 교육과정을 운영하기 위해서는 무엇보다 부모의 역할이 중요하다. 부모는 유아의 놀 권리와 즐겁게 놀이하며 배우는 놀이의 가치를 이해하여 가정에서 유아의 놀이를 지원해야 한다. 이를 위해 유치원과 어린이집에서는 부모 참여, 간담회, 워크숍, 사담 등 다양한 기회를 마련하여 부모의 역할을 지원할 필요가 있다.

지역사회는 유아의 다양한 경험을 지원하는 풍부한 자원이다. 따라서 유치원과 어린이집에서는 유아들이 지역사회의 여러 기관이나 장소를 직접 경험하면서 지역사회에 관심을 가질 수 있도록 지원해야 한다. 예를 들어 유치원과 어린이집에서는 기관이 위치한 지역사회 특성에 따라 지역사회 문화예술단체와 시설, 공공기관 및 지역 인사 등을 활용하여 유아의 경험을 확장할 수 있는 기회를 마련하고 지원할 수 있다. 또한 유치원과 어린이집을 지원하는 공공기관과의 상호 협의를 통해 누리과정 운영이 원활히 이루어질 수 있도록 한다.

(8) 교사 연수를 통해 누리과정의 운영이 개선되도록 한다

교사는 유아의 놀이와 배움을 지원하는 교육과정의 주체이자 유아와 함께 배우고 성장하는 전문가이다. 개정 누리과정에서는 누리과정의 실행자로서 유아의 놀이를 지원하는 교사의 역할을 강조하고 있다. 누리과정의 실천과 지속적인 개선을 위해서는 교사 연수가 필수적이다. 유치원과 어린이집을 지원하는 국가 및 지역 기관에서는 다양한 형태의 교사 연수를 마련하고, 교사가 자율적으로 참여할 수 있는 기회를 제공해야 한다. 교사 연수를 교사가 참여하는 다양한 유형의 교육, 배움 공동체, 소모임 등을 포함한다. 교사는 누리과정에 대한 이해 및 필요 정도에 따라 자발적으로 연수에 참여하여 누리과정 운영을 개선해 가도록 한다.

1) 교수 · 학습

교수 · 학습은 유아가 즐겁게 놀이하며 스스로 배울 수 있도록 교사가 지원할 때 고려해야 할 사항이다.

- 유아가 흥미와 관심에 따라 놀이에 자유롭게 참여하고 즐기도록 한다.
- 유아가 놀이를 통해 배우도록 한다.
- 유아가 다양한 놀이와 활동을 경험할 수 있도록 실내외 환경을 구성한다.
- 유아와 유아, 유아와 교사, 유아와 환경 간에 능동적인 상호작용이 이루어지도록 한다.
- 5개 영역의 내용이 통합적으로 유아의 경험과 연계되도록 한다.

- 개별 유아의 요구에 따라 휴식과 일상생활이 원활히 이루어지도록 한다.
- 유아의 연령, 발달, 장애, 배경 등을 고려하여 개별 특성에 적합한 방식으로 배우도록 한다.

유아 중심 및 놀이 중심을 추구하는 개정 누리과정에서는 교사를 유아의 놀이 지원자로 제안하고 있다. 교사는 놀이의 특성, 의미, 가치를 이해하여 유아가 즐겁게 놀이하면서 배우는 경험을 지원할 수 있다. 교사는 적절하게 환경을 구성하고, 유아와 바람직한 상호작용을 하여 유아가 놀이에 몰입하고 놀이를 확장하도록 돕는 역할을 한다.

[1] 유아가 흥미와 관심에 따라 놀이에 자유롭게 참여하고 즐기도록 한다

개정 누리과정에서는 유아가 자신의 흥미와 관심에 따라 자유롭게 참여하고 주도하는 놀이를 강조한다. 유아가 주도하는 놀이는 유아가 자신만의 방식으로 자유롭게 이끌어 가는 놀이를 의미한다. 교사는 놀이에 대한 이해를 바탕으로 유아가 주도하는 놀이를 지원할 수 있어야 한다.

유아는 놀이하며 자신의 유능함을 드러내고 즐겁게 배우며 성장한다. 일상에서 자연스럽게 자연, 사물, 사람 등을 만나며 세상과 교감하는 방식은 놀이를 통해 깊어진다. 유아에게 놀이는 앎이자 삶의 방식이다. 유아는 놀이를 통해 자신이 경험한 세상을 재구성하며 세상에 대한 이해를 넓혀 나간다.

유아가 주도하는 놀이는 성인의 간섭과 통제가 최소화되고 유아가 다양한 놀이 환경과 만날 때 활발하게 나타난다. 따라서 실내의 제한된 흥미 영역에서 교사가 미리 준비한 놀이를 선택하게 하는 방식보다는 유아가 자유롭게 놀이하며 즐기는 방식으로 바꾸어 갈 필요가 있다. 교사는 유아가 주도하는 놀이에 내재된 의미와 가치를 파악하고 그것을 이해하는 과정에서 유아에게 무엇을 지원해 줄 수 있을지를 발견할 수 있다. 교사는 놀이 상황과 맥락에 따라 새롭게 생성되는 유아의 놀이를 존중하고 이해하면서 유아가 필요로 하는 놀이자료, 놀이공간, 놀이 규칙과 안전 등을 고려하며 필요한 지원을 할 수 있다.

[2] 유아가 놀이를 통해 배우도록 한다

개정 누리과정은 놀이를 통한 유아의 배움을 강조하고 있다. 유아는 어디서나 자유롭게 놀이하며 배울 수 있지만, 특히 교육과정으로서 누리과정을 운영하는 유치원고 어린이집에서 이루어지는 유아의 놀이는 교사의 지원을 통해 더욱 유의미한 배움이 될 수 있다. 교사는 다양한 방식으로 유아가 놀이를 통해 배우고 성장할 수 있도록 돕고 지원하는 역할을 해야 한다.

◆ 놀이를 통한 배움의 이해

유아는 놀이하면서 자연스럽게 세상과 교감하며 성장해 간다. 놀이는 시작과 끝이 정해져 있는 것이 아니라 이어지고 끊어지면서 새롭게 생성되어 가는 연속적 과정이며, 이는 곧 배움의 과정과 같다. 교사는 유아의 놀이를 배움의 과정으로 이해하고 유아의 놀이를 지원해야 한다.

개정 누리과정에서는 유아가 놀이를 통해 경험하는 배움을 5개 영역과 연결 지어 이해할 수 있도록 안내하고 있다. 개정 누리과정의 5개 영역 59개의 내용은 3~5세 유아가 유치원과 어린이집에서 경험해야 할 의미 있고 가치 있는 배움의 내용으로 구성되어 있다. 이는 교사가 가르쳐야 할 내용이 아닌 유아가 즐겁게 놀이하면서 배우는 내용이다. 교사는 유아의 놀이에서 나타나는 통합적 경험을 59개의 내용과 연결해 보면서 유아의 놀이를 통한 배움을 이해할 수 있다.

◆ 놀이와 연계한 활동을 통한 유아의 배움 지원

교사는 일상생활과 활동에도 유아의 흥미와 관심을 반영하여 유아가 즐겁게 경험하며 배우도록 지원할 수 있다. 교사가 활동을 운영할 때 유아가 주도하는 놀이의 내용과 연계하여 유아가 즐겁게 배울 수 있도록 지원하는 것이 중요하다. 예를 들어, 현재 유아가 하고 있는 놀이에 부합하면서 유아의 흥미나 관심과 관련된 동화 듣기, 노래 부르기, 요리하기, 게임 등을 제안하여 즐겁게 놀이하는 방식으로 활동을 할 수 있다. 또한 유아가 자신이 하고 있는 놀이를 친구들에게 소개하기, 놀이 규칙 정하기, 특정 관심사에 대해 함께 알아보기 등 상황에 따라 이야기를 나누는 것도 가능하다. 만일 교사가 유아의 놀이를 지원하기 위해 다양한 활동을 계획했더라도 이는 유아의 관심과 흥미에 따라 얼마든지 수정할 수 있다. 유아의 흥미나 관심 등을 고려하지 않고 미리 정해진 생활주제에 따라 활동을 진행하기보다는 유아가 주도해 가는 놀이와 연계하여 활동을 진행하는 것이 바람직하다.

교사는 유아의 건강과 안전을 위해 필수적으로 요구되는 일상생활 습관 지도나 안전 교육을 계획하여 운영할 수 있다. 유치원과 어린이집에서는 유아가 놀이안전과 생활안전을 지키고, 위험한 일이 발생하였을 때 도움을 받아 대처할 수 있는 능력을 기를 수 있도록 안전 교육을 실시해야 한다. 안전 교육이 필요한 항목으로는 화재안전, 교통안전, 약물안전, 유괴에 대처하는 방법 등이 있으며, 이는 안전교육 관련 법령 및 지침 등에서 제안하는 내용을 바탕으로 유아들이 이해하기 쉬운 방식으로 지도한다.

◆ 자율성을 바탕으로 유아의 놀이 배움 지원

유아 · 놀이 중심 교육과정에서는 유아가 놀이에서 경험하는 배움을 지원하기 위해 교사의 자율성을 강조한다. 유아는 자신에게 가장 적합한 방식으로 놀이하기 때문에 유아의 놀이는 예측하기 어렵다. 교사는 유아의 특성, 안전, 놀이 환경, 자료, 날씨, 기관의 상황 등을 고려하여 놀이를 지원해야 한다. 교사는 유아가 놀이하며 배울 수 있도록 상황에 따라 필요한 교육적 판단을 자율적으로 할 수 있어야 한다. 예를 들어, 교사는 유아의 놀이가 자신이 계획한 주제나 활동과 다르게 이루어지더라도 유아의 놀이를 존중하여 계획된 활동을 변경할 수 있다.

교사가 유아의 놀이를 존중한다는 것은 유아의 놀이를 바라보기만 하거나 방관하는 것이 아니라, 유아의 배움에 필요한 지원 내용을 생각하고, 준비하고, 지원하는 과정을 모두 포함한다. 예를 들어, 교사는 유아가 놀이하며 경험한 내용을 관찰하고, 놀이에서 나타나는 배움에 주목하여 이를 기록할 수 있다. 이러한 기록은 유아의 놀이 지원을 위한 교사의 자율적 판단의 근거가 된다. 교사는 계획안을 활용하여 유아가 실제 놀이한 내용을 적합한 방식으로 기록하고, 그에 따른 교사의 지원 내용도 함께 작성할 수 있다. 계획안은 유아가 놀이하며 배우는 과정을 이해하는 자료가 되며, 이를 작성하면서 유아에게 필요한 놀이 지원도 함께 계획할 수 있다.

[3] 유아가 다양한 놀이와 활동을 경험할 수 있도록 실내외 환경을 구성한다

개정 누리과정에서 놀이 환경은 유아가 놀이하는 실내외 모든 공간과 놀이자료를 포함한다. 유아가 보고 듣고 만지며 자유롭게 표현할 수 있는 놀이 환경은 놀이가 다양하게 이루어지도록 하는 중요한 교육적 자원이다. 따라서 교사는 다양한 실내외 놀이 환경과 풍부한 놀이자료를 제공하여 유아의 놀이가 활성화되도록 돕는다.

(4) 유아와 유아, 유아와 교사, 유아와 환경 간에 능동적인 상호작용이 이루어지도록 한다

유치원과 어린이집에서 유아는 또래, 교사 및 자신을 둘러싼 환경 등과 관계를 맺으며 성장한다. 또한 유아는 놀이에서 또래 친구와 교사, 자연 환경 등과 적극적으로 상호작용하면서 세상을 이해하고 배움을 이루어 간다. 교사는 유아가 놀이에서 만나는 다양한 관계에 관심을 기울이고 함께 상호작용을 하며 배움을 지원해야 한다.

(5) 5개 영역의 내용이 통합적으로 유아의 경험과 연계되도록 한다

교사는 개정 누리과정에 포함된 5개 영역의 내용이 유아가 놀이를 하며 통합적으로 경험하는 것임을 이해해야 한다. 5개 영역의 내용을 유아의 경험과 연계하는 방식은 다양하다. 우선 유아는 놀이를 하며 이미 5개 영역을 통합적으로 경험한다. 예를 들면, 유아는 모래놀이를 하며, 신체를 움직이고, 친구와 대화도 하며, 그림도 그릴 수 있다. 모래와 물을 섞으며 물질의 변화에 대해 호기심과 탐구심을 가질 수도 있다. 이처럼 유아는 놀이를 통해 여러 가지 영역을 통합적으로 경험하며, 이러한 경험은 영역별로 이루어지지 않는다. 교사는 유아의 놀이에서 5개 영역의 내용이 자연스럽게 통합적으로 나타나는 것을 발견함으로써 유아가 놀이하며 배우고 있음을 알 수 있다.

또한 5개 영역의 내용은 정해진 생활 주제 이외에도 유아의 관심과 흥미에 따라 다양하게 통합할 수 있다. 예를 들면, 교사는 유아가 놀이하면서 자연스럽게 경험하게 되는 계절이나 국경일과 같은 친근한 주제, 유아가 놀이하면서 관심을 보이는 동화나 곤충, 그네 등과 같은 주제를 중심으로 유아의 경험과 5개 영역을 통합적으로 연계하여 지원할 수 있다. 유아가 관심을 가지는 그림책, 사물, 우연한 상황 등도 충분히 유아의 경험을 통합적으로 연계하여 지원할 수 있는 자원이 될 수 있다. 교사는 자율성을 바탕으로 유아의 놀이 상황과 맥락에 따라 5개 영역을 다양한 방식으로 융통성 있게 유아의 경험과 연계하여 지원할 필요가 있다.

(6) 개별 유아의 요구에 따라 휴식과 일상생활이 원활히 이루어지도록 한다

유치원과 어린이집에서 유아의 하루 일과는 놀이와 휴식을 적절하게 안배하여 운영하며, 개별 유아의 요구를 반영해야 한다. 유치원과 어린이집에서는 유아의 건강 상태, 날씨나 계절, 기관의 상황 등에 따라 하루 일과를 융통성 있게 운영할 수 있다. 획일적인 하루 일과를 운영하기보다는 배변이나 낮잠, 휴식 등 유아마다 다른 신체 리듬을 반영하여 하루 일과를 운영해야 한다. 교사는 놀이의 상황과 개별 유아의 요구 등을 적절히 반영하여 일과가 원활하게 이루어지도록 운영해야 한다.

(7) 유아의 연령, 발달, 장애, 배경 등을 고려하여 개별 특성에 적합한 방식으로 배우도록 한다

교사는 유아의 연령과 발달, 장애, 배경 등의 다양한 특성을 이해하고 각 특성을 최대한 고려하여 배움을 지원해야 한다. 유아는 서로 다른 관심과 능력을 가지고 있으며 다양한 맥락 속에서 자신만의 방식으로 놀이하고 배운다. 같은 연령이라도 개별 유아의 특성이 다르듯이 유아가 놀이하는 모습도 다르게 나타난다. 또한 유아가 가정에서 경험하는 다양한 문화적 특성을 서로 인정하고 존중하며 가치 있게 여길 수 있어야 한다. 교사는 유아의 특성에 적합한 지원을 위해 발달적 특성이나 장애 정도, 문화적 배경을 우선적으로 파악해야 하며, 필요할 경우 관련 기관 또는 전문가와 협력할 수 있다.

2) 평가

개정 누리과정에서 평가는 유치원과 어린이집에서 유아가 중심이 되고 놀이가 살아나는 누리과정의 운영을 되돌아보고 개선해 가는 과정이다. 개정 누리과정은 유치원과 어린이집에서 유아 · 놀이 중심 교육과정을 운영하는 데 도움이 되고자 평가를 간략화하고 각 기관의 자율적인 평가를 강조하였다. 유치원과 어린이집은 평가의 목적, 대상, 방법, 결과의 활용을 바탕으로 누리과정 평가를 자율적으로 실시할 수 있다.

평가는 다음 사항에 중점을 두고 실시한다.

• 누리과정 운영의 질을 진단하고 개선하기 위해 평가를 계획하고 실시한다.
• 유아의 특성 및 변화 정도와 누리과정의 운영을 평가한다.
• 평가의 목적에 따라 적합한 방법을 사용하여 평가한다.
• 평가의 결과는 유아에 대한 이해와 누리과정 운영 개선을 위한 자료로 활용할 수 있다.

(1) 누리과정 운영의 질을 진단하고 개선하기 위해 평가를 계획하고 실시한다

평가의 목적은 유아가 중심이 되고 놀이가 살아나는 누리과정 운영을 자체적으로 평가하여 누리과정 운영의 질을 진단하고 누리과정 운영을 보다 나은 방향으로 개선하는 데 있다. 유치원과 어린이집에서는 지역 특성, 각 기관 및 학급(반)의 상황과 요구를 고려하여 누리과정 운영을 개선할 수 있도록 자율적으로 평가 계획을 수립한다. 평가의 내용, 평가 주기 및 시기, 평가 방법 등에 대한 계획은 각 기관 구성원들 간의 민주적인 협의를 통해 정한다.

(2) 유아의 특성 및 변화 정도와 누리과정의 운영을 평가한다

평가는 유아 평가와 누리과정의 운영 평가로 이루어진다.

유아 평가는 궁극적으로 유아의 행복과 전인적 발달을 지원하는 데 그 목적이 있다. 교사는 유아의 놀이, 일상생활, 활동 속에서 유아의 고유한 특성이나 의미 있는 변화를 발견하고, 그것을 바탕으로 유아의 배움과 성장을 돕기 위하여 평가를 할 수 있다. 교사는 유아의 배움이 나타나는 놀이, 일상생활, 활동에서 유아가 가장 즐기고 잘하는 것, 놀이의 특성, 흥미와 관심, 친구 관계, 놀이를 이어 가기 위한 자료의 활용 등에 주목하여 유아 놀이를 관찰하고, 이를 통해 유아의 특성과 변화를 이해하도록 한다.

누리과정 운영 평가는 유치원과 어린이집의 교육과정이 유아·놀이 중심으로 적절하게 운영되고 있는지 평가하는 데 그 목적이 있다. 유치원과 어린이집의 누리과정 운영 평가에서는 놀이시간을 충분히 운영하였는지, 유아 주도적인 놀이와 배움이 이루어지고 있는지, 놀이 지원이 적절한지 등을 평가할 수 있다. 이는 놀이 속에서 나타나는 유아의 특성 및 변화 정도와 연계하여 파악할 수 있다. 필요에 따라 부모와의 협력이나 행정적·재정적 지원이 적절하게 이루어지고 있는지 등을 평가할 수도 있다.

(3) 평가의 목적에 따라 적합한 방법을 사용하여 평가한다

평가 방법은 평가의 목적과 대상에 따라 달라질 수 있다. 유치원과 어린이집은 평가 목적에 가장 적합한 평가 방법을 자율적으로 정하여 활용할 수 있다.

교사는 유아의 특성과 변화 정도를 파악하기 위하여 유아들의 실제 놀이 모습을 계획안에 기록할 수 있고, 놀이 결과물과 작품 등을 일상적으로 수집할 수 있다. 유

아들의 놀이를 관찰할 때에는 유아의 말, 몸짓, 표정 등에서 드러나는 놀이의 의미와 특성에 주목하여 이 중 필요한 내용을 메모나 사진 등 교사가 할 수 있는 가장 용이한 방법으로 기록한다. 이러한 관찰기록 자료는 교실에서 자율적으로 수립한 계획안에 포함하여 유아의 특성과 변화 정도를 파악하는 데 활용할 수 있다.

유치원과 어린이집의 누리과정 운영에 대한 평가는 개선이 필요한 사항에 따라 자율적으로 실시할 수 있다. 기관별 · 학급별 상황이나 필요성에 따라 적합한 방법을 선택하여 누리과정 운영을 평가한다.

개정 누리과정에는 교사가 유아의 놀이 관찰기록, 유아 평가와 누리과정 운영 평가 등 평가 자료를 만들고 수집하는 데 과도한 노력을 기울이는 것보다는 유아의 놀이에 더 집중하고 지원하는 것이 중요함을 강조하고 있다. 교사는 개별 유아를 정기적으로 관찰하기보다는 배움이 나타나는 또래 간의 놀이나 활동 등 유아들이 일상에서 놀이하며 배우는 자연스러운 상황에서 유아의 특성과 변화를 이해하는 평가를 하도록 한다.

또한 5개 영역 59개 내용을 성취 기준으로 잘못 인식하여 유아의 놀이에서 59개 내용이 나타나는지 여부만을 체크하지 않도록 유의한다.

(4) 평가의 결과는 유아에 대한 이해와 누리과정 운영 개선을 위한 자료로 활용할 수 있다

교사는 유아의 놀이, 일상생활, 활동을 통해 수집된 자료를 평가의 목적에 맞게 종합하여 평가의 결과를 얻을 수 있다. 유아 평가의 결과는 유아가 행복감을 느끼고 전인적으로 발달하도록 도움을 주는 데 활용한다. 또한 누리과정이 추구하는 인간상과 목적 및 목표 등에 비추어 유아의 특성과 변화 정도를 이해하고 유아의 배움과 성장에 도움이 되도록 지원하는 데 활용한다. 수집된 모든 자료를 바탕으로 개별 유아의 특성과 변화 정도를 종합적으로 이해하여, 이를 부모와의 면담자료 및 유아의 생활지도 등에 활용할 수 있다. 한편, 유치원과 어린이집에서 자율적인 방식을 통해 실시한 누리과정 운영 평가의 결과는 각 기관에서 유아 · 놀이 중심 교육과정의 운영을 보다 나은 방향으로 개선하는 데 활용할 수 있다.

3) 만 3~5세 개정 누리과정 의사소통 영역

유아는 주변 사람들과 소통하며 관계를 맺는 능동적인 의사소통자이다. 유아는 다른 사람의 말을 주의 깊게 듣고 자신의 생각과 느낌을 다양한 방법으로 표현하며 소통하는 것을 즐기고, 책과 이야기에 관심을 갖는다. 의사소통 영역은 유아가 다른 사람과 소통하며, 일상에서 만나는 글자나 상징에 관심을 가지고 책과 이야기를 즐기는 경험과 관련된 내용이다. 교사는 유아가 자신의 느낌과 생각을 적절하게 말하는 경험을 통해 바른 언어생활을 할 수 있도록 돕는다. 또한 유아가 아름다운 우리말이 담긴 책과 이야기에 흥미를 가지고 언어가 주는 재미와 상상을 충분히 즐길 수 있도록 지원할 수 있다.

[1] 의사소통 영역의 목표
일상생활에 필요한 의사소통 능력과 상상력을 기른다.

- 일상생활에서 듣고 말하기를 즐긴다.
- 읽기와 쓰기에 관심을 가진다.
- 책이나 이야기를 통해 상상하기를 즐긴다.

[2] 의사소통 영역의 내용

내용범주	내용
듣기와 말하기	말이나 이야기를 관심 있게 듣는다.
	자신의 경험, 느낌, 생각을 말한다.
	상황에 적절한 단어를 사용하여 말한다.
	상대방이 하는 이야기를 듣고 관련해서 말한다.
	바른 태도로 듣고 말한다.
	고운 말을 사용한다.
읽기와 쓰기에 관심 가지기	말과 글의 관계에 관심을 가진다.
	주변의 상징, 글자 등의 읽기에 관심을 가진다.
	자신의 생각을 글자와 비슷한 형태로 표현한다.
책과 이야기 즐기기	책에 관심을 가지고 상상하기를 즐긴다.
	동화, 동시에서 말의 재미를 느낀다.
	말놀이와 이야기 짓기를 즐긴다.

[3] 목표 및 내용 범주 이해하기

의사소통 영역의 목표와 내용범주는 유아가 일상생활에서 다른 사람의 말이나 이야기를 듣고 말하기를 즐기며, 주변의 상징을 읽고 글자와 비슷한 형태로 써 보기에 관심을 가지며, 다양한 책과 이야기를 통해 상상하기를 즐기는 내용으로 구성하였다.

- 유아의 듣고 말하는 경험이 분리되지 않음을 고려하여 기존 누리과정의 '듣기'와 '말하기'를 '듣기와 말하기'로 제시하였다. '듣기와 말하기'는 유아가 다른 사람의 말이나 이야기를 관심 있게 듣고, 자신의 경험, 느낌, 생각을 상황에 적절한 단어를 사용하여 말하고, 고운 말을 사용하는 내용이다.
- 유아의 읽고 쓰는 경험이 분리되지 않음을 고려하여 기존 누리과정의 '읽기'와 '쓰기'를 '읽기와 쓰기에 관심 가지기'로 제시하였다. '읽기와 쓰기에 관심 가지기'는 유아가 말과 글의 관계에 관심을 가지고, 주변의 상징, 글자 등을 읽으며, 자신의 생각을 글자와 비슷한 형태로 표현해 보는 내용이다.
- 유아가 동화와 동시, 말놀이와 이야기 짓기 등 일상에서 자연스럽게 문학을 즐기는 경험에 중점을 두어 '책과 이야기 즐기기' 내용범주를 새롭게 제시하였다. '책과 이야기 즐기기'는 유아가 다양한 책에 관심을 가지고 상상하며, 동화와 동시에서 말의 재미를 느끼고, 말놀이와 이야기 짓기를 즐기는 내용이다.

① 듣기와 말하기

◆ 목표

일상생활에서 듣고 말하기를 즐긴다.

◆ 내용

- 말이나 이야기를 관심 있게 듣는다.
- 자신의 경험, 느낌, 생각을 말한다.
- 상황에 적절한 단어를 사용하여 말한다.
- 상대방이 하는 이야기를 듣고 관련해서 말한다.
- 바른 태도로 듣고 말한다.

- 고운 말을 사용한다.

◆ 내용이해

- 말이나 이야기를 관심 있게 듣는다: 유아가 다른 사람이 하는 말과 흥미로운 주제, 익숙한 경험이 담긴 이야기에 관심을 가지며 듣는 내용이다.
- 자신의 경험, 느낌, 생각을 말한다: 유아가 상대방에게 자신의 경험, 느낌, 생각을 자유롭게 말하는 내용이다.
- 상황에 적절한 단어를 사용하여 말한다: 유아가 때와 장소, 대상과 상황을 고려하여 적절한 단어와 문자를 선택하여 말하는 내용이다.
- 상대방이 하는 이야기를 듣고 관련해서 말한다: 유아가 다른 사람이 이야기하는 내용을 듣고 말하는 사람의 생각, 의도, 감정을 고려하여 말하는 내용이다.
- 바른 태도로 듣고 말한다: 유아가 말하는 사람에게 주의를 기울이며 듣는 내용이다. 말을 끝까지 듣고, 자신의 의견을 말하는 내용이다.
- 고운 말을 사용한다: 유아가 일상생활에서 자주 쓰는 유행어, 속어, 신조어, 상대방을 비난하는 말을 사용하지 않고, 우리말을 바르게 사용하는 내용이다.

◆ 유아 경험의 실제

- 유아가 친구들에게 동물원에 놀러 갔던 이야기를 신나고 재미있게 들려준다. 유아는 "나는 호랑이다. 어흥!" 하며 눈을 크게 뜨고, 목소리를 굵고 거칠게 한다. 이어 원숭이에 대한 이야기를 할 때는 가늘고 날카로운 음성으로 바꿔 말한다. 옆에서 이야기를 듣던 유아들이 원숭이 동작과 목소리를 흉내 내며 웃는다.
- 유아들이 병원 놀이를 한다. 의사 역할을 하는 유아가 "어디가 아파서 오셨어요?"라고 묻자, 환자 역할을 하는 유아가 "의사 선생님, 배가 너무 아파요."라고 말하며 배를 움켜쥔다. 의사가 진찰을 한 후 옆에 있던 간호사 역할을 하는 유아가 "이쪽으로 오세요. 주사 맞아야 합니다."라고 말한다.
- 유아들이 자신이 가장 좋아하는 음식에 대해 서로 이야기를 나누고 있다. 수정이가 "나는 아이스크림이 좋아. 왜냐하면 시원하고 달콤……"하고 말을 끝내기도 전에 옆에 있던 우진이가 "나는 짜장면!" 하며 끼어든다. 그때 수정이가 "야! 내가 말하고 있잖아. 내 말 아직 안 끝났거든. 기다려 봐."라고 말하며

"아이스크림은 달콤해. 딸기 아이스크림이 제일 좋아. 넌?"이라고 묻는다.

• 유아가 교사에게 웃음참기놀이를 하자고 제안한다. 교사가 유아에게 웃음참기놀이의 방법을 물어보자, 유아는 자신이 생각한 웃음참기놀이의 방법을 또박또박 설명한다.

> 유아: 그건…… 음…… 서로 웃기게 해서 안 웃으면 되는 거예요.
> 교사: 어머. 정말 재미있겠는데! 여기 친구도 함께 해도 될까?
> 유아: 네. 같이 하면 더 재밌어요.
> 교사: 그럼 친구에게 웃음참기놀이를 어떻게 하는지 설명해 줄래?
> 유아: 준서야, 서로 웃기게 해서 안 웃으면 되는 거야. 웃음을 참아야 돼. 알겠지? 선생님, 이제 우리 시작해요.

② 읽기와 쓰기에 관심 가지기

◆ 목표

읽기와 쓰기에 관심을 가진다.

◆ 내용

• 말과 글의 관계에 관심을 가진다.
• 주변 상징, 글자 등의 읽기에 관심을 가진다.
• 자신의 생각을 글자와 비슷한 형태로 표현한다.

◆ 내용 이해

• 말과 글의 관계에 관심을 가진다: 유아가 일상에서 말이 글로, 글이 말로 옮겨지는 것에 관심을 가지는 내용이다.
• 주변 상징, 글자 등의 읽기에 관심을 가진다: 유아가 일상에서 자주 보는 상징(표지판, 그림문자 등)이나 글자 읽기에 관심을 가지는 내용이다. 유아가 상징이나 글자에는 사람들의 생각과 감정, 정보가 담겨 있다는 것을 이해하는 내용이다.
• 자신의 생각을 글자와 비슷한 형태로 표현한다: 유아가 자신의 생각이나 말을 끼적거리거나 글자와 비슷한 선이나 모양, 글자와 비슷한 형태로 표현하는 내

용이다.

◆ 유아 경험의 실제
• 유아들이 음식점 놀이를 하고 있다. 유아가 "선생님, 우리 지금 가게 만들 건데 '김밥가게' 어떻게 적어요?" 하며 선생님에게 도움을 요청한다. 선생님은 유아가 잘 볼 수 있도록 보드판에 천천히 '김밥가게' 글자를 크게 적는다. 유아는 보드판의 글자를 보며 천천히 따라 적는다.
• 유아가 교실 입구의 비상구 표시들을 가리키며 "저것 봐! 사람이 초록 색깔이야. 이렇게 하고 있어." 하며 비상구 사람의 모습을 흉내 낸다. 함께 이야기를 나누던 유아는 "나 저거 알아. 저거는 불날 때 저쪽으로 빨리 피하라는 말이야."라고 말한다.

③ 책과 이야기 즐기기
◆ 목표
책이나 이야기를 통해 상상하기를 즐긴다.

◆ 내용
• 말놀이와 이야기 짓기를 즐긴다.
• 책에 관심을 가지고 상상하기를 즐긴다.
• 동화, 동시에서 말의 재미를 느낀다.

◆ 내용 이해
• 말놀이와 이야기 짓기를 즐긴다: 유아가 끝말잇기, 수수께끼, 스무고개 등 다양한 말놀이를 즐기는 내용이다. 자신의 경험, 생각, 상상을 기초로 새로운 이야기를 만드는 과정을 즐기는 내용이다.
• 책에 관심을 가지고 상상하기를 즐긴다: 유아가 책에 흥미를 가지며 책 보는 것을 즐기고 상상하는 즐거움을 경험하는 내용이다.
• 동화, 동시에서 말의 재미를 느낀다: 유아가 동화와 동시를 자주 들으며 우리말의 재미와 아름다움을 느끼는 내용이다.

◆ 유아 경험의 실제

- 유아가 여러 책을 한꺼번에 쌓아 두고 읽는다. 다른 유아가 와서 "내가 좋아하는 공룡 책 여기 있어?" 하며 책을 찾는다. 유아가 책장을 넘기며 공룡 이름 맞추기를 하다가 브라키오사우루스가 나오자 "와! 정말 길다. 여기서 여기 끝까지 미끄럼 타면 진짜 재미있겠다." "그런데 여기까지는 어떻게 올라가지?" 하며 낄낄낄 웃는다.
- 서은이가 친구들에게 이야기를 한다.

서은: 그 공주님이 사는 성에는 아~주 유명한 사다리가 있어. 그런데 그 사다리는 하늘까지 올라가고, 또 하늘을 넘어 가지고~
하영: 우주도 넘어?
서은: 어. 우주에 우주까지도 넘는대.
유아들: 헤엑~~

- 3세 반에서 교사가 동시를 읽어 주자, 유아들이 서로 "꼬불꼬불?"이라고 말하며 까르르 웃는다. 그리고 유아들은 리본 막대를 휘두르며 "꼬불꼬불" 하며 서로 까르르 웃는다.

(4) 의사소통 영역의 통합적 이해

다음의 사례를 통해 유아들의 의사소통이 다른 영역과의 통합이 어떻게 이루어지는가를 생각해 보자.

〈말놀이〉
-끝없이 이어지는 아이들의 이야기-

유아들이 모여 솔비가 풍부한 상상력을 발휘하여 지어낸 이야기를 듣고 있다. 솔비는 운율과 리듬을 실어 자신이 상상으로 지어낸 이야기를 신나게 펼쳐 내고, 친구들은 서로 맞장구를 치며 재미있게 듣고 있다.

솔비: 어떤 아이가~ 엄~~청 엄청 부잣집에 살고 있었는데↗, 그 집은…… 엄

～청 밥도\많고／～ ♪장난감도\많고／ 돈도\ 많고／♪ 쌀도 많고／
♪ 가구도 엄청 좋은 거고～ ♪

지호: 변기통도\ 많고／～ ♪바가지도\ 많고／～ ♪

아이들: 하하하하.

솔비: 근데 방이…… 만～개가 되는 거야.

정훈: 옛날 집인데도?

솔비: (속삭이며) 옛날 집 아니야. 근데 그 옆에는 엄～～～청 가난한 집이 있었
　　　어. 쌀도 한 개도\ 없고 집에 방도 하나도\없고～ ♪ 아예 집에～ 코딱
　　　지 한 개도 없는 거야.

지호: 벌레 하나도 없어 가지고～～～하하하.

솔비: 그런데 거기는 아～～주 유명한 공주 장난감이 있었는데, 그 공주 장난감
　　　에는 사다리가 하늘까지 하늘을 넘어 가지고 우주를 넘어 가지고 저어～
　　　～～～우주를 넘는 사다리가 아주 긴～～사다리가 나오는데, 그게… 만
　　　원도\ 넘고／♪ 그 다음 백만 원도\ 넘고／♪ 너～무 비싼 거야～～

현민: 일억도 넘어?

솔비: (고개를 끄덕임) 너～～무 비싸 가지고…… 억만 백천구백 원이었대.

아이들: 헤엑～～

지호: 만 원 백 개로 살 수 있겠다.

현민: 만 원 백 개 있으면 백만 원인데?

솔비: 그래서～ 나무를 팔아 가지고 책상도\ 만들고／～ ♪ 의자도\ 만들고
　　　／～ ♪ 해서, 그 가난한 집은 금방 부자가 됐대～～

(5) 5개 영역의 통합적 이해

앞의 사례를 누리과정 5개 영역으로 살펴보면 다음과 같은 내용의 통합이 이루
어졌음을 알 수 있다.

① 신체운동 · 건강

[신체활동 즐기기]

- 신체 움직임을 조절한다: 유아들은 이야기에 나오는 상황을 몸짓으로 표현할
　때 자신의 신체 움직임을 조절한다.

② 의사소통

[듣기와 말하기]

- 말이나 이야기를 관심 있게 듣는다: 유아들은 솔비가 지어낸 재미있고 풍부한 상상 이야기를 적극적으로 듣는다.
- 자신의 경험, 느낌, 생각을 말한다: 유아는 자신의 느낌, 생각을 친구들 앞에서 말한다.
- 상황에 적절한 단어를 사용하여 말한다: 유아들은 상상의 세계에 맞는 단어를 선택하기도 하고, 현실 세계에 적절한 단어를 선택하여 이야기한다.
- 상대방이 하는 이야기를 듣고 관련해서 말한다: 유아들은 서로 이야기를 듣고 맞장구치며 관련하여 말한다.

[읽기와 쓰기에 관심 가지기]

- 말과 글의 관계에 관심을 가진다: 유아는 자신이 지어낸 이야기를 종이에 적어 종종 보면서 이야기를 이어 간다.
- 자신의 생각을 글자와 비슷한 형태로 표현한다: 유아는 상상의 이야기를 종이에 글자로 표현한다.

[책과 이야기 즐기기]

- 책에 관심을 가지고 상상하기를 즐긴다: 유아들은 이야기 속에 몰입하며 상상하기를 즐긴다.
- 말놀이와 이야기 짓기를 즐긴다: 유아들은 말도 안 되지만 나름대로 의미가 있는 말을 만들며 상상의 이야기를 즐긴다.

③ 사회관계

[더불어 생활하기]

- 친구와 서로 도우며 사이좋게 지낸다: 유아들은 솔비의 말에 맞장구를 치며 즐겁게 대화를 나누는 좋은 관계에 있다.
- 서로 다른 감정, 생각, 행동을 존중한다: 유아들은 신나게 이야기하는 솔비의 상상 이야기를 재미있게 듣는다.

④ 예술경험

[창의적으로 표현하기]

- 신체, 사물, 악기로 간단한 소리와 리듬을 만들어 본다: 솔비는 음의 고저와 장단을 살려 아주 많거나 크다는 표현을 할 때는 높고 긴 소리를 내고, 그 앞 어휘의 끝은 소리를 낮춰 가며 이야기한다.

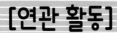

교육과정 퀴즈

- 표준보육과정과 누리과정에서의 의사소통 영역의 목표와 교육내용 특징은 어떻게 다른지 비교하여 토의해 보세요.

구분	목표	교육내용 특징
표준보육과정		
누리과정		

- 표준보육과정과 누리과정 의사소통 영역의 공통점과 차이점은 무엇인지 이야기 나누어 보세요.

공통점	차이점

제**6**장

언어지도의 교수 방법

생각해 봅시다

• 영아를 대상으로 한 언어교육은 어떻게 지도하는 것이 좋은지 생각해 봅시다.
• 유아를 대상으로 한 언어교육은 어떻게 지도하는 것이 좋은지 생각해 봅시다.
• 영유아를 대상으로 언어교육을 진행할 때 어떤 매체를 사용하면 좋은지 생각해 봅시다.

1. 영아를 위한 언어지도 교수 방법

1) 교실 내 언어영역 환경구성

영아기는 언어에 대한 발달이 급격히 이루어지는 시기이므로 듣기, 말하기, 읽기, 쓰기가 통합적으로 이루어질 수 있는 환경을 구성하는 것이 중요하다. 영아반 교실 내 언어영역 언어활동자료는 다음 사항을 고려하여 구성할 수 있다.

- 언어영역은 교실 내 가장 조용하고 아늑한 공간에 배치한다.
- 언어활동자료는 밝은 곳에 잘 보이도록 배치한다.
- 언어영역은 편안한 자세로 휴식도 함께 할 수 있도록 부드러운 느낌의 카펫을 깔아 준다.
- 등받이가 있는 쿠션이나 방석, 낮은 소파, 낮은 탁자나 책상, 책꽂이 등을 준비한다.

언어영역의 세부적인 활동자료들은 다음 사항을 고려하여 구성할 수 있다.

- 듣기, 말하기, 읽기, 쓰기 네 영역의 자료를 골고루 배치한다.
- 영아 스스로 책을 꺼내 볼 수 있도록 낮은 책꽂이를 준비한다.
- 다양한 재질과 소리가 나는 그림책을 준비한다.
- 같은 종류의 그림책을 두 권 이상 준비한다.
- 그림책과 자료는 주제에 맞게 바꾸어 배치한다.

영아들은 그림책을 감각적으로 접근하기 때문에 영아용 그림책은 되도록 다양한 촉감과 시각을 경험할 수 있도록 준비하는 것이 좋다. 또한 영아 발달 특성상 같은 책에 관심을 가질 수 있으므로 같은 책을 두세 권 준비해 두는 것이 좋다. 영아에게 여러 종류의 책을 한번에 제공하기보다는 새로운 자료에 흥미를 느낄 수 있도록 주제에 맞춰서 나누어 제공하는 것이 바람직하다.

〈만 1세 반 언어, 책 보기 영역 환경구성〉   〈만 2세 반 언어, 책 보기 영역 환경구성〉

2) 영아반의 언어활동자료

영아반의 언어활동은 주로 교사와 함께 책을 보거나 읽어 주는 활동으로 이루어
진다. 영아는 책에 있는 그림을 보거나 단순히 책장을 넘기는 활동을 즐기기도 한
다. 교사는 이러한 영아의 특성을 고려하여 다양한 재질의 그림책과 손인형, 그림
자료 등을 골고루 비치한다.

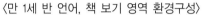

영아반 언어영역 활동자료

다양한 재질의 그림책

손인형   그림자료

(1) 영아반의 듣기 활동자료

- 소리가 잘 들리며 조작이 간단한 카세트 플레이어
- 다양한 주제의 이야기 테이프, 교사나 부모 등 친근한 사람의 목소리가 녹음 된 테이프, 이야기나 운율이 있는 언어놀이나 짧은 노래 테이프
- 만 0~1세 영아: 그림자료, 사진자료, 전화기, 짧은 이야기와 노래 테이프
- 만 2세 영아: 손인형, 사진자료, 친숙한 일상생활 용품의 사진과 이름이 있는 그림카드, 전화기, 녹음된 목소리를 들어 볼 수 있는 카세트, 짧은 이야기와 노래 테이프

영아반의 듣기 활동자료

카세트 플레이어

헤드폰

짧은 이야기와
노래 테이프

(2) 영아반의 읽기 활동자료

- 글자가 적고 그림이 선명한 작은 크기의 책
- 영아의 안전과 위생을 고려하여 세척이 가능한 헝겊책이나 비닐책
- 영아의 감각 발달을 위한 감각놀이책

- 영아에게 친숙한 과자봉지나 우유팩 등을 코팅한 그림낱말카드
- 만 0~1세 영아: 입으로 물거나 던져도 좋을 만큼 안전하고 견고한 재질과 형태의 그림책(헝겊책, 촉감책, 비닐책, 스펀지책, 소리 나는 책 등), 다양한 그림이나 사진자료(영아에게 친숙한 인물, 동·식물 등)
- 만 2세 영아: 글자 수가 많지 않은 다양한 주제의 그림책을 포함하여 재질과 형태가 다양한 책(촉감책, 퍼즐책, 소리 나는 책 등), 그림이나 사진자료(그림책의 주인공, 영아에게 친숙한 인물, 지역사회, 자연물)

영아반의 읽기 활동자료

작은 크기의 책

헝겊책

비닐책

감각놀이책

그림낱말카드

촉감책

퍼즐책

소리 나는 책

그림이나 사진자료

(3) 영아반의 말하기 활동자료

- 막대인형, 손인형, 손가락인형 등 세척이 가능한 헝겊인형
- 장난감 전화기, 까꿍놀이 자료
- 영아에게 친숙한 가족이나 친구, 사물, 하루 일과의 순서 등을 나타내는 그림이나 사진자료

영아반의 말하기 활동자료

막대인형

손인형

손가락인형

다양한 헝겊인형

장난감 전화기

까꿍놀이자료

장난감 마이크

  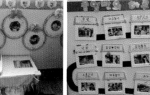
가족, 친구, 사물, 하루 일과 순서 등의 그림이나 사진자료

(4) 영아반의 쓰기 활동자료

- 만 0~1세 영아: 물거나 빨아도 안전한 종류로 짧고 굵은 크레용이나 부드럽게 써지는 색연필, 전지, 쓰기판
- 만 2세 영아: 굵은 크레용, 굵은 색연필이나 연필, 자석 쓰기판, 종이
- 단순한 끄적이기가 자연스럽게 쓰기 활동으로 이어지도록 주위 환경이나 사물에 대한 탐색 차원에서 쓰기 활동자료를 마련할 필요가 있다.

영아기 언어활동은 발달 단계에 적합하면서 친숙한 내용의 언어활동이 적합하다. 언어활동은 다양하게 제공되어야 하되, 듣기, 읽기, 말하기, 쓰기 네 영역이 통합적으로 제공되는 것이 바람직하다. 자신이 좋아하는 그림책을 보며, 교사가 읽어 주는 것을 듣고, 다 듣고 나서 자신의 생각을 표현하면 교사가 이를 받아써 주는 식의 활동을 할 수 있다. 특히 영아의 경우에는 어휘 수가 급격히 늘어나고, 끄적거리기 등 쓰기를 자주 시도하기 때문에 이러한 관심이 개별적으로 나타날 때마다 격려하는 것이 좋다. 이때 교사는 성급하게 맞춤법에 맞는 글자 쓰기를 강요하기보다는 언어의 내용, 즉 말하고자 하는 내용에 더 집중하도록 격려해야 한다. 글자의 형태(모음과 자음)를 쓰고 이름을 알도록 강요하기보다는 영아가 많이 생각하고, 풍부하

영아반의 쓰기 활동자료

잘 찢어지지 않는 종이

짧고 굵은 크레용   전지   쓰기판

굵은 크레용   굵은 색연필

게 표현하며, 다양한 어휘를 활용할 수 있도록 격려하는 것이 중요하다.

- 영아반 말하기 · 듣기 활동

  - 동화 듣기

  - 막대인형, 손인형, 손가락인형 등을 이용한 극놀이 듣기

  - 영아 나름대로 다시 이야기 꾸며 보기

  - 가족사진이나 화보용 그림을 보며 함께 이야기 나누기

- 영아반 읽기 · 쓰기 활동
  - 그림책 읽기
  - 영아들이 한두 문장을 말하면 연결하여 함께 이야기 꾸며 완성하기
  - 영아들이 말한 것을 교사가 써 주고 다시 읽어 주기

- 영아반 언어활동자료 점검사항
  - 언어활동자료가 듣기, 말하기, 읽기, 쓰기의 네 영역 중 어느 한 영역에 치우치지 않고 골고루 마련되어 있는가?
  - 영아 간에 다툼이 일어나지 않고 자유롭게 선택할 수 있도록 언어활동자료의 종류가 다양하고 영아 수에 따라 충분한가?
  - 영아의 발달 수준에 맞는 언어활동자료가 마련되어 있는가?
  - 언어활동자료가 주제에 맞게 제시되고 있는가?
  - 활동자료가 입에 넣어도 안전한 재질이나 형태로 제작되었는가?
  - 동일한 그림책이나 그림카드 등 언어활동자료가 여러 개 마련되어 있는가?
  - 듣기 활동 자료인 카세트 플레이어는 작동이 쉬운가?
  - 영아를 위한 그림책은 비닐이나 헝겊 등 다양한 재질로 되어 있는가?
  - 언어활동자료가 학습지나 프린트물 중심으로 제공되고 있지는 않은가?

2. 유아를 위한 언어지도 교수 방법

1) 교실 내 언어영역 환경구성

- **다양하고 안전한 실내외 놀이공간 구성**

교실을 포함한 유치원과 어린이집의 실내공간은 유아에게 가장 친숙한 놀이 환경이다. 교사는 놀이공간을 구성하고 변형해 나가며 유아의 자유로운 놀이를 지원할 수 있다. 교실의 흥미영역은 유아들이 가장 좋아하는 놀이를 중심으로 구성하는 것이 좋으며, 유아들이 흥미를 보이지 않는 영역은 다른 영역과 통합하여 재구성하거나 다른 영역으로 대체하는 것도 가능하다. 또한 유아의 관심과 흥미, 요구에 따라 새로운 영역을 구성할 수 있으며, 이때 유아가 주도적으로 놀이영역을 창조할

수 있도록 지원해야 한다. 교실 밖의 복도나 계단, 구석진 공간 등 유아가 놀이할 수 있는 실내공간은 먼저 안전에 문제가 없는지 파악한 후에 놀이공간으로 구성할 수 있다.

• 풍부한 놀이자료 제공

놀이자료는 유아가 놀이에 사용할 수 있는 놀잇감, 매체, 재료와 도구 등을 포함한다. 유아에게 놀이자료는 자신의 감정과 생각, 상상 등을 자유롭게 표현하는 수단이자 세상에 대한 이해를 넓혀 나가는 데 중요한 역할을 하는 매개물이다. 교사는 유아에게 일상의 평범한 사물, 자연물, 악기, 미술재료, 그림책, 재활용품 등을 적절히 제공할 수 있으며, 계절이나 행사, 국경일과 관련된 자료는 시기에 맞게 제공할 필요가 있다. 또한 비구조적인 열린 재료를 풍부하게 제공하여 유아가 자신만의 방식으로 활용할 수 있도록 지원하며, 유아가 찾아낸 새로운 놀이자료나 창의적인 놀이방식을 인정하고 존중해야 한다. 놀이자료를 제공할 때는 유아가 자유롭게 탐색할 수 있도록 자료의 사용 방법이나 놀이방식을 지나치게 제한하지 않도록 유의한다.

(1) 언어영역의 환경구성

흥미영역이란 칸막이 또는 이동식 가구를 ㅁ, ㄱ, ㄴ, ㄷ 형태로 배열해 놓고 각 영역에서 유아들이 소집단으로 활동하며 스스로 배울 수 있도록 마련한 장소이다.

흥미영역의 설치와 구성은 각 기관의 교육목적, 교육과정의 운영, 유아의 흥미 혹은 교사의 판단에 따라서 다를 뿐 아니라 얼마든지 추가·수정될 수 있으므로 흥미영역 설치에 있어 확고부동한 기준을 따르기는 어렵다.

Frost와 Kissinger(1976)에 의하면 교실 내부의 구성은 주로 [그림 6-1]과 같이 네 가지 기초 구성에 근거하여 각 영역이 배치된다. [그림 6-1]에서와 같이 물이 요구되는 활동은 될 수 있는 대로 건조한 활동과 격리되도록 하며 활동적인 영역은 되도록 조용한 영역에서 멀리 떨어져 설치하도록 한다. 각 지역을 세부적으로 살펴보면 다음과 같다.

• 제1지역(조용하고 건조한 곳): 책 보기, 언어, 수·조작, 컴퓨터 영역을 비롯하여 이야기 나누기, 동화, 조용한 소집단 활동 등을 계획할 수 있다.

◆◆◆ **그림 6-1 교실 영역구성의 기초**

- 제2지역(활동적이고 건조한 곳): 쌓기놀이, 역할놀이, 목공, 음률영역 등을 계획할 수 있다.
- 제3지역(조용하고 물이 있는 곳): 간식, 요리, 미술 영역 등을 계획할 수 있다.
- 제4지역(활동적이고 물이 있는 곳): 물, 모래, 물감(미술), 과학영역 등을 계획할 수 있다.

　제1지역에 위치한 언어영역은 햇볕이 잘 들어 밝고 건조하며 소음이 없는 곳에 위치하는 것이 좋다. 바닥은 소음방지를 위해 카펫을 깔아 주고 커다란 쿠션이나 방석 등을 만들어 주어 유아가 편안한 분위기에서 책을 볼 수 있도록 아늑하게 마련해 준다. 언어영역은 듣기, 말하기, 읽기, 쓰기에 관련된 다양한 활동을 경험하게 함으로써 언어적 효능감 형성을 돕는 것이 목적이므로 활용할 수 있는 공간의 크기에 따라 구성할 수 있다. 공간이 넓을 때에는 언어영역을 세분화하여 책 보기, 듣기, 말하기, 언어교구활동, 쓰기영역 등으로 나눌 수 있으나, 공간이 좁을 경우 언어영역 한 곳에 자주 변화를 주어 각각의 활동을 융통성 있게 운영할 수 있도록 한다. 책보기 영역은 듣기, 말하기, 읽기, 쓰기의 활동들이 통합되는 중요한 곳일 뿐만 아니라 글자를 익히고 독서 습관을 기르기 위해서도 꼭 필요하다.
　유아를 위한 책꽂이는 책의 겉표지가 보이도록 진열하는 것이 바람직하지만, 공간이 협소할 경우에는 도서관의 서가처럼 꽂아 둘 수도 있다. 진열하는 책은 주제에 따라 유아들의 다양한 발달 수준과 계절에 맞게 자주 바꾸어 주어야 한다. 또한 유아들이 알고 싶은 정보를 찾을 수 있도록 동화책 이외에도 다양한 유아용 백과사전과 과학책 같은 책도 진열해 주면 좋을 것이다.

책 보기 영역에 전시할 책들을 선택하는 기준은 다음과 같다.

- 재미있고 유아발달에 유익한가?
- 그림책 제본이 안전하고 종이의 질이 좋은가?
- 그림책 그림의 표현이 적절하며 색깔은 선명한가?
- 페이지마다 그림과 내용은 알맞은가?
- 책의 전체 페이지 분량이 유아의 발달 수준에 알맞은가?

〈유아를 위한 책 보기 영역의 환경구성〉

언어영역에 갖추어야 할 기본 설비는 다음과 같다.

- 유아용 책상과 의자
- 편안한 쿠션이나 소파
- 책꽂이
- 칸막이나 선반
- 칠판, 융판, 게시판
- 녹음기와 같은 시청각 기재 등

언어영역을 따로 구분하여 구성할 수 있지만 언어교육이 해당 영역에서만 이루어지는 것은 아니다. 언어는 인간의 내면에 존재하고 있는 생각이나 느낌을 밖으로 표출시키는 역할을 하므로 모든 교육활동과 모든 흥미영역에서 이루어질 수 있음

〈유아를 위한 언어영역의 환경구성〉

을 이해하는 것이 중요하다.

유아교육기관에서는 초등학교처럼 교과서가 없으므로 여러 가지 교육 자료가 준비되어야 한다. 유아들은 관련 교육 자료들을 가지고 직접 놀이해 보는 경험을 통해 배우게 된다. 언어영역에 비치될 자료로는 상품화된 것과 교사가 직접 제작한 것이 있는데, 상품화된 자료는 시간절약의 장점이 있으나 구입할 때는 교육목표와 유아의 발달 수준, 가격 및 활용도를 고려하여야 한다. 교사가 직접 제작하는 경우에도 교육목표, 유아의 흥미, 발달 수준, 견고성, 미적 감각, 활용도 등을 고려해야 한다. 상품화된 교육 자료들이 많지 않았던 과거에는 교사들이 거의 모든 자료를 제작하여 거기에 많은 제작비용과 시간이 소요되기도 하였으나, 이제는 많은 교육 자료가 상품화되어 있으므로 교사들이 교육목표와 발달 수준 등을 잘 고려하여 구입한다면 쓸데없이 비용과 시간을 낭비하지 않아도 될 것이다.

자료는 유아가 쉽게 꺼내고 다시 정리할 수 있도록 편리하게 전시되어야 하며, 유아의 흥미도 주제에 따라 변화를 주어야 한다. 또한 교사는 정기적으로 교육 자료를 점검하여 파손된 부분은 수선하고 품목별로 정리하며 분실된 자료는 보충하여 보관하도록 한다. 교재 및 자료에 대해서는 주제에 따라 언어활동 목록표를 만들어 두는 것도 좋은 방법이다.

(2) 듣기 활동을 위한 환경구성

듣기란 모든 언어소통의 기초가 되는 활동으로 집중해서 잘 들을 수 있는 기회는 언어 발달의 가장 기본이라 할 수 있다. 그러나 잘 들을 수 있는 여건이나 환경적 자극을 받지 못한 유아 또는 여러 소음에 방치되었던 유아들은 듣기(능력)에 취약

〈듣기 활동을 위한 환경구성〉

할 수 있다. 따라서 유아들이 잘 들을 수 있는 능력을 기르기 위한 언어영역 구성이 중요하며, 언어영역에서 쉽게 활용할 수 있는 듣기 활동자료는 다음과 같다.

- 잘 들리며 조작이 간단한 카세트 플레이어: 공간을 작게 차지하는 작은 크기로, 유아들이 스스로 쉽게 조작할 수 있도록 버튼에 조작 표시를 해 줄 수 있다.
- 헤드폰: 듣기 활동을 하는 동안 다른 친구에게 방해가 되지 않도록 유아에게 적합한 크기의 헤드폰을 준비해 주고, 사용이 편리하도록 언어영역의 낮은 책상 앞쪽 벽면에 걸어 둘 수 있다.
- 교사나 부모 등 친근한 사람의 목소리가 녹음된 테이프, 이야기나 운율이 있는 언어놀이나 짧은 노래 테이프, 활동주제와 관련한 내용의 테이프
- 테이프 레코더와 테이프(음악, 효과음, 동화)
- 소리 나는 물건(시계, 호루라기 등)
- 교사가 제작한 언어교구, 언어게임판 등

[3] 말하기 활동을 위한 환경구성

말하기 활동을 격려하기 위해서는 유아에게 또래 집단과의 상호작용, 교사나 부모들과 충분히 대화 등의 기회를 가지는 것이 필요하며, 자기 의사를 자유롭게 표현할 수 있도록 개인 또는 소집단 활동을 이끌어 주는 환경이 무엇보다도 중요하다. 언어영역에 비치할 말하기 활동자료는 다음과 같다.

- 유아가 스스로 이야기를 꾸미거나 자신이 아는 이야기를 반복하도록 촉진하는 소품들: 막대 인형이나 테이블 인형, 융판 또는 자석인형, 손인형, OHP 그림
- 언어 놀이를 할 수 있는 수수께끼 상자나 순서대로 사건을 연결하여 이야기해 보는 그림카드, 유아가 이름을 말할 수 있는 친숙한 사물이나 설명할 수 있는 상황카드, 하루 일과의 순서 등에 관한 그림이나 사진자료
- 고장 난 전화기나 장난감 전화기
- 디오라마, 역할놀이용 자료

〈말하기 활동을 위한 환경구성〉

(4) 읽기 활동을 위한 환경구성

　유아가 글자에 대한 관심을 가지기 시작하면 그 관심을 확장시킬 수 있도록 매력적이고 다양한 읽기 활동자료를 제공해 주어야 한다. 이를 통해 유아는 일상생활 속에서 그들 나름대로 읽어 보는 활동을 자연스럽게 할 수 있는 기회를 갖는다. 읽기 활동은 읽기 그 자체보다 읽기를 위한 준비활동 중심으로 계획하여야 한다. 즉, 시각적인 변별능력을 도와주는 활동, 청각적인 변별능력을 도와주는 활동, 왼쪽에서 오른쪽으로의 방향감각의 발달, 인쇄매체나 책에 대한 긍정적 태도 등이 모두 여기에 포함된다. 언어영역에 비치할 수 있는 기본적인 읽기 활동자료는 다음과 같다.

- 유아의 발달 수준 및 활동주제와 연관된 그림책, 유아들이 만든 그림책
- 간판 사진, 음식점 표시, 메뉴판 등 실생활에서 볼 수 있는 단어 읽기 자료
- 사진첩, 잡지나 신문 광고, 글씨가 크고 뚜렷하며 유아 주변의 친숙한 것, 행사용 포스터 자료

- 동화책, 유아용 월간 잡지, 동요, 동시집, 사전 종류, 여러 가지 카탈로그
- 신문, 잡지, 전화번호부
- 교사가 제작한 글자 책, 글자 블록, 글자 카드
- 자석판과 글자, 글자 퍼즐 등

〈읽기 활동을 위한 환경구성〉

(5) 쓰기 활동을 위한 환경구성

일반적으로 쓰기 학습 준비를 위한 교육 내용으로는 유아가 쓰기를 위한 준비활동과 유아가 직접 써 볼 수 있는 활동으로 구분해 볼 수 있다. 그중 쓰기에 대한 준비활동으로는 유아가 글자에 관해 관심과 흥미를 가지도록 유도하는 활동, 소근육 발달을 증진시킬 수 있는 활동, 눈과 손의 협응력 발달을 위한 활동을 들 수 있으며, 쓰기를 위한 활동으로는 재미있는 경험 쓰기, 편지 쓰기, 각종 자료의 기록, 표지판 및 주의 문구 쓰기, 놀이를 통한 쓰기 경험 등을 들 수 있다. 또한 글에 대한 관심이 커지면서 자연스럽게 쓰기도구에 관심을 가지게 되므로 다양하고 적절한 쓰기도구를 제시해 준다. 언어영역에 비치할 쓰기 활동자료는 다음과 같다.

- 다양한 모양과 크기의 종이, 굵은 색연필이나 연필, 사인펜 등 일상생활에서 흔히 볼 수 있는 사물이나 단어를 이용한 그림낱말카드 등
- 단어카드, 차트, 철자모음, 우체통(상자 이용)
- 철판도형, 글자 은행 상자

〈쓰기 활동을 위한 환경구성〉

2) 유아를 위한 듣기, 말하기, 읽기, 쓰기 활동 지도

(1) 듣기 활동을 위한 지도

'듣기' 활동은 단순한 소리의 청각적인 수용(hearing)에 그치지 않고 경청(listening)이라는 적극적인 의미를 내포하고 있다. 대부분의 유아들은 자라면서 타인의 말에 주의 깊게 경청하는 능력을 발달시키게 된다. 언어란 누구로부터 보내온 메시지를 곧바로 수용하여 이해함으로써 의사소통이 가능한 것이기 때문에 유아의 듣는 능력은 언어 발달에서 매우 중요하다.

① 듣기 활동의 기본 원리

• 듣기를 잘하려면 우선 소리를 지각하는 일이 앞서게 된다. 마치 책을 읽을 때 문자로 쓰인 단어를 재인(再認)해야만 하는 것처럼, 말소리를 들으면서 청자(聽者)는 단어를 재인해야만 한다. 물론 들으면서 모르는 단어들도 있을 수 있다. 그러나 단어의 의미를 기억 속에서 끄집어내면서 모르는 단어들은 문맥 속에서 추리해 내는 작업을 대화 중에 계속해야 한다.

• 청각을 통해서 들은 것을 이해하려면 음의 미세한 부분까지 주의를 기울여서 분석하고 통합하며, 주요한 아이디어와 부수적인 아이디어를 구분할 뿐만 아니라 의사소통의 순서도 알아야 하며, 이를 요약할 수 있어야 한다.

• 방금 들은 말을 과거의 경험과 관련시킴으로써 여러 각도에서 이해할 수 있어야 한다.

이러한 지각과 이해의 기술은 누구나 일상생활에서 당면하게 되는 듣기 과정 기술이다. 교실 내에서 영유아는 교사의 말이나 다른 또래 영유아들의 말에 귀를 기울임으로써 흥미를 가지고 활동에 참여할 수 있으며, 주위 환경에서 일어나는 일에 대하여 관심을 가지며 듣기능력을 발달시켜 나간다.

◆ 1단계: 자극에 대한 반응 단계

이 단계는 소리 자극이 일어났을 때 이를 인식하고, 초점을 맞추며, 의미 있는 소리를 배경 소리에서 변별해 내고 구별하는 단계이다. 이때에 점검할 수 있는 질문들은 다음과 같다.

- 소리가 들렸는가?
- 어디에서 소리가 들려왔는가?
- 그 소리는 어떤 소리였는가?
- 한 가지 이상의 소리가 있었는가?
- 그 소리들은 동일한 소리들인가?

◆ 2단계: 자극을 조직하는 단계

소리의 순서를 인식하고 통합하며 불필요한 소리는 무시해 버리는 단계이다. 이 단계에서 검토할 수 있는 질문은 다음과 같다.

- 이 소리들의 순서는 무엇인가?
- 소리들 간의 간격은 어떠한가?
- 이 소리를 전에 들어 본 경험이 있는가?
- 들은 적이 있다면 어디에서 들었는가?

◆ 3단계: 의미를 이해하는 단계

지각된 소리의 의미를 이해하기 위하여 분류하고, 통합하며, 유도하는 단계이다. 이 단계에서 검토할 수 있는 질문은 '소리와 단어들은 무엇을 의미하는가?'이다.

② 듣기를 위한 유형별 교수 방법

◆ 감상적 듣기

영유아는 음악, 동요, 동시, 이야기 등을 들으면서 즐거워한다. 감상적 듣기는 영유아가 부담 없이 소리를 듣고 즐길 수 있는 활동이지만, 이러한 활동들은 듣기를 위한 활동의 시작이 되므로 소리를 감상할 수 있는 기회를 자주 제공하는 것이 좋다.

◆ 의도적 듣기

영유아가 지시를 따르고, 이 지시에 따라 반응을 할 수 있도록 하는 것이 의도적 듣기 유형이다. 영유아가 문제해결을 위해서는 목적을 가지고 들을 수 있어야 그에 따라 문제에 적절한 대처를 할 수 있으므로 듣기 능력 발달을 위해서 의도적인 듣는 활동을 유도할 수 있다.

◆ 변별적 듣기

소리의 고저와 강약의 변화를 알아낼 수 있으며, 주변 환경에서 들리는 여러 가지 소리를 변별해 낸다. 변별적 듣기 활동을 통해 궁극적으로 다양한 소리 중 의사소통에 활용되는 어음을 구별해 낼 수 있게 된다.

◆ 창의적 듣기

영유아의 상상력과 정서를 듣기 경험을 통해서 자극한다. 영유아는 언어나 동작 활동 등을 통해서 그의 생각을 자발적이고 자유롭게 표현한다.

◆ 비판적 듣기

영유아가 경청을 통해서 이해하고, 평가하며, 결정을 내리고, 의견을 내놓게 되는 활동이다. 이와 같은 비판적인 경청을 영유아가 하도록 격려하기 위해서 교사는 다음과 같은 질문을 활용할 수 있다.

• "우리가 모두 동시에 이야기를 하게 되면 무슨 일이 일어날까?"
• "우리가 모두 동시에 소꿉놀이를 하려 한다면 어떻게 될까?"

이 질문들에 대해서 반응하려면 영유아는 생각해 보아야 하고, 문제에 대한 가장 논리적인 대답이 무엇인지를 결정해야 하며, 그다음에 자기의 견해를 밝히는 과정을 거쳐야 한다.

유아교육기관에서 언어교육 프로그램을 운영할 때 각각의 듣기 수준에 맞게 발달시키는 것은 중요하다. 듣기의 가장 초기 수준인 수동적이고 감상적인 경청의 수준에서 가장 높은 수준인 경청의 수준까지 끌어올리기 위해서는 교사가 경청에 필요한 몇 가지 기술을 알고 있을 필요가 있다.

③ 듣기 지도를 위한 교사의 상호작용 전략

◆ 영유아의 신체 청각 기능을 점검한다

소리를 잘 듣기 위해서는 음의 주파수와 강도의 정상적인 범주에 속하는 소리를 들을 수 있는 청각 능력이 있어야 한다. 청력의 상실이 있는 유아들은 정상적인 강도와 주파를 가진 음을 듣는 데 어려움이 있어 언어 발달에 문제가 된다.

◆ 듣기에 좋은 환경을 제공한다

주위 환경에서 발생하는 소음은 주의집중력과 관계가 깊다. 주위 소음은 유아로 하여금 말소리에 집중하는 것을 방해하고 유아의 주의를 산만하게 만들 가능성이 크므로 이를 최소화해야 한다.

◆ 말의 속도를 조절한다

말의 속도가 너무 빠르면 유아는 그 의미를 미처 이해하지 못하게 되고, 너무 느리면 주위가 산만해진다. 특히 어휘나 내용이 익숙하지 못한 경우에는 더욱 그렇다. 그러므로 적절한 속도로 말할 수 있어야 한다.

◆ 다양하고 흥미 있는 듣기 경험을 제공한다

유아들이 흥미와 관심을 가지는 다양한 주제에 대해 이야기 듣는 경험을 제공한다. 유아가 이야기 나누는 주제에 대하여 약간의 사전 지식이 있을 때 보다 더 흥미와 관심을 가지고 들으려 한다.

이상의 듣기 과정에서는 항상 기억 요인이 작용하고 있다. 또한 듣기 전략에서 무엇보다도 중요한 것은 소리를 의미 있게 지각하고 이를 이해하는 일이다. 교실에서뿐만이 아니라 가정에서 가족 간의 대화, 라디오나 TV 시청, 음악 듣기, 이야기 듣기 등 청각을 통한 모든 활동에 경청하기 기술은 중요한 역할을 하게 된다. 흥미가 있을 때에는 영유아에게 듣기 방법을 가르쳐 주지 않아도 주의를 기울이며 열심히 듣지만, 흥미가 없을 때에는 별로 주의해서 듣지 않으려는 경향이 있다. 그러므로 언어를 습득해 나가려면 먼저 주의해서 듣고 이해하는 기회를 많이 가질 필요가 있다.

[2] 말하기 활동을 위한 지도

태어나는 순간부터 유아들은 선천적으로 주변 사람과 상호작용하며 말하기 능력 발달에 노출된다. 유아들은 초기에는 반사적으로 소리를 들으나, 이후에는 의도적인 사회적 반응에 따라서 관심을 보이는 사람의 관심 혹은 집중을 이끌어 내고 유지시키기 위해 말하기 활동을 주도해 나간다. 신생아들은 대부분 초기에 울음으로 어른들로부터 즉각적인 사회적 반응을 이끌어 내지만, 성장하면서 사회적으로 소통이 가능한 말하기 능력을 갖추게 된다.

① 말하기 활동의 구체적인 지도방안

◆ 내용을 차례대로 말하거나 또는 요점을 잃지 않고 말할 수 있도록 지도한다

말하려고 하는 내용 중에 가장 중요한 것이 무엇인지 생각하고 말하도록 지도해야 하며, 어떤 사건을 바탕으로 이야기하는 것이라면 사건의 순서대로 말할 수 있도록 지도한다.

◆ 분명하고 정확한 발음으로 천천히 말할 수 있도록 지도한다

영유아들은 아직 언어를 습득하는 과정에 있으므로 발음이 정확하지 않은 경우가 종종 있다. 일상생활 속 쉬운 대화의 경우 또박또박 이야기할 수 있도록 지도하며, 발음이 좋지 않을 경우 유아가 부끄럽게 생각되거나 스트레스를 받지 않도록 부드럽게 고쳐 주어야 한다. 그렇지 않으면 유아들이 계속해서 아기 소리나 콧소리 같은 발음으로 이야기하게 되며, 그런 행동들을 당연하게 생각할 수도 있다.

◆ 이야기할 때 바른 자세를 가지도록 지도한다

말하는 자세는 여러 가지 측면에서 중요하다. 사회생활에 필요한 기본예절을 가르치는 것과 같다. 아무리 말을 잘한다고 해도 말할 때의 자세가 흐트러져 있다면 의미 있는 전달이 되기 어렵다. 그러므로 말하는 자세는 그 사람의 인성 및 태도와 관련 있으므로 어려서부터의 습관이 중요하다고 볼 수 있다.

◆ 경어에 대한 의미와 사용법 등을 가르쳐야 한다

예사말과 경어의 차이점도 이해하도록 지도해야 한다. 대부분의 교사들이 유아들에게 경어를 가르친다는 생각으로 유아들 앞에서 교사 스스로가 경어를 사용하는 것을 자주 볼 수 있는데, 그것은 올바른 모델링이라 할 수 없다. 교사가 다른 웃어른들에게 경어를 사용하는 모습을 보이고 유아들은 그런 교사의 일상적인 행동 속에서 자연스럽게 웃어른에게 경어를 사용해야 한다는 것을 자연스럽게 배우는 것이 좋다.

② 성숙된 의사소통을 위한 기본 기술

• 음성을 효과적으로 조절할 수 있어야 한다.
• 올바르고 정확한 발음을 할 수 있어야 한다.
• 어휘와 문장을 이해하고 바르게 사용할 수 있어야 한다.
• 다른 사람과 대화할 수 있는 능력을 갖추어야 한다.

③ 말하기 지도를 위한 교사의 상호작용 전략

• 교실은 항상 따뜻하고 긴장감이 없는 분위기를 조성한다.
• 영유아에게 억지로 말하도록 강요하지 않으며 가능한 한 말하고 싶도록 유도한다.
• 교사가 영유아와 대화할 때는 가능한 한 영유아의 눈높이에 맞추고 영유아와 시선을 맞추면서 말하도록 한다.
• 영유아의 문장 구성 능력을 돕기 위해 교사는 반복 확장과 의미 부여, 촉진의 방법을 사용할 수 있다.
• 다양한 조건에서 말하기 경험을 하도록 여러 종류의 말하기 활동을 제공한다.
• 영유아의 언어에 발음의 오류가 있을 때에는 지적하지 말고 '따라 하기' 게

임 같은 것을 하면서 자연스러운 방법으로 정확한 어음을 익힐 수 있도록 돕는다.

- 교사는 '그러나, 그리고, 그래서, 또한, 혹은' 등의 접속사와 '나의 것, 너의 것, 우리들의 것' 등의 소유격, 부정문, 형용사와 부사 등을 문장에 삽입하여 적절히 사용함으로써 언어적 모델을 보여 준다.
- 간단한 질문을 하여 영유아가 질문에 대답해 보는 상황을 많이 갖는다.
- 말을 더듬거나 주저하는 영유아가 있으면, 성급하게 교정하려고 하지 말고 여유를 가지고 영유아가 말하기를 기다려 준다.
- 사건이 일어난 순서를 영유아가 말해 보는 시간을 가지도록 한다.
- 영유아의 말하기를 자극하기 위하여 다양한 이야깃거리와 자료를 제공한다.
- 교사는 언제나 정확한 발음을 하는 모델이 되어야 할 뿐 아니라 영유아가 이해할 수 있는 수준의 다양한 어휘를 사용하여 간결한 문장으로 말하는 모범을 보여야 한다.
- 여러 가지 말하기 상황에 필요한 예의가 습관화되도록 지도한다.
- 교사가 적절한 질문을 하여 영유아의 생각, 느낌, 의견을 정확하게 표현하도록 돕는다.

수줍음이 많은 영유아에게 말을 하도록 시킬 때에 기억해야 할 것은 너무 과도하게 주목하여 부담을 주지 않도록 유의해야 한다는 것이다. 만약 유아가 말이 너무 없다면 부모와 함께 만나는 것을 고려해 보는 것도 효과적이다. 유아와 직접 대화를 나누는 대신, 부모나 가족 구성원들과 자연스럽게 이야기를 해 본다. 대개 수줍음이 많은 유아들은 안정감을 느끼거나 말할 것이 떠오르면 대화에 참여하게 될 것이다. 수줍음을 타는 유아를 떠들썩하게 치켜세워 줌으로써 유아가 집중받는 것을 주의해야 한다. 또한 다소 언어 발달이 늦은 유아에게 "어떻게 쓰는지 보여 줘 봐."라고 질문하거나 "너는 학교 갈 준비가 되었니?" "새로 태어난 너의 아기동생을 얼마나 좋아하니?"와 같은 질문은 충분히 친해지기 전까지는 피하는 게 좋다.

(3) 읽기 활동을 위한 지도

영유아들은 일상생활 속에서 수많은 단어를 접하고 배운다. 문자 학습은 낱자를 배우기 전에 문자화된 자료들을 보고 그에 대해 이야기해 보는 과정에서 이미 시작된다. 유아기에 다양하고 풍부한 문식 환경은 자연스럽게 읽기를 자극할 수 있다. 특히 교실 환경을 문식이 가능한 분위기로 조성하여 영유아들이 조용한 장소에서 쉽게 책을 볼 수 있다면 영유아들은 능동적으로 읽기 과정에 참여할 수 있을 것이다. 잘 갖추어진 읽기 환경에서 영유아는 인지구조에 비추어 새로운 읽기 정보를 받아들이고 이미 가지고 있는 친숙한 정보나 이야기와 관련지어 문자를 해석하도록 함으로써 유아들의 읽기 활동을 발달시킬 수 있다.

① 읽기 준비도

읽기 준비도란 유아가 읽기 학습을 성공적으로 할 수 있는 준비를 갖춘 단계를 의미한다. Wilson(1998)은 읽기 학습을 준비하기 전에 유아에게 필요한 읽기 준비도를 다음과 같이 구분하였다.

- 신체적 준비도: 유아의 성, 나이 등의 신체적 성장발달과 일반적인 건강에 대한 성숙 수준으로 시력과 청력이 특히 중요하다.
- 지각적 준비도: 시력과 청력을 포함해서 인쇄된 문자를 변별하고, 음성언어에서의 유사점과 차이점을 구별하는 능력이 필수적이다.
- 인지적 준비도: 읽기는 하나의 인지적 활동이기 때문에 전통적으로 유아의 정신연령은 읽기 준비의 중요한 지표로 생각되어 왔다. 개념형성, 추상적 사고, 상징으로부터 의미를 파악하는 능력은 유아의 지능 및 인지적 기능과 관계가 있다.
- 언어적 준비도: 듣기, 말하기는 인쇄된 상징에 의미를 부여하는 기초를 제공한다. 성인과 이야기하는 기회, 타인의 이야기를 듣고 이해하는 경험이 부족한 유아는 대부분 읽기 학습에 어려움을 가지게 된다. 교사는 유아의 언어능력과 언어 수행 간의 차이를 검토함으로써 언어 준비도를 알아낼 수 있다.
- 심리적 준비도: 유아 자신과 다른 사람, 또는 유치원이나 유아원의 친구나 교사에 대하여 가지는 태도는 읽기학습을 포함한 일반학습에 중요한 영향을 미친다. 특히 읽기 학습을 위해 책에 대한 흥미와 동기를 유발하는 것이 좋다.
- 환경적 준비도: 유아의 적응력, 언어 발달, 지적 발달, 학습에 대한 태도, 주변세계와의 접촉 정도 등은 모두 가정환경의 영향을 받는다고 볼 수 있다. 그러므로 교사는 언어활동을 계획할 때 유아들이 어떤 경험을 하였는지 그 배경에 대한 정보를 알고 있어야 한다.

② 읽기 활동 지도를 위한 교사의 상호작용 전략

◆ 유아가 읽기에 흥미를 갖도록 자극적인 언어 환경을 마련한다

다양한 종류의 읽을 자료를 제공하고, 읽기학습을 자연스럽게 유도할 수 있는 놀잇감을 마련한다.

◆ 유아들에게 친숙한 정보와 배경지식을 중심으로 의미 있는 학습이 이루어지도록 한다

대부분의 유아들은 이미 가정에서 부모들과의 상호작용을 통하여 읽기에 관한 많은 정보를 가지고 있다. 따라서 읽기학습은 유아가 이미 알고 있는 것과 새로이 배워야 할 내용들을 연결시켜 이루어져야 한다. 그러므로 유아의 일상적인 경험을 토대로 의미 있고 흥미 있는 글자를 중심으로 읽기 지도를 계획한다.

◆ 사고력 신장 활동을 제공하며 읽기 과정에 능동적으로 참여할 수 있도록 지도한다

책 속에 나오는 배경, 인물, 주제, 사건, 줄거리 등에 대해 토의함으로써 이야기를 추리할 수 있는 능력과 자신의 의견을 표현할 수 있는 능력이 발달되도록 지도한다.

◆ 유아의 언어능력, 개인차에 따라 개별적으로 읽기 활동을 지도한다

유아들의 읽기능력에는 개인차가 많으므로, 개별적인 읽기 지도계획을 세워 소집단이나 개별적으로 지도한다.

◆ 유아의 읽기 활동을 적극적으로 지지하고 반응해 준다

유아들이 읽기학습에 관심을 나타내 보일 때 교사는 적극적으로 지원해 주어야 한다. 유아들이 궁금해하는 질문들에 대해 함께 생각을 나누며, 관련 자료를 찾아보는 등 긍정적인 읽기 활동을 할 수 있도록 반응해 준다.

◆ 읽기 활동은 듣기, 말하기, 쓰기 활동과 통합하여 지도한다

유아의 읽기학습은 듣기, 말하기, 쓰기 활동과 서로 긴밀한 관계를 맺으면서 이루어진다. 특히 읽기와 쓰기 기술은 거의 동시에 학습되므로 통합하여 지도하는 것이 바람직하다.

(4) 쓰기 활동을 위한 지도

① 쓰기 지도의 기본 원리

쓰기는 타 영역의 언어활동과 밀접한 관련성을 가지고 있어서 쓰기 활동이라는 별개의 활동으로 지도할 것이 아니라 종합적인 언어활동으로 지도해야 한다.

특히 쓰기는 읽기와 밀접한 관련이 있다. 글을 읽는 사람은 읽는 동안에 쓰기를 병행해야 할 필요가 없다. 그러나 글을 쓰는 사람은 글쓰기를 하는 동안에 읽기 활동을 병행해야 하는 경우가 많다. 특히 써야 할 글의 분량이 많으면 많을수록 글쓰기의 목적도 더욱 복잡해진다. 요컨대, 사람들은 읽기 그 자체를 통해서 읽기를 배우고, 쓰기 그 자체를 통해서 쓰기를 배울 뿐만 아니라 읽기에 의해서 쓰기를 배우기도 하며, 쓰기에 의해서 읽기를 배우기도 한다.

유아들의 쓰기 능력 향상을 위해 애쓰는 교사들은 바로 이러한 두 개의 과정 속에 유아들이 능동적으로 참여할 수 있도록 배려해야 한다.

② 쓰기 지도를 위한 교사의 상호작용 전략

◆ 반드시 유아의 개별성이 인정될 수 있도록 계획되어야 한다

유아의 쓰기는 각 유아가 가지고 있는 아이디어, 흥미, 언어 발달 수준을 고려하여 이루어져야 한다. 그것은 유아가 이미 가지고 있는 언어 사용 능력의 잠재성과 자신의 언어 과정을 유아 자신이 직접 조정해 나가는 것을 연습시키기 위해서 유아 중심의 쓰기 교육이 되어야 한다는 것이다. 유아 중심의 쓰기 교육은 '밖에서 안으로(outside to inside)'의 교육이 아니라, '안에서 밖으로(inside to outside)'의 교육이며, 그것은 결국 유아의 언어, 아이디어, 흥미에서부터 출발하는 교육이다. 안에서 밖으로의 유아 중심 쓰기 지도를 하기 위해서는 교사는 먼저 유아의 말을 듣는 시간과 행동을 지켜보는 시간을 가져야 한다.

◆ 유아-유아, 유아-교사 간에 상호작용이 많이 일어나도록 설계한다

유아의 쓰기 능력은 상호작용을 통해서 습득된다. 따라서 쓰기 지도 프로그램은 유아 상호 간에 혹은 교사와 유아 간에 상호작용이 많이 일어날 수 있도록 설계하여야 한다. 그것은 읽기와 쓰기 활동이 의미 추구의 활동이며, 의미 추구는 적극적인 의사소통의 기회를 통해서 가능해지기 때문이다.

◆ 통합적인 방법으로 지도되어야 한다

쓰기 지도는 다른 언어영역—말하기, 듣기, 읽기—과 연결되어 이루어져야 할 뿐 아니라, 타 영역 활동과도 연결되어 이루어져야 한다. 어떤 영역의 교육활동이든 지 언어활동 없이는 불가능하다. '여러 가지 가을의 모습들'에 대하여 생각해 볼 때 도, '일대일 대응의 개념'을 가르칠 때도 언어 없이는 불가능하다. 언어 능력은 모든 교과의 도구이며, 모든 교육활동이 원만하게 돌아가게 하는 데 필요한 바퀴와도 같 다. 언어는 인간의 사고와 일상생활에 깊숙이 자리 잡고 있는 것이어서, 언어 능력 그 자체를 위한 교육보다는 모든 교육활동과 일상생활에 연결 지어 가르칠 때 훨씬 더 효과적이다.

◆ 자연스러운 방법으로 이루어져야 한다

자연스러운 방법으로 쓰기 지도가 되지 않을 때 유아는 심리적인 억압을 느끼기 쉽다. 심리적인 억압이 계속되는 한 유아의 쓰기 기능은 발전할 수 없게 된다. 예 를 들면, "'나무'라는 글자 50번 써 오기"라는 숙제를 받은 유아의 심리적인 부담감 이나 또 아직 그럴 만한 능력이 충분히 발달하지 않은 유아들에게 오류가 없는 글 쓰기를 요구했을 때 느낄 수 있는 심리적 압박감은 자발적인 글쓰기를 저해할 뿐만 아니라 더 나은 방향으로의 발전도 방해하게 되는 것이다.

◆ 글쓰기는 의미 있는 방법으로 지도되어야 한다

읽기를 배우기 위한 읽기 교육, 쓰기를 배우기 위한 쓰기 교육은 유아에게 아무 런 의미를 제공하지도 못할 뿐 아니라, 쓰기 자체에 대해 흥미를 잃고 지루해하기 쉽다. 읽기와 쓰기는 사회문화적인 과정이 요구되는 언어활동이기 때문에 언어적 맥락 속에서 실행(practices)을 통해서만 가능해진다. 즉, 쓰기를 해야 할 실제적인 이유가 있을 때, 유아는 쓰기가 재미있어지고 쓰기를 해야 하는 진정한 이유를 알 게 되며, 그 결과 훌륭한 필자로 발전해 나간다.

③ 쓰기 지도를 위한 교육활동

◆ 간판 이름이나 명칭 일람표 만들기

교실이나 운동장, 거리에서 유아들이 발견할 수 있는 온갖 사물의 명칭들을 자유 롭게 찾아보고 항목화해 보도록 한다. 슈퍼마켓이나 백화점에서 상품들의 명칭을 적어 보도록 하고 거리 간판들의 표기를 그대로 기록해 보게 한다.

이러한 훈련은 문자언어 사용의 유창성이나 자동화를 도울 수 있는 훈련이 되기도 하지만, 사물이나 현상의 범주와 유형을 구분하여 조직해 보는 기본적인 사고 과정에 해당하는 활동이 될 수 있다. 분류나 구분은 논리적 수사론의 한 패턴이기도 하지만 그것 자체가 하나의 사고 형태로서 기능하는 것이다. 특히 각종 간판이나 표지는 그것의 내용적 성격과 진술 형태상 글쓰기 훈련의 기초 자료로서 유용하다. 아울러 사회적 인지 기능의 발달을 강화할 수 있는 내적 특성들은 잘 갖추고 있다.

◆ 편지와 쪽지 쓰기

글쓰기에 흥미를 보이는 유아들이 한두 문장으로 된 간단한 편지를 써 보거나 교사가 작성한 간단한 쪽지 편지가 유아들에게 직접 전달될 수 있도록 해 본다. 이 경우 편지나 쪽지 글은 유아 수준에 알맞아야 한다. 이러한 활동은 물론 유아들 자신이 직접 쓰기 활동에 참여할 수 있고, 경우에 따라서는 관찰만 할 수도 있다. 그러나 이 활동을 통해 유아들은 쓰기 활동을 동기화하고 모방적 학습을 하는 데 큰 영향을 받는다. 유아들에게 그림책에 나오는 등장인물의 역할을 가정해 보거나 주인공에게 궁금한 점을 묻는 편지를 써 볼 수도 있다.

◆ 일기에 대해서 반응 보이기

유아의 일기는 글쓰기를 강화할 수 있는 좋은 도구이다. 유아는 아직 일기를 쓸 수 있을 정도로 능숙한 필자는 아니다. 그러나 부모님들의 도움을 받아 하루에 한 번쯤 무언가를 써 보는 습관을 가지는 것이 좋다. 교사는 유아들이 써 놓은 것이나 그려 놓은 것을 읽고 반응을 보여 준다. 이때 교사의 반응은 평가를 하는 듯한 인상을 주어서는 안 되며, 유아들의 철자나 문법상의 잘못을 고쳐 줄 필요도 없다. 교사의 반응은 하나의 실연(實演)으로서 유아들에게 작용한다. 즉, 글쓰기 상황과 관련하여 유아에 대한 최대의 관심을 보여 주면 된다. 교사의 이러한 지도 내용은 유아의 다음 일기 쓰기에 서서히 영향을 미치게 된다. 일기 쓰기에 접근하는 방법으로 '등장인물에 대한 일기(character diaries)'가 있다. 이 방법은 유아 자신이 그림책에 나오는 등장인물이 되어 일기를 쓰는 것으로, 등장인물에 대해 유아들이 서로 의견을 교환한 후 활동을 시작할 수 있다. 또 다른 방법으로 유아가 하루 일과를 회상하여 감정일기를 써 보도록 할 수 있다. 일기 쓰기를 어려워하는 유아에게 일기 쓰기를 돕는 발문은 다음과 같다.

- 오늘 나의 마음은 어떤가?
- 왜 그런 마음이 들었는가?
- 그런 마음을 해결하려고 나는 어떻게 하였나?
- 해결하고 나니 나의 마음은 어떤가?

이러한 도움말을 미리 종이에 적어 주고 유아가 스스로 하루 일과를 회상하고 감정일기를 쓸 수 있도록 한다. 이때 상황에 알맞은 그림과 함께 표현해도 좋다.

◦ 문집 만들기

초기 쓰기 단계의 유아들도 문집을 만들어 낼 수 있다. 유아들은 자신에 대한 이야기를 쓸 수도 있고, 친숙한 사람에 대한 이야기를 쓸 수도 있다. 자신이 쓸 수 없을 때는 교사의 도움을 받아 쓸 수도 있다.

문집 만들기는 상상력이 풍부하고 창의적인 글쓰기를 고무해 나가는 데는 매우 유익한 지도 방법이다. 문집 만들기를 통해 유아들은 저자가 자신의 텍스트와 독자에 대해서 어떤 관련을 가지게 되는지를 직접 체득하게 된다. 예를 들어, 집단으로 협동하여 잡지 만들기를 할 수 있다. 잡지 만들기의 진행 방법은 다음과 같다.

우선 잡지의 내용을 취재하는 기자를 정하고 그 기자가 각 유아에게 자신이 취재하는 내용을 기록할 '기자수첩'을 만든다. 기자는 취재된 내용을 정리하여 그래프나 그림으로 표현할 수 있다. 또한 기자는 집중 취재한 내용을 분석하여 기록하기도 한다. 이러한 잡지 만들기 활동을 통하여 기자는 질문하고 유아들은 기자의 질문을 주의 깊게 듣고 대답하게 할 뿐 아니라, 이를 글로 쓰는 경험으로 연결 지을 수 있으므로 대단히 효과적이다. 기자는 취재한 내용을 기자수첩에 기록하고, 이렇게 수집된 내용은 기자인 유아가 내용을 분석하고 편집한다. 편집의 방법으로 글로 쓰거나, 사진자료를 붙이거나, 그림을 그릴 수 있다. 따라서 이러한 잡지 만들기 활동은 총체적 언어교육 접근 활동이다.

이때 중요한 것은 유아들이 다른 유아의 글을 그대로 베껴 오더라도 교사는 꾸짖지 말아야 한다는 것이다. 어른들에게는 소위 표절이라는 것이 크게 논란이 되지만 유아들에게는 이런 표절 경험이 필요하다. 유아들의 표절 경험은 이야기의 형식과 목적 그리고 문체를 탐색할 수 있는 기회가 되며, 철자를 확실하게 알 수 있게 하는 데 중요한 경험이 된다. 이런 점에서 유아들의 표절적 행동은 그 나름의 글쓰기 능력 발달상의 교육적 의미를 지니는 것이다.

◆ 경험을 글로 나타내기

아주 구체적이고 직접적인 하나의 경험을 글로 옮겨 보는 활동이다. 일기 쓰기도 경험을 나타내는 것이지만, 일기가 경험의 압축적 나열이라면 이것은 하나의 경험 단위가 쓰기로서의 완결된 하나의 구조를 가지는 것이라 할 수 있다. 경험을 글쓰기로 나타내는 활동은 유아들로 하여금 그들의 모든 경험이 글로 표현될 수 있다는 것을 깨닫게 하고 또 그러한 글에 대해서 다른 사람들이 흥미를 가진다는 것을 유아들 스스로가 발견한다는 데 의의가 있다.

이러한 활동의 예로 연극 관람을 다녀온 후 연극의 느낌이나 기억나는 내용을 그림이나 글로 표현할 수 있다. 견학을 다녀온 후 견학과정의 논리적 순서와 느낌에 대한 자기의 생각을 정리할 수 있는 여유를 가지게 도와주며, 그들이 경험한 주제에 관하여 내용과 의미 그리고 정보를 어떻게 조직할 것인지를 단계적으로 지도할 수 있다.

또한 지금까지 살펴본 쓰기 지도에 대한 고찰은 결과적인 접근보다는 과정적인 접근을 시도한다. 쓰기라는 것은 빼고, 더하고, 고쳐서 마침내 완성된 글이 된다는 것을 초기 단계에서부터 알 수 있도록 지도하는 것이 바람직하다. 따라서 교사가 모델이 되어 유아가 교사의 쓰기 과정을 볼 수 있도록 배려하고 결코 서두르지 않는 쓰기 지도를 함으로써 유아가 점진적으로 공식적인 쓰기 활동으로 스스로 나아갈 수 있도록 도와주어야 할 것이다.

언어는 사고와 밀접한 관련이 있으며, 언어교육은 모든 학습과 발달에 필요한 도구 교과적 성격을 띠고 있으므로 유아교육에 있어서 매우 중요한 영역이다. 따라서 유아교사들은 유아들의 언어 발달에 보다 깊은 관심을 가지고 올바른 언어교육과 사고력 향상을 도모할 수 있는 언어지도 방안을 끊임없이 모색해야 할 것이다.

[연관 활동]

유치원 교실 환경 참관 보고서

• 유치원(어린이집) 교실을 참관하고 만 5세 교실의 영역 구성 배치도를 계획해 보세요.

• 언어영역에 비치해야 하는 구성요소에 대하여 토의해 보세요.

구분	비치자료
듣기	
말하기	
읽기	
쓰기	

제 7 장

대·소집단의 언어교육 활동

생각해 봅시다

• 이야기 나누기와 이야기하기는 어떻게 다른지 이야기해 봅시다.
• 언어활동에는 어떠한 것들이 있을지 생각해 봅시다.

1. 이야기 나누기를 통한 언어교육 활동

1) 이야기 나누기 시간의 의의

하루 일과 중에 이루어지는 이야기 나누기 시간의 의의는 다음과 같다.

- 유아들과 함께 일과를 계획한다. 즉, 교사가 일과 진행을 알려 주고 유아들과 함께 더욱 즐겁게 지내려면 어떻게 해야 하는지 의논하여 결정한다.
- 단원내용에 관련된 일정한 어휘나 개념들을 교재를 통해 이야기 나누기 시간에 유아들과 함께 정리해 본다.
- 자신의 생활경험이나 느낌을 친구 앞에서 발표하는 기회를 가진다.
- 다른 사람의 이야기를 집단 안에서 경청하는 경험을 가진다.
- 문제를 토의하고 평가하는 경험을 갖는다.

〈이야기 나누기 하는 장면〉

2) 이야기 나누기 시간의 내용

[1] 계획하기

일과활동 계획 시간은 구조화된 시간으로 교사와 유아가 수행할 활동들에 대해 이야기 나누는 것으로써, 유아로 하여금 자신의 생각에 관해 상상하고 진행 방법을 생각하게 한다.

(2) 주말에 있었던 일 발표하기

유아들의 경험을 이야기함으로써 발표능력이 길러지나, 발달에 따라 교사가 상황에 따른 질문으로 도와준다.

(3) 새 소식이나 새로운 물건 소개하기

유아교육기관에서 인기 있는 활동으로 듣는 법, 상대방의 질문에 대답하는 법을 들을 수 있다.

(4) 단원(생활주제)에 따른 주제학습

교사가 주제에 따른 어떤 물건을 보여 주고 유아에게 대화를 유도해 내는 활동들은 언어와 사물을 연관시켜 볼 수 있는 기회를 제공하여 개념학습에 도움을 준다. 유아들이 많을 경우 개념의 도입과 소개 정도로 짧게 진행해야 한다.

(5) 집단토의

유아들의 생각을 모음으로써 다른 관점의 인식을 발달시키고, 의사소통과 표현기술을 발달시키는 데 중요하다.

(6) 이야기 꾸미기 또는 자신의 작품 발표하기

이야기를 만들거나 자기의 작품을 설명함으로써 발표력을 길러 주고 다른 유아의 생각과 작품을 음미할 기회를 제공한다. 이야기를 꾸며 볼 때는 유아들이 자유롭고 창의적인 상상을 할 수 있도록 격려한다.

(7) 평가하기

평가는 유아가 무엇을 성취했다는 성취감을 가지게 한다. 교사는 유아들에게 스스로 평가할 수 있도록 돕는 정보를 제공하고 유아들에게 관련된 질문을 함으로써 유아 스스로 생각하고 정리할 수 있는 기회를 주어야 한다.

3) 이야기 나누기 시간의 운영

(1) 주제 선정

목적에 따라 이야기 나누기 시간의 주제를 선정한다. 주제는 무조건 교사가 일방적으로 정해 놓은 것이 아니고, 많은 경험을 토대로 하여 유아가 주변 환경이나 일상생활 속에서 가장 흥미 있고 관심 있어 하는 내용을 중심으로 우선 예상해 놓은 것이다.

(2) 내용 구성과 전개

내용은 도입 → 전개 → 마무리(결말) 부분이 뚜렷하도록 구성한다. 상호작용은 교사-교재-유아의 상호작용 모두가 중요하다. 이야기 나누기 시간에 합당한 것은 주로 사회적 지식에 해당되는 것, 자유선택활동 시간의 활동에 대한 정보 교환, 가설적 갈등 상황에 대한 토론 등이다.

(3) 이야기 나누기 시간의 효율적 운영 방법

- 이야기 나누기 시간이 매일 있어야 하는 것은 아니다: 이야기 나누기 시간을 반드시 매일 하거나 전체 학급의 유아가 동시에 참여해야 한다는 생각을 바꾸어야 한다. 유아가 흥미롭게 능동적으로 선택한 게임이나 작업, 실험 등의 다른 활동을 통해서 유아 스스로 지식을 구성해 나갈 수 있도록 해야 한다.
- 이야기 나누기 시간을 반드시 대집단으로 실시해야만 하는 것은 아니다: 이야기 나누기 내용의 종류에 따라서 집단의 크기를 조절하는 것이 바람직하다.
- 대상의 연령별 특징 및 주의집중 시간을 고려해야 한다: 만 3~5세의 주의집중 시간은 대략 10~20분이며, 이야기 나누기 활동은 아직 흥미가 남아 있을 때 다른 활동으로 연결하여 탐색할 수 있도록 하는 것이 효과적이다.
- 대화를 위한 장소를 준비한다: 유아들의 자리는 안정되어야 하고, 유아와 교사는 마주 볼 수 있어야 하며, 외부에서의 잡음이 들리지 않는 조용한 곳이어야 한다.
- 동기유발을 위한 준비가 필요하다: 유아의 마음과 기분을 잘 포착하여 처음에는 모든 유아가 관심을 가지는 것으로 시작하여 서서히 본론으로 접어든다.
- 언어 사용에 유의한다: 표준어를 사용하고, 명확한 발음으로 말하며, 어휘는

유아가 이해할 수 있는 것으로 사용한다.

- 목소리를 조절한다: 정상인의 목소리로 보통 말하듯이 해야 한다. 등장인물의 변화를 나타내는 것은 독특한 목소리로 구분 지어도 좋다. 그러나 변화된 목소리로 너무 길게 말하거나 세 사람 이상의 목소리를 흉내 내지 않는다.
- 효과 있는 준비물을 구체적인 것들로 준비한다: 구체적인 시청각 자료(주제와 관련된 구체적인 자료와 그림, 사진, 인형, 비디오 슬라이드, OHP)를 사용하여 유아의 집중도를 높이고 흥미와 호기심을 지속시킨다.
- 교사의 태도도 중요하다: 유아와 교사 서로의 대화 시간이므로 질문도 하고 대답도 듣는 등 자연스러운 상호작용으로 진행하며, 유아를 공평하게 바라보면서 눈과 눈의 마주침에서 유아의 마음을 놓치지 말고, 움직이는 유아의 이름을 불러 주의를 집중시키는 것도 좋은 태도이다.

4) 이야기 나누기 시간의 효과적인 질문 방법

유아와 교사 간 하루 일과 중 다양한 형태의 이야기 나누기 시간에 이루어지는 효과적인 질문 방법은 다음과 같다.

- 내용과 관련된 실물이나 다양한 방법의 시청각 자료 또는 게임 자료를 사용하여 주제에 따라 유아들이 알고 있는 것, 경험한 것을 이야기할 수 있도록 기회를 먼저 준다.
- '예' 혹은 '아니요'로만 대답하지 않고 유아의 생각을 말할 수 있도록 유도하는 질문을 한다.
- 사실적 질문과 사고 촉진 질문의 균형을 이루고 단순한 질문과 어려운 질문을 함께 하여 유아 모두가 골고루 참여할 수 있게 한다.
- 유아의 수준에 맞고 정확한 문장으로 질문하여 재질문이나 반복을 피한다.
- 유아가 반응하지 못하거나 잘못된 답을 하였을 때에는 다른 말로 질문하거나 다시 말해 준다.
- 유아의 반응이 옳다 해도 항상 첫 번째 반응을 받아들이지 않는다.
- 유아의 생각과 내용에 따라 질문을 확장한다.
- 같은 내용의 질문은 반복하지 않는다.

- 유아로 하여금 계속 손을 들게 하는 방법은 옳지 않다.
- 설명식은 피하고 토의식, 문답식이나 질문식으로 한다.
- 발산적인 질문을 많이 하여 유아의 사고력을 확장시켜 줄 수 있도록 하며 질문을 한 후에는 유아들에게 생각할 수 있는 시간을 준다.

5) 이야기 나누기 시간에 대한 평가

이야기 나누기 시간에 대한 평가는 교사의 활동 준비도와 태도 및 앉는 자리 등에 대한 평가로 이루어질 수 있다.

- 교사의 활동 준비도
  - 가르치고자 하는 내용을 놀이를 중심으로 하는 게임 자료로 준비하였는가?
  - 주제에 따라 유아들이 알고 있거나 경험한 내용을 실물이나 다양한 형태의 시청각 자료로 준비하여 사용하였는가?

- 교사의 태도
  - 교사는 쉬운 말을 사용하는가?
  - 교사의 말하는 방법은 질문식인가?
  - 유아들의 의견을 무시하지 않고 끝까지 존중해 주는가?
  - 유아들에게서 이야기가 나오도록 동기유발을 잘 하는가?
  - 명랑한 말과 유머 있는 말을 쓰는가?
  - 유아들에게 발표할 기회를 골고루 주는가?
  - 유아가 이미 경험하여 알고 있는 것을 계속 흥미를 가지고 사고를 확장시켜 나갈 수 있도록 돕는가?

- 앉는 자리
  - 햇빛과 유아의 위치, 교사와 유아의 위치, 출입문과 유아의 위치를 고려하여 앉았는가?
  - 교사가 한눈에 모든 유아를 볼 수 있었는가?
  - 어린이들이 모여 앉는 곳은 부분 양탄자나 매트를 깔았는가?

– 교사가 앉을 때에는 유아의 키를 생각해서 눈높이에 맞추어 앉았는가?

2. 동화를 통한 언어교육 활동

1) 동화의 정의

동화란 어린이들을 위한 흥미 있는 이야기로서 창작하거나 전래되어 온 것으로 시에 가까운 산문문학이며, 그 내용은 현실과 환상이 담겨져 있다. 동화는 작품의 창작자나 시대적 관점에 따라 전래동화와 창작동화로 나누기도 하고, 소재의 성격과 표현 면에서 순수동화와 생활동화로 나누기도 한다. 전래동화는 한마디로 옛이야기이며 글자 그대로 전해 내려오는 이야기로 지은이가 확실하지 않다. 이에 비해 창작동화는 작가가 독자를 고려해서 새로이 꾸며 낸 문학작품이다. 생활동화는 어린이들의 실제 생활 모습을 사실적으로 그리는 가운데서 메시지를 담고 있는 동화를 말하며, 이에 비해 환상성이 가미되어 있는 동화를 순수동화라고 한다.

2) 동화의 종류

유아들이 흥미로워하는 동화의 종류는 동화의 내용에 따라 교화, 옛날이야기, 우화, 일화 등으로 구분될 수 있다.

- 교화: 유아들의 정서적인 안정을 목적으로 하는 것이다. 대부분 부모나 교사가 구성한 짧은 이야기로 만 3, 4세 유아에게 적당하며, 듣는 유아가 이해할 수 있는 것들을 주인공 모델로 삼아 유아로 하여금 무엇을 해야 할지를 깨닫도록 하는 내용이다.
- 옛날이야기: '옛날에 옛날에'로 시작하는 이야기로 시간과 장소를 초월한 무대에 가공인물이 등장하여 유아의 자기중심적인 사고를 만족시켜 줄 수 있는 내용이다.
- 우화: 옛날이야기의 짧은 형식이며 극히 단순한 교훈을 포함하고 있기 때문에 재미있게 이야기를 들으면서 생활의 윤리를 알게 하려고 하는 이야기이다.

〈동화 시간의 운영〉

- 일화: 위인, 영웅의 유년 시대의 에피소드를 포함한 짧은 이야기이며, 역시 교훈을 포함한 것이다. 우화보다는 현실감이 있다.
- 생활동화: 현재 유아들의 생활에서 직접 취재하여 이야기로 정리한 것이며, 원칙적으로 '지금 여기'의 이야기이다. 일상적인 이야기 속에서 유아들은 심리적인 안정감을 얻으며, 자신의 문제를 해결하는 방법을 깨닫게 되고 또 필요한 지식을 포착하게 된다.
- 상상동화: 유아들의 상상력을 키워 줄 수 있는 내용으로 판타지 동화가 여기에 속한다. 유아들의 꿈과 미래를 마음껏 상상할 수 있도록 도와준다. 이러한 판타지 동화는 유아들의 창의력에도 도움을 줄 수 있다.
  ➡ 동화는 유아들이 새로운 생활에 처할 때 이겨 나가는 용기와 힘을, 지혜와 슬기를, 또 여러 가지 적응하는 마음의 준비를 제공하는 자원으로 중요시된다. 다양한 동화를 들음으로써 유아들은 정서적으로 성숙해지며, 유아가 가지는 느낌이 아니라 어른과 같이 공감할 수 있는 느낌을 가지게 된다.

3) 동화의 내용에서 구비되어야 할 조건

유아 언어 발달을 촉진하기 위한 바람직한 동화 선정을 위해 갖추어야 할 조건들은 다음과 같다.

- 친근성: 유아의 생활에서 가까운 곳에 있으면서 흔하게 접하는 물건과 사건들을 포함하는 것

- 미지성: 미지의 세계에서 유아들이 알고 싶어 하는 것이 이해되는 것
- 감촉성: 눈에 보이는 아름다운 색채, 혀에 닿는 맛있는 것 등이 묘사되어 있는 것
- 확장성: 구름을 찌르거나 손가락으로 튕겨서 사람들이 날아가는 듯한 표현을 나타내는 것
- 활동성: 쉬지 않고 활동하며 새로운 모험을 계속하는 것
- 경이성: 생각지도 않은 돌발적인 이상한 일이 일어나는 것
- 결과성: 결과가 뚜렷한 것이나 흑백이 뚜렷하게 나타나는 것
- 리듬성: 귀찮지 않을 정도의 반복되는 내용이 포함되어 있는 것
- 유머성: 생각지도 않은 웃음이 있는 내용이 포함되어 있는 것

동화는 이러한 내용이 포함되어 있으면서 긍정적인 효과가 있어야 한다.

4) 동화의 선택 방법

동화는 그 내용이 학습주제에 맞아 주제의 목표달성을 도울 수 있는 것을 선택하여야 한다. 일반적으로 다음과 같은 점을 동화를 선택할 때 고려하고 유의하여야 한다.

- 유아들의 이해능력에 맞는가?
- 유아들의 흥미에 맞는가?
- 유아들에게 건전한 것인가?
- 생활동화의 경우에 문학적인 가치가 있는가?
- 유아들에게 무한한 기쁨을 줄 수 있는가?
- 유아들의 상상의 세계를 넓혀 줄 수 있는 것인가?
- 선악을 정확히 판단할 수 있는 능력과 도덕심을 길러 줄 수 있는가?
- 유아들에게 풍부한 지식을 가지게 할 수 있는가?

5) 동화의 전달매체 유형에 따른 제시 방법

동화를 유아들에게 전달하기 위해서는 다양한 교수매체를 통해 구연할 수 있다. 동화활동은 구연동화, 그림동화, TV동화 등의 다양한 매체 특성에 따라 유아들에게 듣기, 말하기, 읽기, 쓰기의 경험으로 확장되도록 제공할 수 있다.

(1) 구연동화

유아들에게 이야기를 들려주는 것을 동화의 구연이라고 한다. 동화구연의 준비와 구연과정의 유의점은 다음과 같다.

① 동화를 구연하기 전의 준비

- 동화의 내용을 완전하게 알아 두어야 한다.
- 장애가 되는 습관을 고쳐야 한다.
- 안정감과 자신감을 가지고 있어야 한다.
- 뚜렷한 목적의식을 가지고 있어야 한다.

② 동화구연 중의 유의점

- 도입과정을 흥미롭게 시작한다.
- 구연을 하면서 유아의 반응을 면밀하게 살펴 가며 이야기를 진행한다.
- 동적인 것을 더 좋아하므로 활동적인 용어를 사용한다.
- 직접화법을 많이 사용하는 것이 효과적이다.
- 자기 수정이나 주의 환기는 가능한 한 하지 않는다.
- 마지막 훈화는 생략하거나 짧게 하는 것이 좋다.

③ 구연 중 언어와 음성

- 유아가 이해할 수 있는 어휘를 사용한다.
- 정확하고 고상한 언어를 사용한다.
- 정확한 발음으로 자연스럽게 이야기한다.
- 음성의 변화를 효과적으로 이용한다.

(2) 그림동화

그림동화는 동화를 몇 단락으로 나누어 각 단락을 그림으로 그려서 유아들에게 제시하며 동화를 들려주기 위한 매체를 말한다. 그림동화를 제시할 때의 유의점은 다음과 같다.

- 그림동화는 움직이지 않는 그림과 글의 낭독 그리고 그림을 빼는 행동들이 혼연일체가 되어 유아들을 즐거운 동화의 세계로 초청하는 시청각 교재이다. 따라서 반드시 먼저 읽어 본 후에 작품의 주제, 읽는 방법, 등장인물의 성격 등을 파악하여 시작하지 않으면 실패한다. 시작하기 전에는 그림이 순서대로 놓여 있는지를 반드시 확인하여야 한다.
- 그림동화는 다음 장면으로 넘어가기 위해서 바꾸는 일, 즉 그림을 빼는 방법이 대단히 중요하다. 단순하게 빼는 것과 아무 생각 없이 빼는 것은 그 효과를 반으로 줄인다. 뺀다는 동작이 동화의 진행 전개에 있어서도 중요한 역할을 하므로 조용히 자연스럽게 옆으로 빼면서 다음 장의 그림과 잘 통합하여 효과를 낼 수 있도록 연출한다.
- 그림동화를 들려주는 교사의 음성은 그 역할에 적절하여야 한다.

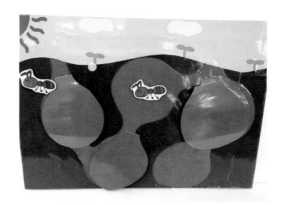

〈그림동화〉

(3) TV동화

동화를 몇 단락으로 나누어 각 단락을 그림으로 그려서 길게 이은 후 텔레비전 모양으로 만든 매체에 그림을 끼워 손으로 돌려 가면서 유아들에게 동화를 들려주는 매체를 말한다.

〈TV동화〉

(4) 융판동화 및 자석동화

융판 및 자석을 이용한 동화는 유아들에게 그림동화와는 또 다른 흥미를 더하여 준다. 등장인물이나 배경 그림을 한 가지씩 첨가하여 붙이거나 자유롭게 연출할 수 있기 때문에 유아들은 융판 및 자료의 움직임에 호기심과 흥미를 가지고 집중하게 된다.

〈융판동화〉

(5) OHP동화

투명한 아세테이트지 위에 그림을 그려서 OHP를 이용하여 보여 주는 것이다. OHP는 암막 시설이 없는 밝은 곳에서도 선명한 색을 볼 수 있으므로 장소에 구애받지 않고 활용할 수 있다. 또한 화면이 큰 영상을 얻을 수 있으므로 유아들의 흥미를 유발할 수 있으며, 투명한 아세테이트지와 유성펜(네임펜)만으로도 자료를 만들수 있으므로 쉽게 활용할 수 있다.

〈OHP동화〉

(6) 앞치마동화

앞치마를 활용하여 등장인물들을 코팅하거나 부직포로 만들어 찍찍이를 이용하여 앞치마 앞부분을 배경 삼아 붙이는 활동이다. 교사가 앞치마를 입고 서서 동화를 들려주어야 한다는 단점이 있지만, 유아들에게는 색다른 매력을 줄 수 있다.

〈앞치마동화〉

(7) 막대동화

막대동화는 등장인물에 손잡이를 달아서 들려주는 동화로, 배경 없이 막대동화로만 동화를 할 수도 있고 배경과 함께 테이블동화로 활용할 수도 있다.

〈막대동화〉

(8) 테이블동화

테이블 위에 동화의 장면들을 배경으로 만들고 등장인물들을 막대 등을 이용하여 등장하게 하는 활동을 말한다. 배경이 있어 유아들이 막대동화보다는 훨씬 좋아하는 동화활동이다.

〈테이블동화〉

(9) 손인형 동화

보통 퍼펫이라고도 하는데, 손을 집어넣어 인형의 움직임을 나타내는 활동이다. 한 손에 하나의 손인형밖에는 움직일 수 없기 때문에 다양한 등장인물이 나오는 동화에서 활용하기는 어렵다. 그래서 대부분 전이 활동이나 도입부분에 활용하는 경우가 많다.

〈손인형 동화〉

(10) 손가락인형 동화

부직포나 천을 이용하여 손가락에 끼울 수 있도록 만드는 것으로, 간단하게 만들 수 있는 동화자료 중 하나이다. 손가락에 끼우는 것이기 때문에 동적인 움직임을 표현하기에는 부족하다고 할 수 있다. 영아의 경우는 좋아하지만, 연령이 높은 유아일수록 호기심이 적어진다.

〈손가락인형 동화〉

(11) 줄인형 동화

제작하기 힘든 동화 중의 하나이다. 등장인물을 입체적으로 제작하여야 할 뿐만 아니라 줄을 이용하여 등장인물의 움직임까지 표현해야 하기 때문에 얼마나 세밀하게 움직이게 하느냐에 따라 고도의 기술을 필요로 하는 제작 방법이다. 또한 줄인형 하나에 움직이는 줄의 수가 많을수록 섬세하기 때문에 여러 등장인물이 나오는 동화에는 활용하기가 어렵다.

〈줄인형 동화〉

(12) 그림자인형 동화

TV동화와 비슷한 방법으로 제작하되, 박스 앞부분을 천으로 막은 후 뒤에서 빛을 이용한 동화이다. 검은 도화지로 등장인물을 제작한 후 뒤에서 전등을 이용하여 화면에 등장인물의 그림자가 생기도록 하는 것이다.

➡ 교사는 동화의 내용을 가장 효과적으로 잘 전달할 수 있는 전달매체를 선정하여 유아들로 하여금 동화의 내용을 잘 이해할 수 있도록 돕고, 동화에 대한 유아들의 흥미를 지속시키도록 노력해야 한다.

〈그림자인형 동화〉

3. 동극을 통한 언어교육 활동

동극이라는 문학작품과 관련하여 드라마를 하는 동안 유아들은 그들의 문학적 체험에 대해 창조적으로 생각하는 기회를 가지게 되며, 또한 자신을 표현할 수 있는 기회를 가지게 된다. 이를 위해서는 모든 유아가 자유롭고 솔직하며 창조적으로 표현할 수 있는 분위기가 조성되어야 하고, 이에 필요한 활동을 자유롭게 할 수 있어야 한다.

1) 동극의 의의

동극이란 유아를 주체로 상연되는 연극을 일컫는 말이다. 그러나 연극은 희곡을 무대에 상연한 것이므로 동극과 희곡은 같은 맥락에서 살펴보아야 한다. 희곡은 문자로 기록되면 문학이 되고, 무대에 상연되면 연극이 된다. 희곡은 다른 장르와는 달리, 무대 상연을 전제로 한 문학이기 때문에 그 구조가 행동과 대사로 이루어져 있고 연출가나 연기자들의 해석을 거쳐야 하는 특성을 가지고 있다. 그러므로 희곡은 동화나 동시보다는 어린 독자들이 듣거나 읽는 데 많은 제한점을 가지고 있다. 희곡의 제한점을 구체적으로 설명하면 다음과 같다.

- 희곡에서는 인물, 장소, 소리, 경치, 냄새 등을 직접 묘사할 수 없다.
- 희곡에서는 등장인물의 행동이나 제스처가 가지고 있는 의미에 대하여 작가

〈동극의 의의〉

의 직접적인 해설을 붙일 수 없다.

• 희곡에서는 등장인물들의 정신적 · 정서적 행동 표현을 하기 어렵다. 그러나
유아들은 희곡의 이러한 제한점들에도 불구하고 동화나 동시보다도 시각적이
고 청각적으로 표현할 수 있는 동극에 더욱 흥미를 갖는다.

• 동극의 교육적 효과
  – 지도력을 길러 주고 조직적인 사고 능력을 길러 준다.
  – 협동정신과 민주정신을 길러 준다.
  – 생활지도에 도움이 된다.
  – 자기 자신에 대한 신뢰감을 길러 준다.
  – 창의적인 표현 능력을 길러 준다.
  – 정서적인 배출구를 제공한다.
  – 정확한 발음과 배역에 따라 다양한 소리를 표현해 보는 경험을 한다.
  – 문제해결에 대한 통찰력을 길러 준다.

2) 동극의 실제

유아들은 동극을 관람할 수도 있지만 스스로 동극을 상연해 볼 수도 있다. 유아들이 스스로 동극을 상연해 보는 것은 문학작품 속의 인물들이 되어 보는 것을 통해 다른 사람의 행동과 생각을 모방해 봄으로써 다른 사람의 입장에서 생각해 볼 수 있는 감정이입 경험을 하게 해 주고, 역할을 맡은 인물과 동일시해 봄으로써 자신의 욕구를 표현해 보며 여러 가지 문제해결에 동참해 보는 것을 통해 정서의 순화와 문제해결력 증진에 도움을 얻는다.

동극 진행 방법
① 희곡 선택

유아들이 동극을 상연하기 위해서는 먼저 적절한 희곡을 선택해야 한다. 적절한 희곡이 갖추어야 하는 조건은 다음과 같다.

- 바람직한 성품의 주인공
- 간단하면서도 전개과정이 뚜렷한 줄거리
- 단순하면서도 반전이 있는 클라이맥스
- 유아가 동일시할 수 있는 등장인물
- 다양하고 재미있는 행동
- 짧고 반복되는 대화
- 가능한 한 등장인물이 많으면서 상황에 따라 늘이거나 줄여도 되는 내용

② 내용 및 주제 파악

유아들에게 먼저 희곡이나 동화를 들려주거나 읽게 한다. 그리고 '언제, 어디서, 누가, 어떻게'에 대하여 유아들에게 질문하며 어떤 일이 어떤 순서로 일어났는지와 대사나 클라이맥스, 결말 등에 대하여 명료화한다.

③ 각색

동극화하기에 적절한 동화를 선택하여 각색을 한다.

- 설명 부분을 삭제하고 간접화법을 직접화법으로 바꾼다.
- 필요한 대화를 첨가하거나, 필요하지 않은 말은 삭제한다. 이때 가능하면 대화를 짧고 반복적으로 조절하게 되면 유아가 쉽게 대사를 기억할 수 있다.
- 어휘를 필요한 것으로 바꾼다. 유아들이 사용하기에 적합하지 않은, 어렵고 추상적이고 공격적이고 아름답지 않은 단어들은 피한다.

④ 배역 정하기와 대사 외우기

배역을 정할 때에는 가능한 한 유아가 하고 싶어 하는 배역을 할 수 있도록 배려한다. 대사 외우기는 배역을 정한 후 질문을 통해 희곡의 줄거리를 파악하도록 하는 과정과 함께 배역에 따른 대사를 생각하고 정리하며 암기할 수 있도록 한다.

⑤ 무대 만들기와 소도구 및 의상 준비

동극을 보다 실감 있게 하고 유아들에게 즐거움을 주기 위하여 무대, 소도구와 의상을 준비하는 것이 좋다.

⑥ 상연하기 및 재상연하기

동극을 상연할 때는 역할을 맡지 않은 유아들은 관객이 되어 동극을 상연하는 유아들에게 더욱 적극적으로 연기하도록 자극을 줄 수도 있으며 힘을 줄 수도 있다.

동극이 진행되는 동안 교사는 무대와 유아들을 모두 볼 수 있는 곳으로 자리를 옮긴 후 유아들을 도울 수 있다. 교사가 도울 수 있는 역할은 다음과 같다.

- 극의 시작을 알린다.

- 극의 진행을 이끌어 준다.
- 문제 상황이 생기는 경우 행동을 제한한다.
- 대사가 없이 이루어지는 동작을 격려한다.
- 장면의 변화, 시간의 변화 등을 알린다.
- 극의 마지막을 알린다.
- 동극을 했던 유아들은 무대 중앙에 한 줄로 서서 관객이었던 유아들에게 인사하고 들어간다.

⑦ 평가

긍정적인 것을 먼저 이야기하고, 부정적인 것은 다음 동극을 위하여 고쳐야 할점, 보완해야 할 점 등으로 이야기 나눈다. 이때 관객의 관람 소감으로 연기자에 대한 평가와 연기자 스스로의 평가, 그리고 관객의 관람 태도에 대한 평가가 이루어질 수 있다.

- 무엇이 가장 재미있었는가?
- 어떤 점이 가장 어려웠는가?
- 바꾸고 싶은 것이 있다면 어떤 점을 어떻게 바꾸면 좋을까?
- 맡았던 역할을 해 본 기분은 어떠한가?
- 맡았던 역할의 입장에서 상반된 역할에게 하고 싶은 말은 무엇인가?
- 상대방의 기분은 어떠할까?
- 역할을 하면서 가장 행복했던 부분은 무엇인가?
- 역할을 하면서 가장 슬펐던 부분은 무엇인가?
- 동극을 다시 상연한다면 이번에는 어떤 역할을 맡고 싶은가? 그 이유는 무엇인가?

4. 동시를 통한 언어교육 활동

동시는 모든 생명의 깊숙한 곳에 자리 잡은 진실에 대하여 시인이 직감하여 예술이라는 방법을 사용하여 상상의 세계에서 재창조하는 언어활동이다.

1) 동시의 의의

동시는 동요와 함께 서정시로부터 발전한 운문문학의 한 형태로서 유아를 독자로 삼아 쓴 시를 말한다. Bromley(1991)는 "시란 메시지를 촉진하는 리듬, 운율, 반복이 내포되어 있는 것으로, 소리 내어 읽혀야 하며 즐길 수 있는 것이어야 한다. 그리고 시 속에는 배경, 인물, 주제 혹은 메시지, 시점 또는 화자, 독특한 양식 혹은 어조, 시각적인 장면의 창조 혹은 감각적 영상, 운율의 사용 혹은 반복 등의 요소들이 포함되어야 한다."라고 하였다. 동시의 일반적 특성에 대해 보다 구체적으로 살펴보기로 한다.

• 동시는 소리 또는 운율에 따른 음악성이 있다. 즉, 동시는 운율이 있는 언어를 사용한다. 운율이란 원래 운과 율의 합성어로서 운이란 시 속에 같은 소리의 글자를 반복해서 배치함으로써 발생하는 음악적 요소를 말하는 것이고, 율이란 음의 고저, 장단, 강약 등을 이용함으로써 발생되는 음악적 요소를 말한다.
  – 소리에 따른 음악성: 음악성을 주는 낱말은 대개 사람이나 동물의 소리 또는 자연계의 소리를 나타내는 의성어와 사물의 모양이나 태도 또는 움직임을 묘사하는 의태어이다.
  – 리듬에 따른 음악성: 동시의 리듬을 표현하는 방법은 음절을 기본 단위로 하여 표면적으로 드러나게 하는 방법과 표면적으로 드러남이 없어 자연스럽게 느껴지도록 하는 방법 두 가지가 있는데, 전자는 외재율 또는 외형률이라 부르고, 후자는 내재율이라고 부른다.
• 동시는 서정적인 상상력을 기초로 하고 있다. 동시는 독자의 단순한 지적 동의를 요구하는 것이 아니라 독자로 하여금 무엇을 느끼게 하는 것이다. 동시

는 독자로 하여금 무엇인가를 느끼도록 이끌어 가므로 서정적인 상상력을 기초로 하고 있다고 보는 것이다.

- 동시는 함축적인 글로 이루어져 있다. 동시는 다른 문학 장르보다 언어를 경제적이고 효율적으로 사용한다. 따라서 동시의 글은 겉으로 드러난 의미 외에도 글 속에 감추어져 있는 의미를 가지고 있다.
- 비유와 상징이 많이 포함되어 있다. 비유와 상징은 시를 효과적으로 표현하기 위한 예술적 기법이다. 동시에서 시인은 비유를 사용하여 말하고자 하는 것을 직접 말하는 것보다 더욱 생생하게 구체적으로 말할 수 있고, 더 많은 것을 말할 수 있으며, 그 자체가 독자에게 즐거움을 주며, 그리고 감정을 더욱 풍부하게 해 준다.

동시의 의의를 요약하면 다음과 같다.

- 유아들이 가지고 있는 감성과 상상력을 통한 인간 교육의 기초로서 필요하다.
- 유아들에게 모국어의 아름다움을 느낄 수 있게 하는 가장 적절한 매체이다.
- 시의 리듬과 운율을 통하여 감각적인 혀와 귀의 즐거움을 경험한다.
- 가장 잘 선택되고 정선된 시어를 통하여 언어의 신비스러운 기능을 체득한다.
- 사물에 대한 올바르고 날카로운 직관력을 기르는 데 도움이 된다.
- 시를 경험함으로써 유아들의 감정세계를 보다 풍부히 할 수 있다.
- 자신의 감정을 자연스럽게 표현할 수 있는 능력을 길러 준다.

2) 동시의 선택

유아들에게 소개할 좋은 동시를 선택할 때 고려해야 할 사항은 다음과 같다.

- 동시는 감각적 영상, 즉 시각, 후각, 미각, 청각, 촉각이 나타나도록 구성되어 있는가?
- 동시는 비유적인 언어를 포함하고 있는가?
- 동시는 흥미가 있으며 반복적인 면이 있는가?
- 동시는 자연적이며 리듬이 있는 형태로 나아가는가?

- 동시에 나타난 단어나 문장이 유아의 이해의 범위에 적합한가?
- 동시에 나타난 단어는 시의 뜻을 나타내는 데 적절한가?
- 동시는 유아의 정서를 적절하게 표현해 주는가?
- 동시가 유아의 유머감각에 적절한가?
- 유아가 상상을 통해 새로운 시로 전개해 볼 수 있게 하는 측면이 있는가?
- 동시에 메시지가 들어 있는가?

또한 좋은 동시의 조건은 다음과 같다.

- 유아들이 좋아해야 한다.
- 정직하고 진실된 표현을 담은 동시여야 한다.
- 독창성이 있어야 한다.
- 유아가 정서적인 공감대를 형성할 수 있어야 한다.
- 특히 동시는 시 속에 적절한 주제, 생동감 있는 구성, 기억될 만한 주인공, 독특한 문체 등을 담고 있어야 한다.
- 언어의 리듬과 음악성을 담고 있어야 한다.
- 정확하고 상상력이 풍부한 언어로 되어 있어야 한다.
- 듣는 사람이 기쁨을 맛볼 수 있어야 한다.

3) 동시 활동을 위한 지도방안

유아들은 살아 있는 모습을 느낄 수 있는 행동을 묘사한 시, 독특한 운율과 리듬이 반복되는 시, 짧은 시 등을 좋아한다는 점을 고려하여 동시를 선택한 후, 그 동시를 집단에게 제시하기에 알맞은 자료를 제작하여 준비한다.

① 낭송해 주기

유아들의 반응을 살피면서 여유 있게 해야 한다. 교사가 시를 자주 낭송해 주면 유아들은 자연스럽게 시와 가까워지면서 암송도 가능해진다.

② 다 함께 말하기

시를 바르게 이해하기 위해서는 즐겁게 들으면서 큰 소리로 읽어야 하는데, 그 방법으로는 네 가지가 있다.

- 같은 음으로 제창하는 방법
- 합창 속에서 어떤 행은 후렴으로 하는 방법
- 대화식으로 행을 나누어 합창하는 방법
- 합창 속에서 어떤 행은 한 유아의 목소리만 넣으면서 하는 방법

③ 동시 활동의 진행방법

동시를 들려주기 전에 내용과 관련된 그림을 보여 주면 좋다. 먼저 교사가 동시를 들려주어야 하는데, 알맞은 억양과 빠르기로 읽어서 감정이입을 하며 배경음악도 같이 들려준다. 들은 후 느낌 등에 대해 이야기하고, 준비한 자료를 사용하여 다시 들려준다. 앞에서 소개한 다양한 방법을 사용하여 유아와 함께 읊어 본다. 마지막으로 유아들이 편안함 속에서 시의 즐거움을 느낄 수 있도록 교사가 읽어 주는 동시를 다시 한 번 듣는다. 원하는 유아가 있으면 친구들 앞에서 낭송하도록 한다.

통합적 교육을 고려하여 언어영역에 동시 쓴 것을 붙여 준다. 때에 따라서는 미술활동 또는 음률활동과도 연결시켜 동시를 그림으로 또는 몸의 움직임으로 표현해 볼 기회도 줄 수 있다.

4) 동시 창작 지도

① 부분적으로 동시 짓기

유아가 동시를 듣고 부분적으로 단어나 의성어, 의태어 등의 낱말을 바꾸어 다른 동시로 만들어 보도록 유도하거나 동시의 제목은 그대로 둔 채 중간에 부분적으로 내용을 바꾸어 보는 활동이다.

예를 들면, 다음과 같다. 동시를 들려준 뒤, (반복적인 단어가 있는 경우에, 그 단어 대신) 넣고 싶은 다른 단어가 있는지 물어보고 유아가 원하는 단어를 넣은 다음 바꾸어 읽어 본다. 또는 관련이 있는 노래를 배우고 그 노랫말을 생각하면서 연관

되는 내용의 동시를 지어 본다.

　부분적 동시 짓기를 위한 교사의 역할은 다음과 같다.

- 전체 동시를 유아들과 함께 낭송해 본다.
- 의성어, 의태어가 동시의 어느 부분에 나오는지 물어본다.
- 동시에 있는 단어 이외에 어떤 의성어, 의태어가 좋은지 의견을 묻는다.
- 유아들이 제안하는 새로운 단어를 넣어 동시를 읽어 본다.
- 동시 속의 주인공도 새롭게 바꿔서 읽어 본다.
- 동시의 제목을 새롭게 쓴다면 무엇으로 할 수 있을지 의논한다.

② 동시 짓기

　유아에게 동시를 들려준 후 유아 나름대로의 특별한 생각이 있다면 짧게 표현해 보도록 격려한 후 받아써 준다. 또는 유아와 동시의 제목을 정한 후 동시를 짓는다. 여러 명이 동시를 지어 보도록 해도 재미있다.

　야외학습을 다녀온 후에 대·소집단으로 모여 앉아, 유아 각자가 보고, 듣고, 느끼고, 생각했던 것에 관하여 발표한다. 이때 교사는 발표한 것을 적어 두었다가 작업시간에 글씨를 쓸 줄 아는 유아들과 함께 쓰고 그 옆의 여백에는 그 내용과 관계되는 그림들을 그려 보게 한다. 이렇게 유아들이 만든 동시와 그림으로 전시를 할 수도 있다.

〈동시 짓기〉

제 2 부
영유아 언어교육 실제편

만 3세 듣기, 말하기, 읽기, 쓰기 활동의 실제

만 4세 듣기, 말하기, 읽기, 쓰기 활동의 실제

만 5세 듣기, 말하기, 읽기, 쓰기 활동의 실제

만 3세

듣기,
말하기,
읽기,
쓰기 활동의 실제

듣기

1. 신호등

활동명	신호등	소요시간	10분
생활주제/주제	건강과 안전 / 우리의 교통안전		
활동 형태	동시	대상/연령	만 3세
흥미 영역	언어영역		
목표	• 신호별로 해야 하는 행동을 말할 수 있다. • 교통 신호를 알고 지킬 수 있다.		
누리과정 관련 요소	• 의사소통: 듣기 > 동시 듣고 이해하기 　　　　　말하기 > 느낌, 생각, 경험 말하기 • 신체운동 · 건강: 안전하게 생활하기 > 교통안전 규칙 지키기		
창의성 · 인성 관련 요소	• 인성: 질서 > 법질서 • 창의성: 인지적 요소 > 사고의 수렴		
준비물 및 자료	〈신호등〉 동시판, 신호등 융판자료 		
활동 방법	〈도입〉 1. 신호등 수수께끼를 맞혀 본다.		

> **〈신호등 수수께끼〉**
>
> - 나는 길가에 서 있어요.
> - 나는 검은색 네모난 집을 가지고 있어요.
> - 나는 불빛으로 이야기해요.
> - 내 몸에는 빨간색도 있고 초록색도 있어요.
> - 노란색을 가지고 있는 친구도 있고 안 가지고 있는 친구도 있지만, 나는 가지고 있어요.
> - 사람들은 나를 보고 길을 건너요.
> - 나는 누구일까요?

2. 신호등에 대해 간단히 말해 본다.
- 우리 친구들은 신호등을 어디서 본 적 있어요?
- 신호등은 어떤 일을 할까요?
- 신호등에는 어떤 색깔이 있죠?
- 그 색깔들은 무엇을 말하는 걸까요? (빨간불, 노란불, 초록불을 차례대로 물어보고 설명한다.)

〈전개〉

활동 방법

3. 동시를 듣기 전 약속을 정한다.

> **〈신호등〉**
>
> 검은색 네모난 집에 살고 있는
> 동그라미 삼형제
> 빨간불이 들어오면 멈춰요
> 노란불이 들어오면 준비해요
> 초록불이 들어오면 가세요
> 아무도 소리 내지 않지만 모두
> 빨강, 노랑, 초록불로 이야기해요.

4. 동시 내용을 잘 듣고 이해했는지 확인한다.

5. 교사가 동시를 읽으면 유아가 따라 읊는다.

6. 유아가 동시의 부분 부분을 이야기한다.

7. 다양한 방법으로 나누어서 읊는다.
- 이번에는 우리 친구들이 색깔을 말해 주면 선생님이 그다음 부분을 읊어 볼게요.
- 이번에는 선생님과 친구들이 한 구절씩 나누어서 읊어 볼게요.

활동 방법	〈마무리〉 8. 활동을 평가하며 마무리한다. • 오늘 동시 어땠어요? • 어떤 부분이 가장 기억에 남아요? 9. 횡단보도를 안전하게 건널 수 있도록 하며, 추후 활동을 소개한다.
활동 시 유의점	• 유아들이 차례를 지키며 나와서 동시를 붙일 수 있도록 한다.
활동 평가	• 올바르고 안전하게 횡단보도를 건널 수 있도록 유도하였는가? • 신호등의 역할과 의미를 알게 되었는가? • 동시의 내용을 이해하며 즐겁게 참여하였는가?
확장 활동	• [미술영역] 다양한 미술 재료를 이용해 신호등을 만들어 보기 • [실외활동] 안전하게 신호를 건너기 / 자신이 신호등이 되어 보는 경험하기

2. 난 자동차가 참 좋아

활동명	난 자동차가 참 좋아	소요시간	15분
생활주제/주제	교통기관 / 다양한 교통기관		
활동 형태	동화	대상/연령	만 3세
흥미 영역	언어영역		
목표	• 다양하게 탈 수 있는 교통기관에 대해 안다. • 즐거운 마음으로 동시 활동에 참여한다.		
누리과정 관련 요소	• 의사소통: 듣기 > 동요, 동시, 동화 듣고 이해하기 　　　　　　듣기 > 동요, 동시, 동화를 다양한 방법으로 듣고 즐기기		
창의성·인성 관련 요소	• 창의성: 동기적 요소 > 호기심, 흥미		
준비물 및 자료	<난 자동차가 참 좋아> 융판동화, 손인형, 퍼즐, 제목, 분류이름표 		
활동 방법	〈도입〉 1. 탈것에 대한 경험을 이야기 나눈다. • 오늘 유치원에 올 때 어떻게 왔나요? 2. 각 탈것이 어떤 쓰임(종류)이 있는지 추측해 본다. • 자동차는 어떻게 다닐까요? 3. 동화를 듣기 전 약속을 정한다. 〈전개〉 4. 동화를 감상한다. • 제목은 〈난 자동차가 참 좋아〉라고 해요. 동화 속에 어떤 내용이 있을 것 같아요?		

활동 방법	<난 자동차가 참 좋아>

난 자동차가 참 좋아

난 자동차가 참 좋아

빨간 자동차, 초록 자동차, 기다란 리무진, 난 자동차가 참 좋아

차고에 꽉 찬 자동차, 짐을 실어 힘든 자동차, 바퀴 바람 빠진 자동차, 길 따라 달리는 자동차,

난 자동차가 참 좋아

난 기차가 참 좋아

쌩쌩 빠른 특급 열차, 장난감 마을의 장난감 기차, 돌고래처럼 생긴 기차, 짐 나르는 화물열차, 덜컹덜컹 낡은 기차, 느림보 새벽 완행열차, 이런 기차 저런 기차

기차역에서 기다리는 기차, 넓은 들판 가로지르는 기차, 눈보라 속에서 소리치는 기차,

빗속에서 속삭이는 기차, 난 기차가 참 좋아

난 배가 참 좋아

이런 배 저런 배, 끌고 가는 배, 끌려가는 배, 커다란 배, 평평한 배, 큰 돛 작은 돛 가득한 배,

위험할 때 옮겨 타는 배, 가느다란 배, 가죽으로 만든 배, 고무로 만든 배, 강에 다니는 배,

마루처럼 납작한 배

돛대 하나 꼬마 돛배, 유명 잠수함 유보트, 새로 만든 신식 배, 통통거리는 통통배, 부웅 뱃고동 울리는 배, 열대과일 나르는 배, 물건 팔러 다니는 배, 바다 지키는 포 달린 배, 느릿느릿 떠가는 배, 빨리빨리 노 젓는 배, 난 배가 참 좋아.

5. 동화를 회상하며 탈것에 대해 이야기 나눈다.
- 이 이야기에서 어떤 탈것이 나왔죠?
- 자동차는 어떤 어떤 자동차가 있었나요?
- 기차는 무슨 기차가 있었나요?
- 배는 무슨 배가 있었나요?

6. 기억에 남는 탈것은 무엇인지 이야기 나눈다.
- 그중에 가장 기억에 남는 것이 있나요?

〈마무리〉
7. 탈것을 분류해 보며 동화를 이해하고 정리한다.
- 분류해 보고 싶은 친구 있나요? (한 명씩 차례대로 나와 분류한다.)

활동 시 유의점	• 분류했을 때 '맞다, 틀리다'로 말해 주지 말고 친구들의 의견을 물어봐서 같이 맞혀 나간다.
활동 평가	• 동화를 바른 자세로 감상하는가? • 탈것을 분류할 수 있는가?
확장 활동	• [수조작영역] 동화와 관련된 퍼즐 맞추기(언어를 자연스럽게 사물과 연관 짓는다.)

3. 우리 동네에는

활동명	우리 동네에는	소요시간	10~15분
생활주제/주제	우리 동네 / 우리 동네 생활		
활동 형태	동시	대상/연령	만 3세
흥미 영역	언어영역		
목표	• 동네의 다양한 가게들에 관심을 가진다. • 말과 글의 관계를 안다.		
누리과정 관련 요소	• 의사소통: 듣기 > 동요, 동시, 동화 듣고 이해하기 • 사회관계: 사회에 관심 갖기 > 지역사회에 관심 갖고 이해하기		
창의성·인성 관련 요소	• 창의성: 인지적 요소 > 사고의 확장 • 인성: 협력 > 긍정적인 상호의존성		
준비물 및 자료	그림자료, 글씨카드, 〈우리 동네에는〉 동시판, 보드마카 		
활동 방법	〈도입〉 1. 우리 동네의 가게들에 대해 이야기 나눈다. • 우리 동네에는 어떤 가게들이 있을까요? 2. 동시를 소개한다. • 동시에 어떤 가게들이 나올 것 같아요? 〈전개〉 3. 동시를 감상한다.		

활동 방법	<우리 동네에는> - 안미정 - 우리 동네에는 샌드위치도 도넛도 살 수 있는 빵집이 있어요. 우리 동네에는 연필도 지우개도 살 수 있는 문방구가 있어요. 우리 동네에는 닭고기와 돼지고기도 살 수 있는 정육점이 있어요. 우리 동네에는 무엇이든 살 수 있는 시장이 있어요. 4. 동시에 나오는 물건과 가게의 이름을 바꾸어 본다. • 이 동시에 나오는 가게와 가게에서 파는 물건들을 바꾸어 볼 수 있을까요? 어떤 가게로 바꿔 볼까요? 5. 바꾼 내용대로 동시를 읊는다. • 우리가 바꾼 내용으로 동시를 다시 한 번 읊어 볼게요. 〈마무리〉 6. 활동을 평가한다. • <우리 동네에는>이라는 동시를 감상해 봤는데, 어떤 게 가장 재미있었나요? 7. 추후 활동을 안내한다.
활동 시 유의점	• 적절한 속도와 정확한 발음으로 동시를 읽는다. • 유아들에게 글씨를 써서 보여 줄 때는 글씨를 정자로 쓸 수 있도록 한다.
활동 평가	• 유아들이 자신의 의견을 발표할 수 있는가? • 우리 동네의 가게와 가게에서 파는 물건들에 대해 정확하게 알고 있는가?
확장 활동	• [역할영역] 가게 놀이 하기

말하기

1. 봄에는 어떤 꽃이 필까?

활동명	봄에는 어떤 꽃이 필까?	소요시간	15분
생활주제/주제	봄·여름·가을·겨울 / 봄에 피는 꽃		
활동 형태	이야기 나누기	대상/연령	만 3세
흥미 영역	언어영역		
목표	• 봄에 피는 꽃에 관심을 가진다. • 봄꽃에 대한 경험과 느낌을 말로 표현한다.		
누리과정 관련 요소	• 의사소통: 말하기 > 느낌, 생각, 경험 말하기 • 자연탐구: 과학적 탐구하기 > 생명체와 자연환경 알아보기		
창의성 · 인성 관련 요소	• 창의성: 인지적 요소 > 사고의 수렴 • 인성: 배려 > 친구에 대한 배려		
준비물 및 자료	봄꽃 그림자료(진달래, 개나리, 벚꽃, 목련, 민들레), 진달래 음식 그림자료(화전, 비빔밥, 음료) 		
활동 방법	〈도입〉 1. 우리나라의 사계절을 알고 자신의 경험을 이야기한다. • 우리나라에는 사계절이 있어요. 혹시 무슨 계절이 있을까요? • 어떤 계절이 좋은지, 왜 좋은지 한번 말해 볼까요? 2. 봄에 대한 계절을 알고 자신의 생각을 이야기한다. • '봄' 하면 무엇이 떠오르나요?		

활동 방법	⟨전개⟩ 3. 봄의 꽃에 대한 경험을 이야기한다. • 봄에는 어떠한 꽃을 볼 수 있을까요? 4. 봄꽃의 특징을 알고 봄에 피는 꽃을 안다. • 이 꽃을 본 적이 있나요? • 이 꽃의 모양은 어떤가요? • 꽃 색깔은 무엇일까요? • 진달래꽃으로 (그림자료를 보여 주며) 화전, 비빔밥, 음료 등을 만들어 먹을 수 있어요. (봄꽃 화보자료를 보며 봄꽃에 관련한 유아들의 경험을 나누며, 다양한 봄꽃을 탐색하고 특징을 알아본다.) ⟨마무리⟩ 5. 이야기 나누기를 통해 알게 된 점과 느낀 점을 말한다. • 가장 기억에 남는 봄꽃은 무엇인가요?
활동 시 유의점	• 바른 자세로 앉아 들으며 발표할 수 있도록 지도한다. • 유아들의 경험 및 생각을 자유롭게 이야기할 수 있도록 한다.
활동 평가	• 자신의 경험과 느낌, 생각을 잘 말할 수 있는가? • 봄의 꽃에 대해서 관심을 갖는가?
확장 활동	• [실외활동] 바깥으로 나가 봄의 꽃을 관찰한다. • [이야기 나누기, 과학영역] 많은 종류의 봄꽃에 대해 다양한 방법으로 찾아보고 발표한다.

2. 벌집을 찾아 주세요!

활동명	벌집을 찾아 주세요!	소요시간	30분
생활주제/주제	동식물과 자연 / 봄의 곤충		
활동 형태	동극	대상/연령	만 3세
흥미 영역	역할영역		
목표	• 동화를 바른 태도로 감상한다. • 동물과 곤충이 사는 곳을 알아본다. • 동화의 내용을 이해하고 직접 몸과 말로 표현할 수 있다.		
누리과정 관련 요소	• 의사소통: 동요, 동시, 동화 듣기 > 동요, 동시, 동화를 다양한 방법으로 듣고 즐기기 • 예술경험: 예술적 표현하기 > 극놀이로 표현하기		
창의성·인성 관련 요소	• 창의성: 인지적 요소 > 사고의 수렴 • 인성: 배려 > 친구에 대한 배려		
준비물 및 자료	<우리 집을 찾아 주세요> 그림동화자료, 등장인물 머리띠, 등장인물과 대사 융판 		
활동 방법	〈도입〉 1. 동화책에 대해 소개한다. • 동화 속에서는 어떤 내용들이 나올까요?		

활동 방법	〈전개〉 2. 〈우리 집을 찾아 주세요〉 그림동화자료를 들려준다. • (찍찍이 등장인물을 붙이며) 동화를 들어 볼까요? --- **〈우리 집을 찾아 주세요〉** 　어느 날 꿀벌이 길을 잃어서 헤매다가 길가에 보라색 꽃을 보고 "나는 길을 잃어서 집을 갈 수가 없어."라고 말했어요. 그러던 중 옆 풀숲에서 달팽이가 그 모습을 보곤 "나는 풀숲에 살고 있어. 여긴 벌집이 없어."라고 말했어요. 꿀벌은 다시 날아가 연못가에 도착했어요. 그러자 거기 있던 개구리가 "나는 연못에 살고 있어. 여긴 벌집이 없어."라고 말했어요. 꿀벌은 다시 날아가 큰 둥지를 보았어요. 그곳에선 알을 낳은 검은 새가 있었어요. 검은 새는 꿀벌에게 "나는 둥지에 살고 있어. 여긴 벌집이 없어."라고 말했어요. 마지막으로 꿀벌이 날아간 곳엔 소녀가 있었어요. 그 소녀는 꿀벌에게 "나는 집에 살고 있어. 여긴 벌집이 없어. 그런데 저 나무에 벌집이 있어."라고 말해 주었어요. 꿀벌은 매우 기뻐하며 "고마워. 이제 벌집으로 돌아갈 수 있겠다."라고 말하며 자신의 집으로 돌아갔습니다! --- 3. 동화를 들은 후 융판을 이용하여 대사 내용을 회상한다. • 이야기 속에서 누가 나왔을까요? • 꿀벌이 풀숲에서 만나는 친구가 누구였을까요? • 소녀가 꿀벌에게 무엇이라고 말해 주었을까요? 4. 동극을 하기 전 방법과 지켜야 할 규칙에 대해 이야기 나눈다. 5. 동극활동을 한다. • (교사는 유아의 표현을 돕기 위해서 몸짓 위주로 묘사하는 내레이션을 한다. 예: 달팽이가 느릿느릿 지나가고 있었어요.) 6. 역할을 바꾸어 다시 한 번 해 본다. 〈마무리〉 7. 활동을 평가한다. • 오늘 한 활동 중에 뭐가 가장 즐거웠어요? • 아쉬웠던 점은 있었나요?
활동 시 유의점	• 아직 글을 읽지 못하는 유아들의 발달특성에 따라 지문 위주의 동극이 아니라 몸짓 위주의 쉽고 짧은 대사로 된 동화를 선정하고, 어려워한다면 교사가 먼저 나서서 적극적으로 시범을 보여 준다.
활동 평가	• 등장인물들의 특징을 알고 적절하게 표현할 수 있는가? • 바른 태도로 동화를 감상하는가?
확장 활동	• [역할영역] 직접 가면을 만들어 다음 장면을 동극하기

3. 키 크는 그림책

활동명	키 크는 그림책	소요시간	15분
생활주제/주제	건강과 안전 / 건강하게 생활해요		
활동 형태	동화	대상/연령	만 3세
흥미 영역	언어영역		
목표	• 성장을 방해하는 습관들과 성장을 돕는 습관들에 대해 안다. • 편식하지 않고, 골고루 먹는 습관을 갖는다. • 규칙적인 생활로 건강하게 지낼 수 있다. • 바른 자세로 동화를 감상한다.		
누리과정 관련 요소	• 의사소통: 말하기 > 자신의 생각과 느낌 말하기 　　　　　　듣기 > 동요, 동시, 동화 듣고 이해하기 • 신체운동 · 건강: 건강하게 생활하기 > 건강한 일상생활 하기 • 사회관계: 나를 알고 존중하기 > 나를 알고 소중히 여기기		
창의성 · 인성 관련 요소	• 창의성: 인지적 요소 > 사고의 확장 • 인성: 배려 > 친구에 대한 배려		
준비물 및 자료	소리 나는 교구, 퀴즈 그림자료, 『키 크는 그림책』 동화, 건강맨 펠트 자료 		
활동 방법	〈도입〉 1. 손유희로 주의집중을 시킨다. 2. 동화를 듣기 전 지켜야 할 약속에 대해 이야기한다.		

<전개>

3. 동화책을 제시한다.

4. 동화를 들려준다.

활동 방법	

<키 크는 그림책>

– 지은이: 이현, 그림: 픽토스튜디오 –

키가 작은 주인공인 건이는 키가 작아서 고민이 많은 친구이다. 동생과 산책에 나가도 자꾸만 동생 보고 누나라고 부르고, 건이한테는 동생이냐고 물어본다. 유치원에서 재롱잔치가 열려도 다른 친구와 달리 난쟁이 역할만 맡는다. 친구들은 자꾸 꼬맹이라고 놀려서 속상해한다. 그런데 어느 날 건강맨이 나타난다. 거울 속에서 갑자기 나타난 건강맨은 건이가 가지고 있는 키가 크지 않는 습관들에 대해서 이야기해 준다. 키가 자라고 싶은 건이가 건강맨에게 어떻게 하면 키가 클 수 있냐고 질문하자 해답을 내려 준다.

5. 동화를 읽고 동화 내용에 대해 이야기 나눈다.
- 동화 속 건이는 재롱잔치에서 무슨 역할을 맡았을까요?
- 건강맨이 알려 준 키가 크는 방법에는 어떤 것들이 있었을까요?

<마무리>

6. 활동을 마무리하는 퀴즈를 내고, 다음 활동을 소개한다.
- (인스턴트 음식 사진과 채소 샐러드 사진 각 1장씩을 제시하며) 이 두 가지 중에 어떤 음식이 키가 쑥쑥 자라게 하는 걸까요?

활동 시 유의점	- 동화를 읽어 줄 때 유아가 동화에 집중할 수 있도록 등장인물들을 다양한 목소리로 구연한다. - 집중하지 못하는 유아들을 올바르게 앉을 수 있도록 지도한다. - 유아가 이해하기 힘든 단어를 유아의 눈높이에 맞추어 설명할 수 있도록 지도한다.
활동 평가	- 바른 자세로 동화를 듣고 있는가? - 동화의 내용을 이해하는가?
확장 활동	- [언어영역] 몸에 좋은 음식 & 좋지 않은 음식 이름 분류 교구놀이 - [음률영역] 성장에 대한 동요를 통해 새 노래 배우기

4. 딩동! 누구세요?

활동명	딩동! 누구세요?		소요시간	20분
생활주제/주제	나와 가족 / 소중한 가족			
활동 형태	동극		대상/연령	만 3세
흥미 영역	역할영역			
목표	• 동화를 듣고 동극활동으로 표현해 본다. • 동극을 통해 가족의 소중함을 안다.			
누리과정 관련 요소	• 의사소통: 말하기 > 낱말과 문장으로 말하기 　　　　　　　듣기 > 동요, 동시, 동화 듣고 이해하기 • 사회관계: 가족을 소중히 여기기 > 가족과 화목하게 지내기			
창의성·인성 관련 요소	• 창의성: 동기적 요소 > 호기심/흥미 • 인성: 인간관계 > 책임 > 자신의 역할에 책임 가지기			
준비물 및 자료	<딩동! 누구세요?> 낱장동화, 역할 목걸이, 융판 배경소품(지붕, 문, 초인종, 창문) 			
활동 방법	〈도입〉 1. 동극을 할 동화임을 소개하며 동화를 들려준다. 　〈딩동! 누구세요?〉 　　　　　　　　　　　　　　　　　　　　　　- 노인희 - 　어느 숲속 마을에 꿀꿀이 돼지와 가족들이 살고 있었어요. 　유치원(어린이집)을 마치고 집에 돌아왔지만, 아무도 꿀꿀이를 반겨 주지 않았어요. 　혼자 있게 된 꿀꿀이는 너무나 심심했어요. 　꿀꿀이: 다들 어디 간거지?			

활동 방법

> 혼자여서 너무나 신나긴 하지만…… 갑자기 심심해지는 걸?
>
> 그때였어요.
> 딩동딩동~~
>
> 아빠 돼지: 꿀꿀. 아빠 왔다. 집에 아무도 없니?
> 꿀꿀이: 아빠, 다녀오셨어요? 어디 갔다 오셨어요?
> 아빠 돼지: 우리 꿀꿀이와 가족을 위해 열심히 일하고 왔지. 꿀꿀이 혼자 있었니?
> 꿀꿀이: 늘 가족을 위해 열심히 일해 주시는 아빠가 계셨지.
>
> 딩동딩동~~
>
> 엄마 돼지: 꿀꿀. 엄마 왔다. 집에 아무도 없니?
> 꿀꿀이: 엄마, 다녀오셨어요? 어디 갔다 오셨어요?
> 엄마 돼지: 우리 꿀꿀이와 가족을 위해 집 주변을 청소하고 왔지. 꿀꿀이 혼자 있었니?
> 꿀꿀이: 늘 가족을 위해 열심히 집을 돌봐 주시는 엄마가 계셨지.
>
> 딩동딩동~~
>
> 할머니 돼지: 꿀꿀. 할머니 왔다. 집에 아무도 없니?
> 꿀꿀이: 할머니, 다녀오셨어요? 어디 갔다 오셨어요?
> 할머니 돼지: 우리 꿀꿀이와 가족을 위해 맛있는 저녁 해 주려고 장을 봐 왔지. 꿀꿀이 혼자 있었니?
> 꿀꿀이: 늘 가족을 위해 맛있는 음식을 해 주시는 할머니가 계셨지.
>
> 딩동딩동~~
>
> 막내 돼지: 꿀꿀. 막내 왔어요. 집에 아무도 없나요?
> 꿀꿀이: 막내야, 어디 갔다 왔어?
> 막내 돼지: 친구들과 놀다가 오빠 생각나서 함께 놀려구 집에 왔지. 집에 아무도 없어?
> 꿀꿀이: 늘 나와 함께 놀아 주는 귀여운 동생이 있었지!
>
> 꿀꿀이와 꿀꿀이 가족들은 행복하게 살았답니다.

2. 동화의 내용을 함께 회상해 본다.
- 이 동화에는 누가 나왔나요?
  (동화 페이지를 넘기면서 아이들이 표현할 대사를 회상을 통해 이야기 나눈다.)

〈전개〉
3. 동극을 준비한다.
- 돼지의 집은 어디쯤이면 좋을까요?
- 우리 친구들이 직접 지붕하고 초인종과 창문을 붙여 볼까요?

활동 방법	(역할 목걸이를 가리키며 등장인물 이름을 이야기한다.) (각자 역할을 정한다.) 4. 동극을 한다. • 역할을 맡은 친구들은 소품을 활용하여 맡은 역할에 참여하도록 한다. • 교사는 해설자 역할을 하며 동극이 원활히 진행되도록 돕는다. • 동극이 끝난 후 각자 맡은 역할을 이야기하며 자기소개를 하고 동극을 마친다. (꿀꿀이 돼지를 맡은 ○○○입니다.) 〈마무리〉 5. 오늘 활동에 대해 평가해 본다. • 동극을 하면서 어떤 기분이 들었어요? • 어떤 점이 아쉬웠어요? 6. 활동을 마무리한다.
활동 시 유의점	• 동화구연을 유아들이 흥미를 느낄 수 있도록 한다. • 융판을 관객이 볼 수 있도록 위치한다. • 유아들과 함께 등장인물들이 필요로 하는 소품과 집의 배경을 꾸민다. • 유아들이 쉽게 동극활동을 할 수 있도록 돕는다.
활동 평가	• 가족의 좋은 점을 생각해 볼 수 있었는가? • 동극에 즐겁게 참여할 수 있었는가?
확장 활동	• [역할영역] 동극자료를 배치해 주어 유아들이 자유롭게 활동할 수 있도록 한다.

읽기

1. 커다란 순무

활동명	커다란 순무	소요시간	10분
생활주제/주제	나와 가족 / 소중한 가족		
활동 형태	동화	대상/연령	만 3세
흥미 영역	언어영역		
목표	• 동화를 듣고 즐긴다. • 우리 가족 구성원에 대한 낱말을 연결 지을 수 있다.		
누리과정 관련 요소	• 의사소통: 듣기 > 낱말과 문장 듣고 이해하기 > 낱말과 발음에 관심을 가지고 듣기 　　　　　듣기 > 동요, 동시, 동화 듣고 이해하기 > 동요, 동시, 동화를 다양한 방 　　　　　법으로 듣고 즐기기		
창의성·인성 관련 요소	• 창의성: 동기적 요소 > 몰입 • 인성: 협력 > 긍정적인 상호의존성		
준비물 및 자료	<커다란 순무> 융판동화자료, 강아지 손인형, 바구니 		
활동 방법	〈전이활동〉 1. 손유희 '앵두나무'를 하며 주의를 집중시킨다. 〈도입〉 2. 강아지 손인형을 통해 호기심을 유발한다. • 친구들, 오늘은 우리 멋진 ○○반 친구들을 보러 멀리 동화책 나라에서 친구가 한 　명 찾아왔대요. 우리 친구들에게 하고 싶은 이야기가 있다는데, 우리 같이 친구를 　불러 볼까요?		

<전개>

3. <커다란 순무> 동화를 들려준다.

〈커다란 순무〉

러시아 민화 원작(교사가 직접 각색함)

어느 마을 작은 집에 할아버지랑 할머니랑 아빠랑 엄마랑 오빠인 하늘이, 여동생인 별이 그리고 강아지 바둑이가 사이좋게 살고 있었답니다. 어느 날 할아버지는 가족들에게 달콤하고 맛있는 순무를 먹이고 싶어서 순무 씨앗을 밭에 심었어요. "무럭무럭 자라서 맛있는 순무가 되어라." 할아버지는 정성껏 순무를 키웠어요. 마침내 순무는 무럭무럭 자라서 엄청 커다란 순무가 되었어요. "오오, 이렇게 커다란 순무는 처음 보는 걸?" 할아버지는 순무를 뽑기 위해 순무 줄기를 잡고 잡아당겼어요. "영차 영차" 하지만 순무는 꿈쩍도 하지 않았어요. 할아버지는 할머니를 불렀어요. "할멈. 이리 와서 순무 뽑는 것 좀 도와 줘요." "알겠어요. 영감 금방 갈게요." 할머니도 함께 "영차 영차" 여전히 순무는 땅속에 있었어요. 할머니는 아빠를 불렀어요. "아범아, 이리 와서 순무 뽑는 것 좀 도와주거라." "예, 그러지요." 아빠도 함께 "영차 영차" 그렇지만 순무는 땅속에서 꿈쩍도 하지 않았어요. 아빠는 엄마를 불렀어요. "여보, 이리 와서 우리 함께 순무를 뽑읍시다." "알겠어요. 함께 도울게요, 여보." 엄마도 함께 "영차 영차" 여전히 순무는 뽑히지 않았어요. 엄마는 오빠를 불렀어요. "하늘아, 이리 와서 순무를 뽑는 것을 도와주지 않겠니?" "네, 엄마. 알겠어요." 오빠도 함께 "영차 영차" 하지만 순무는 그대로였어요. 오빠는 여동생을 불렀어요. "별이야, 우리 같이 순무 뽑자." "좋아. 알겠어, 오빠." 여동생도 함께 "영차 영차" 여동생까지 같이 뽑는데도 순무는 꿈쩍도 하지 않았어요. 여동생은 강아지를 불렀어요. "바둑아, 너도 와서 같이 순무를 뽑자." "좋아요, 멍멍!" 강아지도 함께 "영차 영차" 아직도 순무는 뽑히지 않았어요. 가족 모두 마지막으로 힘을 다해 순무 줄기를 잡아당기기 시작했어요. "영차 영차." '쑤욱' 드디어 커다란 순무가 쑤욱 뽑혔어요. 모두가 힘을 합쳐 뽑은 순무. 오늘 저녁은 순무 스프랍니다. 할아버지도, 할머니도, 아빠도, 엄마도, 오빠도, 여동생도, 그리고 바둑이도 모두모두 맛있게 먹었답니다.

---

4. 동화책의 내용을 다시 회상한다.

<마무리>

5. 활동을 마무리하고 추후 활동을 소개한다.
- <커다란 순무>라는 동화책을 읽어 보았는데, 어땠나요?
- 어떤 점이 재미있었나요?

| 활동 시 유의점 | • 동화책을 읽기 전 바둑이가 부탁한 내용에 대해 상기시킨다. |

(왼쪽 여백: 활동 방법)

활동 평가	• 동화를 듣고 즐기는가? • 가족 구성원에 대한 낱말을 듣고 가족의 모습과 낱말을 연결 지을 수 있는가?
확장 활동	• [역할영역] 〈커다란 순무〉 동극하기 • [언어영역] 〈커다란 순무〉 미니 동화책 만들기

2. 모두 자기 자리가 있어요

활동명	모두 자기 자리가 있어요	소요시간	10~15분
생활주제/주제	유치원과 친구 / 함께 놀이하는 우리 반		
활동 형태	동시	대상/연령	만 3세
흥미 영역	언어영역		
목표	• 놀잇감을 제자리에 정리해야 함을 알고 실천한다. • 동시의 내용을 이해하고 감상한다.		
누리과정 관련 요소	• 의사소통: 듣기 > 동요, 동시, 동화 듣고 이해하기		
창의성 · 인성 관련 요소	• 창의성: 인지적 요소 > 사고의 확장 > 확산적 사고 • 인성: 질서 > 기초 질서		
준비물 및 자료	'색연필' 막대인형, <모두 자기 자리가 있어요> 동시판, '제자리 찾기 게임' 게임판 		
활동 방법	〈도입〉 1. <모두 제자리> 노래를 들으며 경험을 이야기 나눈다. • (<모두 제자리> 노래를 들려주고) 방금 들려준 노래를 언제 들어 보았나요? 2. '색연필' 막대인형으로 배울 동시에 대해 관심을 가진다. 〈전개〉 3. 동시를 감상한다.		

<모두 자기 자리가 있어요>

– 이효진 –

책은 책꽂이 자리로
색연필은 연필꽂이 속으로

블록은 블록의 자리로
인형은 인형의 집으로

모두 모두 제자리로 돌아갈 시간

정리 왕! 우리도 우리 자리로

활동 방법	• 어떤 느낌이 들었어요? • 놀잇감의 자리를 찾아 주지 않으면 어떻게 될까요? 4. 다양한 방법으로 동시를 낭송한다. 　교사와 유아가 나누어 동시를 낭송한다. 5. 동시의 내용을 이해하고 '제자리 찾기 게임' 활동을 해 본다. • 여기 붙여 놓은 놀잇감의 집을 찾아 주는 게임이에요. 놀잇감을 하나 가져가서 그 놀잇감의 집이라고 생각하는 곳의 투명한 이 주머니에 넣어 주는 거예요. <마무리> 6. 활동을 마치고 평가한다. • 재미있었던 것은 무엇인가요? • 아쉬운 점은 있었나요?
활동 시 유의점	• '제자리 찾기 게임'을 할 때 유아 한 명씩 게임을 진행하도록 한다.
활동 평가	• 동시를 듣고 이해하였는가? • 놀이 후에 정리해야 한다는 약속에 대해 이해하였는가?
확장 활동	• [이야기 나누기] 유치원의 각 놀이영역에서 지켜야 할 규칙에 대해 이야기 나누기

3. 씩씩하게 주사를 쿡!

활동명	씩씩하게 주사를 쿡!	소요시간	15분
생활주제/주제	우리 동네 / 우리 동네의 공공기관		
활동 형태	자유선택활동	대상연령	만 3세
흥미 영역	언어영역		
목표	• 우리 동네 병원의 종류에 대해서 알아본다. • 요술 상자를 통해 글자에 대해 관심을 갖는다.		
누리과정 관련 요소	• 의사소통: 읽기 > 읽기에 흥미 가지기 > 읽어 주는 글의 내용에 관심 가지기		
창의성·인성 관련 요소	• 창의성: 인지적 요소 > 사고의 확장 • 인성: 질서 > 기초 질서		
준비물 및 자료	<씩씩하게 주사를 쿡!> 융판동화자료, 요술상자, 요술카드 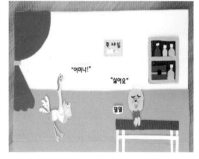 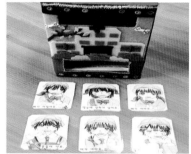		
활동 방법	〈도입〉 1. 손유희를 하여 주의를 집중시킨다. 2. 병원에 가 본 경험에 대해서 질문해 본다. • 혹시 몸이 아파서 병원에 가 본 적이 있나요? • 어디가 아팠었나요? 〈전개〉 3. 융판동화를 들려주기 전에 표지를 보여 주고, 무엇을 하고 있는 것 같아 보이는지 질문을 해 본다. (내용을 유추해 보게 한다.) • 표지 앞에 붙어 있는 동물 친구들은 무엇을 하고 있을까? 4. 동화의 제목과 지은이, 그림 그린 사람의 이름을 들려준다.		

5. 동화를 들려준다.

〈씩씩하게 주사를 쿡!〉

– 글: 나은희, 그림: 강경수 –

단이가 감기에 걸렸어요. 병원에 오니 아픈 친구들이 많네요.
"음, 목이 많이 부었군요. 주사 한 대 맞으면 좋아질 거예요."
사자는 용감하니까 씩씩하게 주사를 맞을 거예요. 앗, 이런!
"싫어요, 싫어. 용감해도 주사 맞는 건 무섭단 말이에요."
"음, 열이 높군요. 주사 한 대 맞으면 좋아질 거예요."
코끼리는 덩치가 크니까 씩씩하게 주사를 맞을 거예요. 앗, 이런!
"싫어요, 싫어. 덩치가 커도 주사 맞는 것 무섭단 말이에요."
"음, 코가 꽉 막혔군요. 주사 한 대 맞으면 좋아질 거예요."
악어는 힘이 세니까 씩씩하게 주사를 맞을 거예요. 앗, 이런!
"싫어요, 싫어. 힘이 세도 주사 맞는 건 무섭단 말이에요."
이제 단이 차례예요.
"기침도 심하고 콧물도 많구나. 주사 한 대 맞으면 좋아질 게다!"
단이는 용감하지도, 덩치가 크지도, 힘이 세지도 않아요.
단이는 주사를 잘 맞을 수 있을까요?
어머나, 세상에! 단이는 용감하지도, 덩치가 크지도, 힘이 세지도 않은데 주사
를 잘 맞아요.
"우리도 단이처럼 해 보자!" 동물 친구들도 엉덩이를 내밀어요.

활동 방법

6. 동화가 끝났음을 이야기해 준 후, 동화책 내용을 회상한다.
• 이야기 속 동물 친구들은 어디가 아파서 병원에 갔는지 혹시 기억나는 친구가 있을
까요?

7. 요술상자를 소개하며, 요술상자 앞에 붙어 있는 그림이 무엇인지 유추해 보도록
한다.
• 선생님이 준비한 요술상자를 통해서, 몸이 아픈 친구들을 병원에 데려가 볼까요?
• 이 요술상자 앞에 있는 그림은 뭐 같아요?

8. 요술카드를 소개한 뒤, 그림을 통해 이 친구가 어디가 아파 보이는지 유아에게 질
문한다.
• 이 친구는 어디가 아픈 것 같아 보여요?
(여섯 개의 카드 모두 아이들에게 하나씩 물어보고, 유아의 대답에 반응해 주기)

9. 활동 방법에 대해 유아와 함께 이야기해 보도록 한다.
• 그렇구나~! 그럼 이 여섯 장의 카드 중에서 누구를 먼저 병원에 데려가 볼까요?

활동 방법	10. 뒤집어져서 나온 카드의 글을 통해, 유아들이 어디가 아팠는지 혹은 그때 기분이 어땠는지 질문해 보도록 한다. • 이가 아플 때 기분이 어땠을까요? 〈마무리〉 11. 어려웠던 점이나 좋았던 점에 대해서 질문해 본다. • 어려웠던 점이나 좋았던 점이 있었나요? 12. 만들어진 교구들을 어느 영역에 놓을 것인지 유아들과 상의해 본다.
활동 시 유의점	• 뒤집어져서 나온 카드는 활동이 끝날 때까지 유아가 가지고 있도록 한다. • 만들어진 교구들을 어디 영역에 놓을 것인지 유아들과 충분히 상의해 본다. • 동화책과 관련하여 유아들의 경험을 유도할 수 있도록 개방적인 질문을 한다. • 유아의 생활과 밀접한 주제를 가지고 있는 동화를 준비한다. • 유아들이 감각적으로 탐색할 수 있는 교구들을 준비한다.
활동 평가	• 유아들이 바른 자세로 동화를 주의 깊게 들었는가? • 요술상자를 통해서 뒤집어진 요술카드의 글자에 관심을 가졌는가? • 동화책을 듣고, 병원에 갔던 자신의 경험과 연관시켜 잘 이야기했는가?
확장 활동	• [미술영역] 자신이 가 봤던 병원 그림이나, 병원에서 진료를 받고 있는 자신의 모습, 혹은 간호사와 의사선생님 그림을 그려 보기 • [이야기 나누기] 자신이 병원에 가 봤던 경험에 대해서 발표해 보기 • [역할영역] 동극 때 유아들끼리 의사 역할, 간호사 역할, 환자 역할로 나누어 병원 놀이를 해 보기

4. 동물에는 암수가 있어요

활동명	동물에는 암수가 있어요	소요시간	10~15분
생활주제/주제	동식물과 자연 / 동식물의 특징		
활동 형태	이야기 나누기	대상/연령	만 3세
흥미 영역	언어영역		
목표	• 동물에는 암수가 있음에 대해 알고 구분할 수 있다. • 자음과 모음의 글자구성에 관심을 갖는다.		
누리과정 관련 요소	• 의사소통: 쓰기 > 쓰기에 관심 가지기		
창의성 · 인성 관련 요소	• 창의성: 인지적 요소 > 사고의 확장 • 인성: 배려 > 동 · 식물에 대한 배려		
준비물 및 자료	암수 그림, 글자카드, 동물 그림 		
활동 방법	〈도입〉 1. 동물원 사진과 글자를 제시하며, 동물원 견학에 대해 이야기 나눈다. • 동물원에서 어떤 동물을 봤어요? • 가장 기억에 남는 동물이 있어요? • 동물 친구들이 어떤 소리를 냈는지 기억이 나요? 〈전개〉 2. 동물의 암수 사진을 제시하여 차이점을 찾는다. • (암/수 사자 사진 두 장을 제시하며) 동물의 이름을 알아볼까요? • 무엇이 다른지 찾아볼까요? 〈마무리〉 3. 오늘 한 '동물에는 암수가 있어요' 활동에 대해 이야기 나누며 마무리한다. • 동물에 대해서 좀 더 궁금한 점이 있나요?		

활동 시 유의점	• 암수가 비교되는 동물들을 찾아 이야기 나눈다.
활동 평가	• 암수가 구별 가능한 동물에 대해서 배운 것을 토대로 암수를 구분할 수 있는가? • 동물의 이름이 적힌 글자에 대해 관심을 가지는가?
확장 활동	• [미술영역] 암수 구별해서 동물 그림 그리기 • [미술영역] 재활용품을 이용해 동물 가족 만들기

쓰기

1. 내 이름 꾸미기

활동명	내 이름 꾸미기	소요시간	15분
생활주제/주제	나와 유치원 / 우리는 친구예요		
활동 형태	자유선택활동	대상/연령	만 3세
흥미 영역	미술영역		
목표	• 내 이름을 알고 읽어 본다. • 다양한 재료를 이용하여 내 이름을 꾸민다.		
누리과정 관련 요소	• 의사소통: 쓰기 > 쓰기에 관심 가지기 • 예술경험: 예술적 표현하기 > 미술활동으로 표현하기		
창의성 · 인성 관련 요소	• 창의: 동기적 요소 > 호기심, 흥미		
준비물 및 자료	내 이름 카드, 다양한 미술영역의 꾸미기 재료(스팽글, 자른 빨대, 뿅뿅이, 목공풀 등) 		
활동 방법	〈도입〉 1. 우리 반 이름 카드를 이용하여 유아의 이름을 불러 준다. • 이름 카드를 통해 출석노래를 부르면서 유아의 이름을 부른다. 〈전개〉 2. 활동 방법을 제시하며 이야기 나눈다. • (도화지에 유아의 이름이 출력된 종이를 제시하며) 미술영역에 있는 다양한 재료를 사용하여 꾸며 보도록 해요. 3. 이름 카드 도화지를 받아 언어영역에서 활동한다. 4. 다양한 재료를 이용하여 내 이름을 꾸며 본다.		

활동 방법	〈마무리〉 5. 활동을 마무리하고 평가한다. • 내가 꾸민 이름 카드를 소개하고 싶은 친구 있나요? 　(몇몇 유아의 작품을 소개한다.) • 활동하면서 어려운 점은 없었나요?
활동 시 유의점	• 다양한 재료를 도화지에 붙일 때 접착이 어려울 수 있으므로 교사가 적절하게 도움을 주도록 한다. • 내 이름을 구성하는 활동으로 글자에 관심을 가질 수 있는 상호작용을 나눈다.
활동 평가	• 내 이름을 알고 읽을 수 있는가? • 다양한 재료의 사용법을 알고 적절하게 사용하여 꾸밀 수 있는가?
확장 활동	• [언어영역] 친구 이름 꾸미기, 친구에게 꾸민 이름 선물하기

2. 여러 가지 색칠도구

활동명	여러 가지 색칠도구	소요시간	10분
생활주제/주제	생활도구 / 다양한 색칠도구		
활동 형태	이야기 나누기	대상/연령	만 3세
흥미 영역	언어영역		
목표	• 그림을 색칠할 때 필요한 도구에 대해 관심을 가진다. • 색칠도구를 사용하는 방법에 대해 안다. • 쓰기도구를 사용할 수 있다.		
누리과정 관련 요소	• 자연탐구: 과학적 탐구하기 > 간단한 도구와 기계 활용하기 • 의사소통: 쓰기 > 쓰기도구 사용하기		
창의성 · 인성 관련 요소	• 창의: 동기적 요소 > 호기심, 흥미 • 인성: 존중 > 자신과 전통 문화에 대한 존중		
준비물 및 자료	수수께끼 책, 색연필, 크레파스, 사인펜, 모래시계, 모양종이 		
활동 방법	〈도입〉 1. 미술영역에 어떤 색칠도구가 있는지 이야기 나눈다. • 교실에는 어떤 물건들이 있나요? • 미술영역에는 무엇이 있을까요? 2. 수수께끼를 하며 이야기 나눌 것에 대해 관심을 가진다. 〈전개〉 3. 활동에 대해 설명한다. • 크레파스와 색연필, 사인펜으로 색칠하면 어떤 느낌일 것 같아요? 4. 활동을 하기 전에 주의사항을 이야기한다.		

활동 방법	5. 직접 색칠도구를 사용하며 끼적여 보면서 크레파스, 색연필, 사인펜의 모양을 탐색하고 느낌에 대해 이야기 나눈다. • 이 종이는 어떤 모양일까요? • 크레파스로 칠할 때의 느낌이 어때요? 〈마무리〉 6. 활동 후 느낀 점에 대해 이야기 나눈다. • 크레파스, 색연필, 사인펜으로 모양 종이를 어떻게 꾸며 주었어요? 소개해 줄 친구 있나요? (2명 정도 앞에 나와서 소개할 수 있도록 한다.) • 색칠을 하거나 그림을 그리면서 재미있었던 점이 있었나요? • 그럼 힘들었던 점은 있었어요?
활동 시 유의점	• 생활도구에 대해 이야기 나눌 때 유아들의 경험에 기초하도록 한다.
활동 평가	• 우리 주변의 다양한 색칠도구에 관심을 가지는가? • 색칠도구의 질감에 대해 관심을 갖는가?
확장 활동	• [신체표현] 유아들이 색칠도구를 직접 신체로 표현해 보기

만**4**세

듣기,
말하기,
읽기,
쓰기 활동의 실제

듣기

1. 어떤 교통기관이 있을까요?

활동명	어떤 교통기관이 있을까요?	소요시간	20분
생활주제/주제	교통기관 / 다양한 교통기관		
활동 형태	동시	대상/연령	만 4세
흥미 영역	언어영역		
목표	• 동시를 듣고 다양한 교통기관에 관심을 가진다. • 자신의 생각을 그림으로 그릴 수 있다.		
누리과정 관련 요소	• 의사소통: 듣기 > 동요, 동시, 동화 듣고 이해하기 • 예술경험: 예술적 표현하기 > 미술 활동으로 표현하기		
창의성 · 인성 관련 요소	• 창의성: 인지적 요소 > 사고의 확장 > 상상력/시각화 능력		
준비물 및 자료	동시판, 그림카드, 글자카드, 사람 그림, 〈간다간다〉 노래 CD, CD플레이어, 빈 종이, 여러 가지 쓰기도구, 활동 방법판, 교통기관 그림카드 		
활동 방법	〈도입〉 1. 교통기관에 대한 경험을 회상한다. • 친구들은 놀러 갈 때 무엇을 타고 가 봤을까요? 〈전개〉 2. 동시의 내용과 관련된 짧은 이야기를 들려준다. • 동시 내용을 풀어서 그림카드를 이용하여 짧은 이야기를 들려준다. 3. 동시를 듣고 이야기 나눈다. • 동시판을 제시하고, 빈칸에 그림(낱말)카드를 붙여 가며 교사가 낭송한다.		

<타세요>

기차를 타세요 치익 치익 치익 떠납니다 칙칙폭폭
버스를 타세요 부릉 부릉 부릉 떠납니다 부르릉 부르릉
자전거를 타세요 찌릉 찌릉 찌릉 떠납니다 따르릉 따르릉

활동 방법	• 그런데 동시판에 빈칸이 있어요. 빈칸에 어떤 그림이 들어가면 좋을지 생각해 봅시다. • 빈칸에 알맞게 그림을 붙여 줄 친구 있나요? 　(유아 3명이 차례대로 나와서 동시판의 빈칸에 알맞은 그림카드를 붙인다.) • 유아들과 함께 동시를 읽는다. 〈마무리〉 4. 활동을 회상하고 평가한다. • 힘들거나 어려운 점은 없었나요?
활동 시 유의점	• 게임 활동을 할 때 유아들이 다투지 않도록 순서를 정해 준다.
활동 평가	• 여러 교통기관에 대하여 알 수 있었는가? • 게임을 통해 규칙과 순서를 바르게 이해하였는가?
확장 활동	• [언어영역] 동시에 나오는 교통기관 이외 다른 교통기관으로 교체하기 • [현장체험학습] 교통기관 박물관을 견학 다녀오기

2. 포포는 말썽꾸러기

활동명	포포는 말썽꾸러기	소요시간	10~15분
생활주제/주제	유치원과 친구 / 유치원에서 지켜야 할 약속		
활동 형태	동화	대상/연령	만 4세
흥미 영역	언어영역		
목표	• 동화의 내용을 듣고, 자신의 생각을 이야기한다. • 유치원에서 지켜야 할 약속들에 대해 관심을 가진다.		
누리과정 관련 요소	• 의사소통: 듣기 > 동화, 동시, 동요 듣기에 관심 가지기 • 읽기 > 읽기에 흥미 가지기		
창의성 · 인성 관련 요소	• 창의성: 인지적 요소 > 사고의 수렴 > 생각을 정리해 보기 　　　　　성향적 요소 > 개방성 > 약속에 대해 알아보기 • 인성: 질서 > 기초질서		
준비물 및 자료	<포포는 말썽꾸러기> 동화자료 		
활동 방법	〈도입〉 1. 유치원에서 지켜야 할 약속에 대해 이야기 나눈다. • 유치원에서 지켜야 할 약속에는 어떤 것들이 있을까요? 〈전개〉 2. 동화의 제목과 표지를 보고 내용을 예측해 본다. • (동화의 표지를 제시하며) 표지에서 어떤 그림들이 있을까요? • 제목과 표지를 보니 어떤 내용의 동화일 것 같나요? 3. 동화를 감상한다.		

활동 방법	**〈포포는 말썽꾸러기〉** 말썽꾸러기 포포가 유치원에서 친구들을 괴롭히고 너무 말썽꾸러기라 친구들이 같이 안 논다. 하지만 포포가 친구들에게 진심으로 사과하면서 다시 즐겁게 친구들과 논다. 4. 동화의 내용을 회상하며 이야기 나눈다. • 동화 속 주인공 친구의 이름은 무엇이었을까요? • 포포가 유치원에서 어떤 행동을 했는지 기억나나요? • 포포가 그런 행동을 했을 때 주위 친구들의 기분이 어땠을까요? 〈마무리〉 5. 활동을 마무리한다.
활동 시 유의점	• 활동을 하며 유아들이 바른 자세로 동화를 감상할 수 있도록 안내한다. • 함께 감상한 동화는 언어영역에 배치해 두어 활동이 끝난 후 유아들이 자유롭게 동화를 볼 수 있도록 제시한다.
활동 평가	• 유치원에서 지켜야 할 약속에 대해 관심을 갖는가? • 바른 자세로 동화를 감상하는가?
확장 활동	• [언어영역] 그림만 보고 스스로 동화 만들어 보기 • [역할영역] 동화 내용을 바탕으로 동극활동하기

3. 솔직하면 안 돼?

활동명	솔직하면 안 돼?	소요시간	30분
생활주제/주제	유치원과 친구 / 상황에 따라 바르게 말해요		
활동 형태	동화	대상/연령	만 4세
흥미 영역	언어영역		
목표	• 긍정적으로 말하는 법을 이해한다. • 자신의 마음을 상대에게 전달하는 방법을 안다.		
누리과정 관련 요소	• 의사소통: 듣기 > 동요, 동시, 동화 듣고 이해하기 　　　　　　 말하기 > 느낌, 생각, 경험 말하기		
창의성 · 인성 관련 요소	• 창의성: 성향적 요소 > 개방성 • 인성: 인간관계 덕목 > 정직 　　　　　 인간관계 덕목 > 배려		
준비물 및 자료	융판자료(아기곰, 할아버지곰, 기린, 사자, 하마, 사냥꾼), <참 좋은 말> 노래 CD, CD 플레이어 		
활동 방법	〈도입〉 1. <참 좋은 말> 노래를 함께 부르고, 이야기 나눈다. • 이 노래 들어 본 적 있나요? 〈참 좋은 말〉 　　　　　　　　　　　　　　　　　　　동요 사랑해요 이 한마디 참 좋은 말 우리 식구 자고 나면 주고받는 말		

사랑해요 이 한마디 참 좋은 말
엄마 아빠 일터 갈 때 주고받는 말
사랑해요 이 한마디 참 좋은 말
우리 식구 자고 나면 주고받는 말
사랑해요 이 한마디 참 좋은 말
엄마 아빠 일터 갈 때 주고받는 말
이 말이 좋아서 온종일 신이 나지요
이 말이 좋아서 온종일 일 맛 나지요
이 말이 좋아서 온종일 가슴이 콩닥콩닥 뛴대요.
사랑해요 이 한마디 참 좋은 말
나는 나는 이 한마디가 정말 좋아요
사랑 사랑해요

- 너희들이 생각하는 '참 좋은 말'은 무엇이라고 생각하나요?
- 우리가 들었을 때 기분이 좋은 말과 기분이 좋지 않은 말은 어떤 것들이 있을까요?

2. 동화의 제목을 들려주고, 내용을 추리해 본다.
- 동화책의 제목은 <솔직하면 안 돼?>예요. 책 제목을 들으니, 책 속에 어떤 이야기가 담겨 있을 것 같나요?

활동 방법

〈전개〉

3. 융판동화를 들려준다.

<솔직하면 안 돼?>

– 도나 W .언하트 글, 안드레아 카스텔라니 그림 –

주인공 아기곰 나나는 정직하게 살아야 한다는 신념으로 언제나 누구에게나 솔직하다. 그런데 주변 사람들은 나나의 지나친 솔직함 때문에 언짢아한다. 나나는 할아버지를 찾아가 고민을 털어놓는다. 나나는 할아버지에게서 정직하게 살자는 자신의 신념은 지키면서 다른 사람과의 관계도 잘 쌓는 방법을 배우게 된다.

4. 동화를 회상한다.
- 이 이야기 속에 누가 나왔는지 기억하나요?
- 처음에 아기곰 나나가 기린에게 뭐라고 했는지 기억하나요?
- 기린에게 "너 쓸데없이 목이 긴 것 같아."라고 했을 때 기린은 기분이 어땠을까요?

활동 방법	〈마무리〉 5. 고운 말을 쓰기로 한다. • 친구를 기분 좋게 하는 말은 어떤 것이 있을까요? • 다음 활동을 이야기하고 마무리한다.
활동 시 유의점	• 유아들이 바른 자세로 앉아 동화를 감상할 수 있게 한다. • 동화 내용이 어려울 수 있으므로 아이들이 쉽게 이해할 수 있는 용어를 선택한다. • 유아들이 동화에 대한 자신의 생각이나 느낌을 자신 있게 표현해 볼 수 있도록 격려한다. • 동화 내용이 길어 지루해할 수 있으므로 교사가 내용을 적절히 줄여서 읽어 주어도 좋다.
활동 평가	• 동화의 내용에 호기심을 갖고 바른 태도로 듣는가? • 동화의 내용을 이해하며 즐겨 듣는가?
확장 활동	• [언어영역] 언어영역에서 '친구에게 칭찬편지 쓰기' • [미술영역] '친구에게 좋은 기억' 그리기 • [역할영역] 유아들끼리 동극하기

4. 흙이 좋아요

활동명	흙이 좋아요	소요시간	15분
생활주제/주제	환경과 생활 / 흙과 우리 생활		
활동 형태	동시	대상/연령	만 4세
흥미 영역	언어영역		
목표	• 흙과 연관된 동시를 읽고 느낌과 생각을 이야기할 수 있다. • 우리 생활에서 흙의 중요성을 안다.		
누리과정 관련 요소	• 의사소통: 듣기 > 동요, 동시, 동화 듣고 이해하기 　　　　　　말하기 > 느낌, 생각, 경험 말하기 　　　　　　읽기 > 읽기에 흥미 가지기		
창의성 · 인성 관련 요소	• 창의성: 동기적 요소 > 호기심/흥미 • 인성: 배려 > 동식물에 대한 배려		
준비물 및 자료	<흙이 좋아요> 동시판, 궁금이 상자, 모래, 물티슈 		
활동 방법	〈도입〉 1. 동요 <바윗돌 깨뜨려>를 부르며 주의를 집중시킨다. 2. '궁금이 상자' 속에 있는 모래를 보지 않고 손으로만 만져 무엇인지 추측하고 말해 본다. • 이 안에 뭐가 들었는지 눈으로 보지 않고 어떻게 알 수 있을까요? 3. 상자 안을 확인하고 흙과 관련된 경험을 묻는다. • 흙을 본 적 있나요? 어디서 흙을 보았나요? • 흙으로 무엇을 했어요? • 흙을 이용해 놀이를 할 때 어떤 느낌이 들었어요?		

활동 방법	〈전개〉 4. 동시를 낭송하기 전 약속을 정하고, 교사가 낭송하는 〈흙이 좋아요〉 동시를 감상한다. ┌─────────────────────────────────────┐ **〈흙이 좋아요〉** – 박수경 – 나는 흙이 좋아요 우리에게 다양한 채소를 선물해 줘요 나는 흙이 좋아요 모래성도 쌓고 모래놀이를 할 수 있어요 나는 흙이 좋아요 흙 속에 사는 곤충 친구를 만나게 해 줘요 나는 흙이 좋아요 예쁜 꽃과 나무를 자라게 도와줘요 └─────────────────────────────────────┘ • 동시를 들어 보니 어때요? 동시에서 어떤 말이 기억에 남아요? 5. 교사와 유아들이 함께 낭송한다. 6. 유아들이 '나는 흙이 좋아요' 부분을 낭송하면 교사가 나머지 부분을 낭송한다. 7. 유아들에게 또 어떤 방법으로 시를 낭송하면 좋을지 묻는다. 8. 유아들이 동시를 낭송한다. 〈마무리〉 9. 활동을 평가한다. • 동시를 배워 보았는데 어땠어요? • 어떤 점이 재미있고 어떤 점이 힘들거나 어려웠나요? • 이 동시를 배우고 흙에게 어떤 마음이 들었어요? 10. 추후 활동을 소개한다.
활동 시 유의점	• 유아들의 흥미가 떨어지지 않게 유아들이 제시하는 방법을 적극 활용하여 낭송을 한다.
활동 평가	• 동시판이 유아 수준에 맞게 제작되었는가? • 흙에 관련된 경험의 발문이 적절하였는가?
확장 활동	• [언어영역] 흙이 고마운 이유 동시 재구성하기 • [이야기 나누기] 흙을 건강하게 만들어 주려면?

말하기

1. 우리 몸을 튼튼하게

활동명	우리 몸을 튼튼하게	소요시간	15~20분
생활주제/주제	건강과 안전 / 몸에 좋은 음식과 나쁜 음식		
활동 형태	이야기 나누기	대상/연령	만 4세
흥미 영역	언어영역		
목표	• 우리 몸에 좋은 음식을 낱말과 문장으로 말할 수 있다. • 편식하지 않는 습관을 가진다.		
누리과정 관련 요소	• 의사소통: 말하기 > 낱말과 문장으로 말하기 　　　　　말하기 > 다양한 낱말을 사용하여 말하기		
창의성 · 인성 관련 요소	• 창의성: 동기적 요소 > 호기심/흥미 • 인성: 협력 > 집단 협력		
준비물 및 자료	몸에 좋은 음식 그림카드, 몸에 좋은 음식과 나쁜 음식 분류 교구, 막대인형 		

활동 방법	〈도입〉 1. 자신이 좋아하고 싫어하는 음식에 대해 이야기 나눈다. • 오늘 아침에 무엇을 먹고 왔나요? • 오늘 먹은 음식이나 전에 먹어 봤던 음식들 중에 좋아하는 음식이 있나요? • 그러면 싫어하는 음식도 있나요? • 왜 그런 음식이 싫은가요? • 만약에 좋아하는 음식만 먹고 싫어하는 음식을 먹지 않으면 어떻게 될까요? 〈전개〉 2. 몸에 좋은 음식과 나쁜 음식을 분류한다. • 어떤 음식을 먹으면 몸이 튼튼해지고 어떤 음식을 먹으면 몸이 안 좋아지는지 구별해 볼까요? • 왜 이런 음식들이 몸에 좋은 음식이라고 생각했나요? • 왜 이런 음식들이 몸에 나쁘다고 생각했어요? 〈마무리〉 3. 활동을 평가한다. • (막대인형을 들며) 그러면 우리가 몸이 튼튼해지기 위해서는 어떤 식습관을 가져야 할까요? • 먹기 싫은 음식을 어떻게 하면 맛있게 잘 먹을 수 있을까요?
활동 시 유의점	• 게임을 할 때 다른 유아들이 정답을 말하지 않도록 주의한다. • 분류하기 활동을 할 때 유아들이 질서를 잘 지키도록 한다.
활동 평가	• 몸에 좋은 음식과 몸에 해로운 음식을 구분할 수 있는가? • 편식을 하지 않고 골고루 먹을 수 있는가?
확장 활동	• [요리활동] 몸에 좋은 음식으로 볶음밥 만들기

2. 충치 괴물들의 파티

활동명	충치 괴물들의 파티	소요시간	25분
생활주제/주제	건강과 안전 / 깨끗한 나와 환경		
활동 형태	동극	대상/연령	만 4세
흥미 영역	역할영역		
목표	• 동화를 듣고 동극으로 표현해 본다. • 이를 닦는 습관을 기른다.		
누리과정 관련 요소	• 의사소통: 말하기 > 상황에 맞게 바른 태도로 말하기 　　　　　　　듣기 > 동요, 동시, 동화 듣고 이해하기 • 예술경험: 예술적 표현하기 > 통합적으로 표현하기		
창의성 · 인성 관련 요소	• 창의성: 인지적 요소 > 사고의 확장 　　　　　동기적 요소 > 호기심, 흥미 • 인성: 협력 > 긍정적인 상호의존성 　　　　협력 > 집단협력		
준비물 및 자료	『충치 괴물들의 파티』동화자료, 역할 머리띠, 주사기, 초콜릿, 콜라 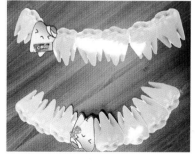		

활동 방법

〈도입〉

1. 『충치 괴물들의 파티』 동화를 들려준다.

> ### 〈충치 괴물들의 파티〉
>
> – 닥터 라이코 글, 에브 타를레 그림 –
>
> 달콤한 음식을 좋아하는 아기곰 루카가 충치가 생겨 치과에 갔어요. 치과의사 선생님은 루카의 입 안에서 충치 괴물들이 파티를 열고 있다고 말해 줍니다. 그리고 충치 괴물들과 충치 괴물 왕까지 모조리 쫓아내 줍니다. 선생님이 이를 치료하는 동안 루카는 아팠지만 꾹 참습니다. 그리고 다시는 충치 괴물들이 오지 못하도록 달콤한 음식은 조금만 먹고, 반드시 양치질을 한답니다. 재미있는 이야기를 통해 충치 치료에 대한 두려움을 없애 주고, 올바른 이 닦기 습관을 길러 주는 그림책입니다.

2. 동화 내용을 회상한다.

〈전개〉

3. 동극을 하기 전에 규칙을 정한다.

4. 동극 역할을 정한다.
- 다양한 방법으로 유아와 배역을 정한다.

5. 소품 및 무대 장소를 정한다.

6. 동극 활동을 한다.

> 루카는 룰루랄라 노래를 부르며 등장합니다.
> 루카는 달콤한 초콜릿을 먹고, 시원한 콜라도 마시네요.
> 루카는 맛있는 것을 먹고 기분이 좋아서 엉덩이 춤을 추네요.
> 그런데 갑자기 이가 아팠어요.
>
> 충치들이 룰루랄라 노래를 부르며 등장합니다.
> ○○충치는 초콜릿이 낀 이를 콕콕 찔렀어요.
> □□충치는 사탕이 낀 이를 간지럽히네요.
> 배가 부른 충치들은 누워서 잠이 들어요.
>
> 이때 라이코 선생님이 주사기로 충치들을 물리쳐 내요.
> 충치들은 도망갔어요. 그런데 충치왕은 이 뒤에 숨어 있었어요.

활동 방법	살아남은 충치왕은 춤을 췄어요. 라이코 선생님은 더 강력한 충치치료기로 충치왕을 물리쳤어요. 충치왕은 저 멀리 사라졌지요. 루카는 이제 이가 아프지 않았어요. 루카는 기뻐서 팔짝팔짝 뛰었지요. 루카는 선생님께 이제는 음식을 먹은 뒤 양치를 꼭 하겠다고 새끼손가락 걸고 약속했어요. 그리고 라이코 선생님은 루카를 꼬옥 안아 주었지요. 〈마무리〉 7. 동극을 평가하고 마무리한다. • 동극을 하면서 즐거웠던 것은 무엇이었나요? • 속상하거나 어려웠던 점은 무엇이었나요?
활동 시 유의점	• 동극 소품을 가지고 장난치지 않도록 유의한다.
활동 평가	• 이를 닦는 습관의 중요성에 대해 인지하였는가? • 동극에 즐겁게 참여하였는가?
확장 활동	• [역할영역] 유아들끼리 소품을 가지고 자유롭게 놀이하기 • [음률영역] 충치에 관한 동요를 듣기

3. 여름 음식의 왕을 찾아라

활동명	여름 음식의 왕을 찾아라	소요시간	15분
생활주제/주제	봄 · 여름 · 가을 · 겨울 / 여름철 음식		
활동 형태	동극	대상/연령	만 4세
흥미 영역	언어영역		
목표	• 여름철 음식에 관한 글자를 읽어 보며 읽기에 흥미를 가진다. • 친구들 앞에서 큰 소리로 이야기할 수 있다.		
누리과정 관련 요소	• 의사소통: 말하기 > 다양한 낱말을 사용하며 말하기 • 예술경험: 예술적 표현하기 > 극놀이로 표현하기		
창의성 · 인성 관련 요소	• 창의성: 동기적 요소 > 호기심, 흥미 • 인성: 배려 > 친구에 대한 배려		
준비물 및 자료	여름 음식 그림카드, 낱말카드, 〈여름 음식의 왕을 찾아라〉 동화책 		
활동 방법	〈도입〉 1. 여름철 음식에 관해 이야기 나눈다. • 여름에 먹는 음식에는 어떤 것이 있을까요? 2. 동화 〈여름 음식의 왕을 찾아라〉를 들려준다. <div style="border:1px dashed">〈여름 음식의 왕을 찾아라〉 – 정미현 – 햇볕이 뜨겁게 내려쬐는 여름날이에요. (맴맴맴매매) 매미 소리도 들리고요. (휘~잉~~) 돌아가는 선풍기 소리도 들리네요.</div>		

활동 방법

(웅성웅성) 어? 이건 무슨 소리일까요?
아! 수현이네 식당에서 여름 음식들이 이야기하는 소리예요.
'여름 음식의 왕'을 뽑기 위해 서로 자신을 뽐내고 있네요.

냉면: 여름 음식의 왕은 나! 냉면이지. 더운 여름에 시원하고 맛있는 냉면이 최고지!
화채: 여름 음식의 왕은 나! 수박화채지. 제철과일 수박으로 만든 시원한 수박화채가 최고지!
삼계탕: 여름 음식의 왕은 나! 삼계탕이지. 더운 날씨로 몸이 지쳤을 때 힘을 나게 하는 삼계탕이 최고지!
추어탕: 여름 음식의 왕은 나! 추어탕이지. 지친 몸을 튼튼하게 하고 맛도 좋은 추어탕이 최고지!

여름 음식들은 서로 자신이 여름 음식의 왕이라고 이야기하느라 바빴어요.
이때 수현이와 엄마가 주방으로 들어왔어요.

엄마: 수현아, 여름 음식 만들어 볼 준비되었니?
수현: 네. 그런데 엄마 여름 음식의 왕은 어떤 음식이에요?
엄마: 모든 음식이 여름의 왕이지.

그래요. 엄마의 말씀처럼 모든 음식이 여름 음식의 왕이었어요.
냉면, 수박화채처럼 찬 음식은 우리 몸을 시원하게 해 주고, 삼계탕, 추어탕 같이 따뜻한 음식은 더운 날씨에 지친 몸을 튼튼하게 하고 힘을 나게 해 주죠.
모든 음식은 여름에 너무나 고마운 음식이었답니다.

3. 동화 내용을 회상하며 이야기 나눈다.
• 동화에 누가 나왔는지 생각나나요?
• 이 중 어떤 음식이 여름의 왕이라고 생각했을까요?
• 왜 그렇게 생각했을까요?

〈전개〉
4. 동극 활동을 소개하며 배역을 정한다.
• 역할을 정해야 하는데 어떤 방법으로 정하는 것이 좋을까요?

5. 필요한 약속을 정한다.
• 동극을 시작하기 전에 동극을 즐겁게 하기 위해서는 어떤 약속이 필요할까요?

6. 동극을 한다.

활동 방법	〈마무리〉 7. 〈여름 음식의 왕을 찾아라〉 동극 활동을 평가한다. • 이야기를 듣고 동극으로 표현해 보니 어떤 느낌이 들었나요? • 오늘 동극에서 가장 재미있었던 부분은 어디였나요? • 동극 활동을 하고 난 후 아쉬웠던 점은 어떤 부분이었나요? 8. 추후 활동을 제시한다.
활동 시 유의점	• 서로 먼저 말하겠다고 싸우지 않고 순서대로 말할 수 있도록 돕는다.
활동 평가	• 역할을 구분할 수 있는 소품이 준비되었는가? • 사전에 여름철 음식에 대해 충분한 이야기를 나누었는가?
확장 활동	• [역할영역] 음식 모형으로 역할놀이하기 • [언어영역] 여름 음식카드와 단어카드를 연결하여 단어 익히기

4. 지켜야 할 인사예절이 있어요

활동명	지켜야 할 인사예절이 있어요	소요시간	20분
생활주제/주제	나와 가족 / 소중한 가족		
활동 형태	이야기 나누기	대상/연령	만 4세
흥미 영역	언어영역		
목표	• 상황에 따른 인사말을 알고 연결 지을 수 있다. • 가족에 대한 소중한 마음을 지닌다.		
누리과정 관련 요소	• 의사소통: 말하기 > 상황에 맞게 바른 태도로 말하기		
창의성 · 인성 관련 요소	• 인성: 효 > 부모, 조부모, 지역사회 어른에 대한 효 • 창의성: 인지적 요소 > 사고의 확장		
준비물 및 자료	인사예절 상황 그림카드(부모님께서 주무실 때, 부모님께서 아침에 일어나셨을 때, 식사를 할 때, 식사를 마친 후, 등·하원할 때), 상황에 따른 인사말 글자 카드(안녕히 주무세요, 안녕히 주무셨습니까?, 잘 먹겠습니다, 잘 먹었습니다, 다녀오겠습니다, 다녀왔습니다)      		

준비물 및 자료	 
활동 방법	〈도입〉 1. 인사노래를 통해 주의를 집중시킨다. 2. 활동할 내용을 이야기한다. • 유치원에 오면 선생님께 어떻게 인사를 할까요? • 집에서는 유치원에 올 때 어떻게 인사하고 왔을까요? 〈전개〉 3. 가족 간 지켜야 할 인사예절에는 무엇이 있는지 생각한다. 4. 가족 간의 나눌 수 있는 인사예절 상황 그림카드를 보며 지켜야 할 인사예절에 대해 이야기를 나눈다. • (그림카드를 보여 주며) 이것은 무엇을 하고 있는 그림 같아요? • 이럴 땐 어른들께 어떤 인사말을 해야 할까요? • 친구들과 하는 인사말과 어른들께 하는 인사말은 어떻게 다른가요? 5. 유아가 인사말 글자카드와 맞는 상황 그림카드를 찾아 연결시킨다. • 활동판에서 인사말 글자카드와 맞는 그림카드를 찾아 붙여 보아요. 〈마무리〉 6. 활동을 회상하며 평가한다. • 오늘 알게 된 인사말은 어떤 것이 있나요? • 오늘 집에 돌아가서는 부모님께 어떤 인사를 해야 할까요?
활동 시 유의점	• 상황에 적절한 인사예절에 대해 충분히 이야기를 나눈다. • 상황 그림에 대해 교사가 정확하게 설명한 후, 그 상황에 맞는 인사예절에 대해 이야기 나눈다.
활동 평가	• 상황에 맞는 인사말을 할 수 있는가? • 가족 간에 지켜야 할 인사예절에 대해 아는가?
확장 활동	• [언어영역] 가족이 할 수 있는 인사말을 찾아 동시로 표현하기 • [언어영역] 내가 지킬 수 있는 예절약속을 작성해 인성나무 만들기

읽기

1. 꼭꼭 숨은 글자를 찾아보아요!

활동명	꼭꼭 숨은 글자를 찾아보아요!	소요시간	15분
생활주제 / 주제	봄 · 여름 · 가을 · 겨울 / 사계절이 있어요		
활동 형태	자유선택활동	대상/연령	만 4세
흥미 영역	언어영역		
목표	• 글의 관계를 알고 글자에 관심을 갖는다.		
누리과정 관련 요소	• 의사소통: 읽기 > 읽기에 흥미 가지기 　　　　　　듣기 > 낱말과 문장 듣고 이해하기 　　　　　　말하기 > 상황에 맞게 바른 태도로 말하기		
창의성 · 인성 관련 요소	• 창의성: 인지적 요소 > 사고의 확장 • 인성: 배려 > 친구에 대한 배려		
준비물 및 자료	숨바꼭질판, 사과 돋보기판, 그림카드 		
활동 방법	〈도입〉 1. 교구를 소개하고, 간단하게 그림카드의 이름과 숨바꼭질판을 탐색해 본다. • (숨바꼭질판을 보여 주며) 꼭꼭 숨어라 머리카락 보일라~ 선생님이 오늘 봄, 여름, 가을, 겨울 숨바꼭질판을 가져왔는데 이 숨바꼭질판을 가지고 무엇을 해 볼 수 있을까요? • 꼭꼭 숨어 버린 계절 글자들을 어떻게 찾을 수 있을까?		

활동 방법	〈전개〉 2. 활동 규칙을 정한다. • 친구들이 놀이하기 전에 지켜야 할 규칙들이 있을까요? • 글자를 찾는 것이 조금 어려운 친구들은 숨바꼭질판을 잘 살펴보세요. 3. 빨간 사과 돋보기판으로 숨바꼭질판에서 두 글자로 된 계절 글자를 찾아본다. • (그림카드의 그림만 보여 주며) 먼저 봄의 그림카드를 볼까요? 이게 무엇을 나타내는 그림일까요? 이 그림이 무엇 같아요? 4. 초록 사과 돋보기판으로 숨바꼭질판에서 세 글자로 된 계절 글자를 찾아본다. • (그림카드의 그림만 보여 주며) 이 그림은 무엇인 것 같아요? • 어떤 글자를 찾아볼까요? • 이 꽃의 이름은 무엇일까요? 〈마무리〉 5. 활동 후, 찾아낸 친숙한 글자들과 비슷한 글자들에 대해 이야기 나눈다. • 그림카드에 있는 글자들 말고 다른 글자들을 발견한 것이 있나요?
활동 시 유의점	• 차례대로 순서를 지켜 한 명씩 해 볼 수 있도록 기회를 제공한다. • 언어영역에 교구를 두어 자유롭게 활동할 수 있도록 한다. • 연령이 어린 유아들은 2개의 단어 그리고 3개의 단어순으로 활동하지만 연령이 높아지면 섞어서 활동하고 더 높은 유아는 한 글자씩 찾아서 붙여 보는 활동으로 난이도를 조절한다.
활동 평가	• 봄, 여름, 가을, 겨울 계절에 관심을 가지고 참여하는가? • 그림카드를 보고 나타내는 바가 무엇인지 생각하고 낱말 판에서 찾아볼 수 있는가?
확장 활동	• [언어영역] 봄, 여름, 가을, 겨울 계절에 대한 짧은 동시 짓기 • [미술영역] 봄, 여름, 가을, 겨울 계절에 대한 상상을 해 보며 그리기

2. 기차여행

활동명	기차여행	소요시간	10~15분
생활주제/주제	교통기관 / 다양한 교통기관		
활동 형태	동화	대상/연령	만 4세
흥미 영역	언어영역		
목표	• 단어카드 놀이를 통해 자음과 모음이 있는 것을 안다. • 책을 보며 친숙한 글자에 관심을 가진다.		
누리과정 관련 요소	• 의사소통: 읽기 > 읽기에 흥미 가지기, 책 읽기에 관심 가지기 듣기 > 동요, 동시, 동화 듣고 이해하기 말하기 > 느낌, 생각, 경험 말하기		
창의성 · 인성 관련 요소	• 창의성: 인지적 요소 > 문제해결 • 인성: 협력 > 개인적 책임감(내 역할 인식하기, 역할 완수하기, 책임감 갖기)		
준비물 및 자료	『기차 ㄱㄴㄷ』 동화책, 융판, 단어카드(OHP필름, 마스킹테이프, 색지, 가위, 풀, 벨크로) 		
활동 방법	〈도입〉 1. 동화책으로 관심을 집중한다. 〈전개〉 2. 동화책을 읽어 준다.		

『기차 ㄱㄴㄷ』

– 박은영 –

요약: 이 책은 어린이들이 생활 속에서 자주 접하고 좋아하는 물건들에 관한 재미있는 이야기와 환상적인 그림을 통해 어린이들이 즐겁고 자연스럽게 한글 자음을 익힐 수 있도록 유도한다. 어른의 시각이 아닌 어린이의 시각으로 사물을 대하여 그에 대한 어린이의 솔직한 느낌과 생각이 그대로 드러나 있다.

활동 방법	• 기차에 기역, 나무에 니은…… (책에서 자음을 한 번 더 강조한다.) 3. 책에 대해 회상한다. • 기차가 무얼 보면서 지나갔었나요? 4. 일상생활 경험을 회상한다. • 기차를 타 본 적이 있는 사람 있어요? • 기차를 타고 가면서 생각나는 것이 있었나요? 5. 단어카드 놀이를 한다. • (융판을 꺼내며) 단어카드를 가져왔는데, 어떻게 하면 좋을까요? • 맞는 것끼리 어떻게 맞출 수 있을까요? (유아가 나와서 맞춘다.) 〈마무리〉 6. 활동을 마친 후 평가한다. • 단어카드를 맞추는 데 어려운 점이 있었나요? • 단어게임을 하기 위한 다른 방법에는 무엇이 있을까요?
활동 시 유의점	• 단어를 맞추며 즐길 수 있도록 격려한다. • 그림에만 초점이 맞춰지지 않게 주의한다.
활동 평가	• 활동을 마친 후 느낌에 대해서 이야기를 나누었는가? • 활동을 통해 목표가 이루어졌는가?
확장 활동	• [미술활동] 기차와 관련된 경험을 그림으로 그리기 • [미술영역] 기차 외에 교통수단 전시하기 • [신체활동] 기차놀이 하기

3. 우리 동네의 기관

활동명	우리 동네의 기관	소요시간	15분
생활주제/주제	우리 동네 / 우리 동네 공공기관		
활동 형태	이야기 나누기	대상/연령	만 4세
흥미 영역	언어영역		
목표	• 우리 동네 여러 기관에 대해 알아본다. • 기관의 이름을 정확하게 발음해 본다. • 글자에 관심을 가진다.		
누리과정 관련 요소	• 사회관계: 사회에 관심 갖기 > 지역사회에 관심 갖고 이해하기 • 의사소통: 읽기 > 읽기에 흥미 가지기 　　　　　　말하기 > 낱말과 문장으로 말하기 　　　　　　쓰기 > 쓰기에 관심 가지기		
창의성 · 인성 관련 요소	• 창의성: 동기적 요소 > 호기심과 흥미 　　　　　인지적 요소 > 사고의 수렴 • 인성: 질서 > 기초질서		
준비물 및 자료	공공기관 그림자료, 글자카드 		
활동 방법	〈도입〉 1. 우리 동네에 여러 기관의 경험을 물어본다. • 우리 동네에 우리를 도와주는 곳이 어떤 것들이 있을까요? 〈전개〉 2. 우리 동네 여러 기관에 대해 이야기 나눈다. • (사진을 보여 주며) 이곳의 이름은 무엇일까요? • 무슨 일을 하는 곳일까요?		

활동 방법	3. 그림카드에 쓰여 있는 기관 이름을 보고 글자를 찾아본다. • 카드 밑에 있는 글자를 보고 공공기관의 이름을 찾아볼 거예요. 누가 해 볼까요? (교사가 제시한 공공기관 그림 및 단어 카드를 보고, 낱글자카드를 붙여 단어를 구성한다.) • 생각했던 글자가 나왔나요? 〈마무리〉 4. 활동하고 난 후, 느낀 점을 이야기 나눈다. • 오늘 활동을 하면서 어떤 점이 재밌었어요? • 어려웠던 것 있었나요?
활동 시 유의점	• 기관의 하는 일이 다양하므로 유아의 생활 경험에 기초하여 이야기를 나눈다. • 글자에 관심을 가질 수 있도록 한다. • 기관의 그림카드에 쓰여 있는 이름을 보고 글자를 대응시켜 찾아보도록 한다.
활동 평가	• 그림카드 밑에 공공기관의 이름글자를 보고 글자를 찾을 수 있는가?
확장 활동	• [이야기 나누기] 공공기관에서 일하는 사람에 대해 알아보기 • [현장체험학습] 우리 동네 기관에 방문하기

4. 세계의 전통의상 옷 입히기

활동명	세계의 전통의상 옷 입히기	소요시간	15분
생활주제/주제	세계 여러 나라 / 세계의 전통의상		
활동 형태	자유선택활동	대상/연령	만 4세
흥미 영역	언어영역		
목표	• 읽기에 관심을 갖는다. • 세계 여러 나라의 전통의상을 구분할 수 있다.		
누리과정 관련 요소	• 사회관계: 사회에 관심 갖기 > 세계와 여러 문화에 관심 가지기 • 의사소통: 읽기 > 읽기에 흥미 가지기 　　　　　　듣기 > 낱말과 문장 듣고 이해하기		
창의성·인성 관련 요소	• 창의성: 동기적 요소 > 몰입 • 인성: 존중 > 다른 사람들과 다른 문화에 대한 존중		
준비물 및 자료	세계 여러 나라 국기, 주사위, 전통의상·글자·옷입히기 교구판, 전통의상 사진, 국가이름·전통의상 글자카드   		

활동 방법	〈도입〉 1. 시각자료(국기, 전통의상)를 통해 지난 시간 활동을 회상한다. 〈전개〉 2. 교구를 보여 주며 사용법을 소개한다. • (옷과 글자가 있는 교구판을 제시하며) 이것은 무엇일까요? 3. 규칙을 소개한다. • 어떤 규칙을 지켜야 할까요? 4. 유아가 교구 사용의 시범을 보인다. 〈마무리〉 5. 활동에 대한 이야기를 나눈다. • 어느 영역에 두면 좋을까요?
활동 시 유의점	• 주사위를 안전하게 사용하도록 한다. • 게임의 규칙을 잘 숙지하도록 교사가 먼저 시범을 보여야 한다.
활동 평가	• 교사의 이야기를 주의 깊게 듣는가? • 배운 국가 이름과 전통의상이 쓰인 글자를 보고 읽을 수 있는가?
확장 활동	• [이야기 나누기] 다양한 나라의 전통의상에 대해 이야기 나누기 • [이야기 나누기] 다양한 나라의 문화와 언어에 대해 이야기 나누기 • [미술영역] 세계 여러 나라 전통의상 그림자료 색칠하기

쓰기

1. 글자를 만들어요

활동명	글자를 만들어요	소요시간	15분
생활주제/주제	봄 · 여름 · 가을 · 겨울 / 여름을 시원하게 보내는 방법		
활동 형태	이야기 나누기	대상/연령	만 4세
흥미 영역	언어영역		
목표	• 동화를 듣고 여름을 시원하게 보내기 위한 물건과 음식을 안다. • 도장을 찍어 보며 글자에 관심을 가진다.		
누리과정 관련 요소	• 의사소통: 쓰기 > 쓰기에 관심 가지기 　　　　　듣기 > 동요, 동시, 동화 듣고 이해하기 　　　　　말하기 > 생각, 느낌, 경험 말하기		
창의성 · 인성 관련 요소	• 창의성: 동기적 요소 > 몰입 • 인성: 존중 > 다른 사람들과 다른 문화에 대한 존중		
준비물 및 자료	요구르트병, 마스킹테이프, 우드락, 도장 보관 용기, 스탬프 패드, 가위, 글루건, 여름 관련 그림카드, <더워요 더워!> 동화융판자료, 벨크로(찍찍이), 여름 나기 활동지, 자석, EVA폼 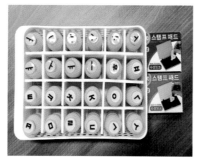  		

〈도입〉

1. 날씨와 주위 환경에 대해 이야기를 나눈다.

• 주말에 날씨가 어땠나요?

2. 여름과 관련된 〈더워요 더워!〉 융판동화를 들려준다.

활동 방법

<더워요 더워!>

– 이화정 –

햇빛이 쨍쨍 예담이에게 반갑다고 인사하네요
머리 위가 지글지글 앗 뜨거워
예담이에게 무엇이 필요할까요?
머리를 시원하게 해 주고
햇빛도 가려 주는
멋진 모자
강아지와 뛰어놀다 들어와요
예담이 이마에 땀이 송글송글
두리번 두리번
시원한 바람이 어디 없을까?
버튼만 꾸욱 누르면
시원한 바람이 솔솔
빙글빙글 선풍기
더워요 더워
목이 마른 예담이가 냉장고 문을 열어요
시원하고 차가운 음식은 어디 있나요?
동그랗고 속이 빨간
아삭아삭 사각사각
맛있는 수박
하루 종일 신나게 놀고 이제 잘 시간
온몸이 끈적끈적 땀이 났나 봐요
예담이를 기분 좋게 재워 줄 좋은 방법 있나요?
뽀드득 뽀드득
엄마와 함께 시원한 목욕
뽀송뽀송 보들보들
이제는 덥지 않아요
예담이가 기분 좋게 잠이 들었네요. 잘 자 예담아

활동 방법	〈전개〉 3. 여름에 먹었던 음식과 필요한 물건을 사용했던 경험을 떠올려 본다. • 동화에 나온 음식 외에 여름에 어떤 음식을 먹었나요? • 동화에 나온 물건 외에 여름에 어떤 물건을 사용했나요? 4. 여름 그림카드를 보여 주며 글자도장 찍는 방법을 설명한다. <글자도장 제작 방법> 1. 요구르트병에 마스킹테이프를 감는다. 2. EVA폼을 요구르트 아랫면 크기로 자른 후 EVA폼으로 글자를 만든다. 3. 2번을 만들어 요구르트 아랫면에 글루건으로 붙이고, 자음과 모음이 코팅된 종이를 오려 요구르트 입구에 붙인다. 4. 도장을 보관할 통의 크기에 맞춰 우드락으로 틀을 만든다. 5. 도장이 잘 만들어졌는지 찍어 본다. 〈마무리〉 5. 도장을 찍어 여름에 관한 낱말을 만들어 본 것에 대하여 회상한다. • 여름과 관련된 글자를 직접 도장을 찍어서 만들어 보니까 어땠어요?
활동 시 유의점	• 자음, 모음을 잘 구분해서 찍을 수 있도록 지도한다. • 여름 나기 활동지를 많이 만들어 놓는다. • 사용하고 난 도장은 원래 자리에 정리한다.
활동 평가	• 도입자료가 적절하였는가? • 자음, 모음 수수께끼 문제가 수준에 적합하였는가? • 판으로 사용된 EVA폼이 충분히 활용되었는가? • 유아들이 사용하기에 편리한 교구였는가?
확장 활동	• [언어영역] 여름에 볼 수 있는 꽃 카드를 만들어 꽃 이름 찍어 보기

2. '나비 작은 책' 만들기

활동명	'나비 작은 책' 만들기	소요시간	15분
생활주제/주제	동식물과 자연 / 나비		
활동 형태	자유선택활동	대상/연령	만 4세
흥미 영역	언어영역		
목표	• 다양한 나비의 종류에 관심을 갖는다. • 나비의 생김새와 특징을 글과 그림으로 표현한다.		
누리과정 관련 요소	• 의사소통: 쓰기 > 쓰기에 관심 가지기 • 자연탐구: 탐구하는 태도 기르기 > 호기심을 유지하고 확장하기		
창의성·인성 관련 요소	• 창의성: 동기적 요소 > 몰입		
준비물 및 자료	다양한 나비 종류 화보, 나비 관련 도서, 도화지, 필기도구(색연필, 사인펜, 연필 등), 가위, 풀 등 		
활동 방법	〈도입〉 1. 나비의 종류에 대해 회상하며 이야기 나눈다. • 지난 시간 여러 가지 나비에 대해 알아보았는데 어떤 나비들이 있었는지 생각나나요? 〈전개〉 2. '나만의 나비 책'이라는 제목으로 작은 책을 만들어 다양한 나비의 종류 및 특징을 글이나 그림으로 표현한다. • 어떤 나비가 가장 마음에 드나요? • 내가 표현하고 싶은 나비를 (나비 팝업북 제시하며) 선생님이 준비해 온 '나비 작은 책'에 담아 보려고 해요. 3. 나비 팝업북에 작은 책을 구성한다.		

활동 방법	• 언어영역에서 나만의 나비 책을 만들어 보도록 해요.
	  (바구니에 팝업북을 담아서 언어영역에 제시한다.)
	• 언어영역에 친구들이 사용할 수 있는 다양한 쓰기도구(사인펜, 색연필, 연필 등)를
	  준비했으니, 표현하고 싶은 도구를 선택하여 사용해 보도록 해요.
	
	〈마무리〉
	4. 유아가 만든 '나비 작은 책'을 소개하며 평가한다.
	• 내가 만든 '나비 작은 책'을 소개하고 싶은 친구 있나요?
	• 우리가 만든 '나비 작은 책'은 어떻게 사용할까요?

활동 시 유의점	• 나비에 대해 다양한 표현을 할 수 있도록 격려한다.
	• 나비 화보 및 나비와 관련한 도서를 충분히 비치하여, 탐구하며 표현할 수 있도록
	  한다.
	• 표현을 어려워하는 친구들을 위해 나비 사진 및 글자 자료를 오려 붙일 수 있는 자
	  료도 준비하여 도움을 주도록 한다.

활동 평가	• 나비의 다양한 종류에 대해 이야기하는가? • 나비의 생김새에 대한 특징을 알고 있는가? • 작은 책 만들기에 관심을 갖고 참여하는가?
확장 활동	• [언어영역] 완성된 작은 책을 엮어 '우리 반의 나비백과'로 구성하여 언어영역에 비 치한다.

3. 색을 찾아 줘요

활동명	색을 찾아 줘요	소요시간	15분
생활주제/주제	생활도구 / 다양한 생활도구가 있어요		
활동 형태	이야기 나누기	대상/연령	만 4세
흥미 영역	언어영역		
목표	• 다양한 쓰기도구의 이름을 알아본다. • 쓰기도구 활용을 통해 봄꽃의 색깔을 안다. • 도구의 사용법과 약속을 알고 지킨다.		
누리과정 관련 요소	• 의사소통: 쓰기 > 쓰기에 관심 가지기 • 예술경험: 아름다움 찾아보기 > 미술적 요소 탐색하기		
창의성 · 인성 관련 요소	• 창의성: 동기적 요소 > 흥미/호기심 • 인성: 인간관계 덕목 > 약속		
준비물 및 자료	꽃 인형, 교구판, 궁금이 상자, 다양한 쓰기도구, 편지, 활동지, 고양이 낚싯대 		

	〈도입〉
	1. 봄꽃 인형을 이용하여 주의집중을 시킨다.

> • 얘들아 안녕~ 나는 개나리꽃이야. 그런데 나는 색을 잃어버렸어.
> • 안녕~ 얘들아, 나는 튤립 꽃이야. 나도 색을 잃어버렸어.
> • 우리는 봄에 피는 꽃들인데, 우리가 색을 잃어버려서 너무 슬퍼.
> • 너희가 우리 색을 찾아 줄 수 있을까?

〈전개〉

2. 유아와 상자의 이름을 정하고 무엇이 들어 있는지 이야기를 나눈다.
• 상자 안에는 뭐가 있을 것 같아요?

3. 상자 안에 있는 쓰기도구를 꺼낼 때 지킬 약속을 정한다.
• 이 상자 안에 무엇이 들어 있는지 누가 꺼내 볼까요?
• 꺼내 보기 위해서는 이 고양이 낚싯대를 어떻게 사용하면 좋을까요?

4. 꺼낸 쓰기도구에 대해 이야기해 본 후, 다양한 쓰기도구의 이름을 소개하고 교구판
에 붙여 본다. (아이들이 꺼낸 쓰기도구는 아이들이 붙이고, 꺼내지 않은 교구가 있
다면 교사가 꺼내서 붙인다.)

활동 방법

• 친구들이 뽑은 물건을 소개해 줄까요?
• 마지막 물음표 집은 누가 사는지 볼까요?
• 볼펜 써 본 적 있나요?

5. 도구 사용법에 대해 설명한다.
• 쓰기도구의 이름을 다 알아보았으니 이제 봄꽃의 색을 찾아 줄까요?
• 봄꽃 친구들한테 편지가 왔대요. 선생님이 읽어 볼게요.

> 얘들아, 우리 색을 찾아 주기로 했다며? 정말 고마워. 그런데 우리에게 색을
> 찾아 줄 때 다섯(유아의 수에 따라 변동) 가지 쓰기도구를 사용해서 색을 칠해
> 주면 좋겠어. 다음에 또 보자~

• 봄꽃 친구들이 뭐라고 했는지 기억나나요?
• 칠하고 싶은 곳에 원하는 도구로 칠해 볼까요?

6. 교구 사용을 위한 약속과 인원에 대해 정하고 어떤 영역에 둘지 정한다.
• 이 교구를 사용하기 위해서는 어떤 약속을 정할 수 있을까요?
• 이 교구는 몇 명이 할 수 있을까요?
• 이 교구를 어떤 영역에 놓으면 좋을까요?

활동 방법	〈마무리〉 7. 활동에 대해 이야기 나누며 마무리한다. • 오늘 수업하면서 혹시 가장 기억에 남는 활동이나 힘들었던 점 있어요?
활동 시 유의점	• 다양한 쓰기도구의 이름을 알아보는 활동이 '봄꽃'에 치우치지 않도록 한다.
활동 평가	• 아이들과 직접 활동을 해 보니 '봄꽃'을 이용한 활동이어서 계절감과 맞았는가?
확장 활동	• [언어영역] 봄꽃 이름 알아보기

만 5세

듣기,
말하기,
읽기,
쓰기 활동의 실제

듣기

1. 무얼 먹고 사니?

활동명	무얼 먹고 사니?	소요시간	15분
생활주제/주제	동식물과 자연 / 궁금한 동식물		
활동 형태	동시	대상/연령	만 5세
흥미 영역	언어영역		
목표	• 낱말과 문장 듣고 이해한다. • 동식물들의 먹이에 대해 알 수 있다.		
누리과정 관련 요소	• 의사소통: 듣기 > 동요, 동시, 동화 듣고 이해하기 　　　　　 말하기 > 느낌, 생각, 경험 말하기		
창의성 · 인성 관련 요소	• 창의성: 동기적 요소 > 호기심/흥미 • 인성: 존중 > 생명과 환경에 대한 존중		
준비물 및 자료	동시판, 동시판 그림카드(민들레, 단비, 토끼, 알밤, 매미, 이슬, 참새, 곡식, 아기, 엄마), 동식물 그림카드(민들레, 토끼, 매미, 참새, 아기), 먹이 카드(단비, 알밤, 이슬, 곡식, 엄마 젖), 동식물 인형(민들레, 토끼, 매미, 참새, 아기), 먹이 인형(단비, 알밤, 이슬, 곡식, 엄마 젖), 장갑, 바구니, 보자기   		

활동 방법	〈도입〉 1. 동물원에서 볼 수 있는 동물들의 사진을 살펴본다. • (사진을 제시하며) 이 동물을 본 적이 있나요? 어디서 볼 수 있을까요? 동물의 이름은 무엇일까요? 2. 동식물 그림카드를 보며 동물들의 먹이에 대해 이야기 나눈다. • 무엇을 먹고 살까요? • 먹이를 짝지어 볼까요? 〈전개〉 3. 동식물 인형과 먹이 인형을 활용하여 〈무얼 먹고 사니〉 동시를 들려준다. 〈무얼 먹고 사니〉 – 고영임 – 들에 핀 민들레야!　　　　　　지붕위에 참새야! 무얼 먹고 사니?　　　　　　　무얼 먹고 사니? 보슬보슬 맛있는 단비 먹고 살지.　싸락싸락 맛있는 곡식 먹고 살지. 산속에 토끼야!　　　　　　　엄마 품의 아가야! 무얼 먹고 사니?　　　　　　　무얼 먹고 사니? 토실토실 맛있는 알밤 먹고 살지.　꿀꺽꿀꺽 맛있는 엄마 젖 먹고 살지. 숲속의 매미야! 무얼 먹고 사니? 방울방울 맛있는 이슬 먹고 살지. 4. 동시의 감상과 낭송을 반복한다. • 동시 속에서 민들레는 무엇을 먹고 살까요? 　나누어 읽기 등의 방법으로 다양하게 읊어 본다. 〈마무리〉 5. 활동을 평가해 본다. • 오늘 동시를 함께 읽어 보았는데 어땠나요? • 동시를 감상하며 어떤 것을 느꼈나요? • 어떤 점이 기억에 남나요?
활동 시 유의점	• 유아의 대답을 존중한다. • 동시판의 글씨는 알아보기 쉬운 서체와 크기로 한다. • 동시를 읽을 때 어느 부분을 읽는지 짚으며 읽어 준다.

활동 평가	• 동시의 반복되는 시구에 흥미를 갖는가? • 즐거운 마음으로 동시를 감상하는가? • 다양한 동식물 및 사람이 무엇을 먹는지 아는가?
확장 활동	• 다음 동시 수업에 동식물과 먹이를 바꾸어 창작활동을 한다. • 미술영역과 연계하여 동식물이 먹이를 먹는 모습을 표현해 본다. • 과학영역과 연계하여 동식물을 기르며 관찰한다. • 수목원이나 동물원에 현장학습을 간다.

2. 우리는 가족이 있어요

활동명	우리는 가족이 있어요	소요시간	15분
생활주제/주제	나와 가족 / 사랑하는 우리 가족		
활동 형태	동화	대상/연령	만 5세
흥미 영역	언어영역		
목표	• 동화를 끝까지 주의 깊게 듣는다. • 가족의 의미와 소중함을 안다. • 가족은 서로 도우며 살아야 하는 것을 알고 실천한다.		
누리과정 관련 요소	• 의사소통: 듣기 > 동요 · 동시 · 동화 듣고 이해하기, 바른 태도로 듣기 • 사회관계: 가족을 소중히 여기기 > 가족과 화목하게 지내기		
창의성 · 인성 관련 요소	• 인성: 배려 > 가족에 대한 배려		
준비물 및 자료	'난쟁이 가족' 손유희 자료, <가족은 꼬옥 안아 주는 거야> 동화 교구 		
활동 방법	〈도입〉 1. '난쟁이 가족' 손유희로 주의집중시킨다.		

2. 가족에 대해 이야기 나눈다.
• 우리 친구들의 가족은 몇 명이 있어요?

3. 동화를 듣기 전에 함께 약속을 한다.
• 그럼 책 표지를 보니까 이 책의 가족은 몇 명일 것 같아요?
• 동화를 들을 때 우리 친구들이 지켜 줘야 할 약속이 무엇이 있을까요?

〈전개〉
4. 〈가족은 꼬옥 안아 주는 거야〉 동화를 들려준다.

활동 방법

---

① 안녕. 나는 연준이에요. 햇살이 반짝이는 겨울날, 엄마랑 아빠는 결혼을 했어요. 내가 태어났을 때 내 눈은 별처럼 초롱초롱 빛났대요. 엄마, 아빠는 가슴이 콩콩콩 뛰면서 막 떨렸대요. 세상에서 가장 소중한 선물을 받았다고 생각했대요.

② 가족은요, 사랑으로 보살펴 주는 거예요. 무엇을 하든 사랑스럽게 바라보고 하나하나 챙겨 주어요. 가족은요, 보기만 해도 웃음이 나는 거예요. 작은 일에도 함께 기뻐하고 응원해 주어요.

③ 가족은요, 함께 하는 게 많은 거예요. 그래서 나눌 수 있는 추억도 많아요. 가족은요, 하는 일을 서로 도와주어요. 혼자 하면 힘들지만 함께 하면 기분 좋은 놀이가 돼요.

④ 가족은요, 더 커질 수도 있어요. 새로운 가족이 생기면 기쁨도 그만큼 더 커지지요. 어느 날, 우리 집에 여자아이가 왔어요. 엄마, 아빠가 낳은 건 아니지만 이제부터 내 동생이래요. 우리 가족은 이제 넷이 되었어요.

⑤ 가족은요, 나눠 갖기도 하는 거예요. 가족은요, 때때로 다투고 서로 미워질 수도 있어요. 가족은요, 내가 알아야 할 소중한 것을 가르쳐 주어요. 엄마는 나를 달래며 찬찬히 일러 줘요. 가족끼리 서로 아껴 줘야 한다고요.

⑥ 가족은요, 때로는 떨어져 지내기도 해요. 동생이 아파서 나는 외할머니댁에 왔어요. 가족은요, 멀리 떨어져 지내면 금세 보고 싶어지는 거예요.

⑦ 엄마, 아빠가 나를 데리러 왔어요. 동생도 같이 왔어요. 가족은요, 언제나 꼭 안아 주고 싶은 거예요. 가족은 함께 있으면 마음이 흐뭇하고 행복해지는 거예요.

---

5. 동화를 듣고 나서 이야기를 나눈다.
• 동화에 나온 가족은 몇 명이었나요?
• 친구들은 가족들을 도와본 적이 있나요?
• 동생과 싸워 본 적이 있나요?
• 동생과 싸우지 않으려면 어떻게 하면 좋을까요?

활동 방법	〈마무리〉 6. 동화에 대한 느낌과 평가를 한다. • 오늘 동화 들으니까 어땠나요? 7. 추후 활동에 대해 이야기한다.
활동 시 유의점	• 동화를 들을 때 아이들이 잘 집중할 수 있도록 한다.
활동 평가	• 활동을 마친 후 느낌에 대하여 이야기를 나누었는가? • 활동을 통해 목표가 이루어졌는가?
확장 활동	• 미술영역에서 우리 가족의 얼굴을 그려 본다.

3. 아껴 쓰고 다시 써요

활동명	아껴 쓰고 다시 써요	소요시간	15분
생활주제/주제	환경과 생활 / 아껴서 사용해요.		
활동 형태	동화	대상/연령	만 5세
흥미 영역	언어영역		
목표	• 말과 글의 관계를 안다. • 아껴 쓰고 다시 쓰는 방법에 관심을 가진다. • 아껴 쓰고 다시 쓰는 방법을 실천한다.		
누리과정 관련 요소	• 의사소통: 듣기 > 낱말과 문장 듣고 이해하기 • 사회관계: 다른 사람과 더불어 생활하기 > 사회적 가치를 알고 지키기		
창의성 · 인성 관련 요소	• 창의성: 성향적 요소 > 개방성 　　　　　인지적 요소 > 사고의 확장 • 인성: 배려 > 동식물에 대한 배려 　　　　존중 > 생명과 환경에 대한 존중		
준비물 및 자료	그림자료 		

활동 방법	〈도입〉 1. 책 표지를 보며 내용을 짐작해 본다. • 책 제목을 들어 보니까 어떤 내용일 것 같아요? • 동화를 듣기 전에 우리 친구들이 지켜 주어야 할 약속이 무엇이 있을까요? 〈전개〉 2. 동화를 들려준다. --- **〈아껴 쓰고 다시 써요〉** - 김미숙 글, 최지경 그림 - 요약: 스케치북의 앞면만 쓰고, 부러진 크레파스를 쓰지 않고 버리는 멍멍이에게 스케치북의 뒷면도 쓸 수 있고, 부러진 크레파스는 종이로 말아 풀로 붙여서 쓸 수 있다고 야옹이가 알려 주어 멍멍이가 앞으로는 물건을 아껴 쓰고 다시 쓰기로 한다. --- 3. 동화의 장면에서 재미있는 부분이나 특이한 부분을 찾아본다. • 친구들 기억에 남는 게 있나요? 4. 아껴 쓰고 다시 쓰는 방법에 대해 이야기를 나눈다. • 동화에 나온 야옹이랑 멍멍이 친구는 어떤 행동을 했나요? • 야옹이처럼 아껴 쓰고 다시 쓴 적은 있나요? 5. 아껴 쓰고 다시 쓰기 위해 한 행동에 대해 이야기를 나눈다. • 물건을 마구 버리고 아끼지 않으면 어떻게 될까요? • 우리 친구들 중에서 '나는 이렇게 물건을 아껴 쓰고 다시 썼어요.' 하는 친구가 있을까요? 〈마무리〉 6. 동화에 대한 느낌과 평가를 한다. • 오늘 동화는 어땠나요? • 동화 속에 나오는 친구 중에서 혹시 닮고 싶은 친구가 있나요? • 왜 닮고 싶다는 생각을 했을까요? 7. 추후 활동에 대해 이야기한다.
활동 시 유의점	• 유아들이 동화책의 표현에 집중하도록 한다. • 아껴 쓰고 다시 쓰는 방법에 대해 생각하도록 한다.

활동 평가	• 동화를 들으며 유아들이 즐거움을 느꼈는가? • 자원을 아끼는 방법을 알게 되었는가?
확장 활동	• 동화 내용대로 일상생활에서 실천해 본다. • 재활용품을 이용한 만들기를 해 본다.

4. 척척! 분리수거를 해요

활동명	척척! 분리수거를 해요	소요시간	15분
생활주제/주제	환경과 생활 / 분리수거와 재활용		
활동 형태	동화	대상/연령	만 5세
흥미 영역	언어영역		
목표	• 이야기를 듣고, 환경을 오염시키는 쓰레기의 심각성에 대해 말할 수 있다. • 직접 분리수거하는 방법을 탐색해 본다. • 환경을 보호할 수 있는 다양한 방법에 관심을 갖는다.		
누리과정 관련 요소	• 의사소통: 듣기 > 동요, 동시, 동화 듣고 이해하기 말하기 > 상황에 맞게 바른 태도로 말하기		
창의성 · 인성 관련 요소	• 창의성: 인지적 요소 > 사고의 확장 • 인성: 존중 > 생명과 환경에 대한 존중		
준비물 및 자료	<쓰레기 대장 더그> 동화(낱장 그림 동화), 분리수거 낚시 활동 교구 		

활동 방법

〈도입〉

1. 쓰레기가 많이 버려져 있는 것을 본 경험이 있는지 이야기 나눈다.
• 쓰레기가 많이 버려져 있는 모습을 본 적이 있는 친구 있어요?
• 쓰레기가 많이 버려져 있는 모습을 보니까 어땠어요?

2. 〈쓰레기 대장 더그〉에 대해 소개한다.
• 쓰레기를 마구마구 버리고 쌓아 두는 사람이 있었대요.
• (그림동화책을 보여 주며) 쓰레기 대장 더그였어요. 더그가 말썽을 피운다는데, 우리 한 번 이야기를 함께 들어 볼까요?

〈전개〉

3. 제목을 듣고 내용을 추측해 본다.
• (책 표지를 보여 주며) 이 책 제목이 뭐라고 쓰여 있을까요?
• 이 책에서는 어떤 이야기가 나올 것 같아요?

4. 이야기를 듣기 전 준비 태도에 대해 이야기한다.
• 동화를 들으려면 어떤 태도가 필요할까요?

5. 〈쓰레기 대장 더그〉 이야기를 듣는다.

〈쓰레기 대장 더그〉

– 엘리 베델 글, 알렉산드라 콜롬보 그림 –

〈줄거리〉
깨끗한 마을에 큰 골칫거리가 있었어요. 그건 바로, 마을 옆에 있는 쓰레기 산이었지요. 쓰레기 산에는 쓰레기 대장 더그가 살고 있었어요. 어느 날, 더그의 심술궂은 행동 때문에 쓰레기 산이 와르르 무너졌어요. 이 쓰레기 더미로 더러워지려고 할 때, 재활용 대장 클린이 나타났어요. 더그는 내심 진정한 친구를 만들고 싶어 했어요. 클린과 마을 사람들의 도움으로 쓰레기 산을 치우고, 깨끗한 더그로 거듭났답니다.

---

6. 동화의 내용을 회상하며 이야기 나눈다.
• 더그의 이야기를 들어 보니 어땠어요?
• 클린은 어떤 친구였을까요?

7. 동화책의 그림만 보며 줄거리를 회상한다.
• 이번에는 그림만 다시 보여 줄게요. 어떤 내용인지 다시 한 번 생각하면서 보도록 해요.

활동 방법	8. 쓰레기를 쓰레기통에 버리는 것과 재활용의 필요성에 대해 이야기 나눈다. • 쓰레기를 왜 쓰레기통에 버려야 한다고 생각해요? • 쓰레기를 버리지 않는 것 말고도 환경오염을 줄일 수 있는 방법이 있을까요? 〈마무리〉 9. 〈쓰레기 대장 더그〉 동화 듣기 활동에 대해 평가하고 분리수거 활동을 한다. • 오늘 더그의 이야기를 들어 보았는데, 재밌었던 점이나 기억에 남는 것이 있나요? • 분리수거 낚시 활동에 대해 설명한다.
활동 시 유의점	• 바르게 앉아 들도록 한다. • 게임을 할 때 순서를 잘 지키도록 한다.
활동 평가	• 이야기를 듣고, 환경을 오염시키는 쓰레기의 심각성에 대해 말할 수 있는가? • 직접 분리수거하는 방법을 탐색할 수 있었는가? • 환경을 보호할 수 있는 다양한 방법에 관심을 가지게 되었는가?
확장 활동	분리수거 낚시 게임   

말하기

1. 감기벌레는 집 짓기를 좋아해

활동명	감기벌레는 집 짓기를 좋아해	소요시간	20분
생활주제/주제	건강과 안전 / 깨끗한 나		
활동 형태	동극	대상/연령	만 5세
흥미 영역	역할영역		
목표	• 동화를 듣고 동극으로 표현한다. • 감기를 예방하는 방법을 안다.		
누리과정 관련 요소	• 의사소통: 듣기 > 동요, 동시, 동화 듣고 이해하기 • 예술경험: 예술적 표현하기 > 극놀이로 표현하기		
창의성 · 인성 관련 요소	• 창의성: 인지적 요소 > 사고의 확장 성향적 요소 > 독립성 • 인성: 협력 > 긍정적인 상호의존성		
준비물 및 자료	『감기벌레는 집 짓기를 좋아해』 동화책, 역할 헤어밴드, 정리용 상자, 색깔 스티커 		

〈도입〉

1. 동화에 대한 기대감을 갖도록 한다.
• 제목을 들으니 어떤 내용인 것 같은가요?

2. 동화를 들려준다.

활동 방법

감기벌레는 집 짓기를 아주아주 좋아해요.
파란색 감기벌레: 히히히! 난 집 짓기가 좋아! 오늘은 누구에게 집을 지어 볼까?
그때였어요. 민호가 집으로 돌아왔어요.
민호: 엄마~ 다녀왔습니다.
파란색 감기벌레: 히히히! 민호의 손에 집을 지어야지! (스티커)
그런데 민호가 손을 씻지 뭐예요.
파란색 감기벌레: 안 돼~ 두고 보자!

이번엔 보라색 감기벌레가 나타났어요.
보라색 감기벌레: 히히히! 난 집 짓기가 좋아! 오늘은 누구에게 집을 지어 볼까?
그때였어요. 민호가 밥 먹을 준비를 하고 있어요.
민호: 엄마~ 잘 먹겠습니다.
보라색 감기벌레: 히히히! 민호의 입에 집을 지어야지! (스티커)
그런데 밥을 다 먹은 민호가 치카치카 양치질을 하지 뭐예요.
보라색 감기벌레: 안 돼~ 두고 보자!

그러던 어느 날 파란색, 보라색 감기벌레는 다시 민호의 콧속에 집을 지었어요.
파란색, 보라색 감기벌레: 하하하 우리가 돌아왔다! (스티커)
그러자 민호는 아프기 시작했어요.
민호: 콜록콜록 홀쩍홀쩍 지끈지끈
엄마: 민호야. 힘을 내려면 밥 잘 먹고, 약도 씩씩하게 먹고 일찍 자야 한단다.
민호: 네, 엄마~

잠든 민호의 몸에서 하얀 벌레가 등장했어요.
하얀 벌레: 감기벌레들을 물리치자! 모두 꼼짝 마!
파란색, 보라색 감기벌레: 모두 도망가! 감기벌레 살려~
T: 민호의 몸속에서 쫓겨난 뒤부터 감기벌레들에게는 집 지을 때 꼭 지켜야 할 규칙이 생겼어요. 그것은 바로 손 잘 씻고, 양치질 잘하고, 밥 잘 먹고, 약 잘 먹고, 잠도 잘 자는 어린이에게는 절대로 절대로 집을 짓지 말라는 것이었대요. 끝~

활동 방법	3. 동화에 대해 이야기 나눈다. • 역할 및 내용을 회상한다. 4. 배역을 정하고 동극무대를 준비한다. • 동극에 나오는 배역은 어떻게 정하면 좋을까요? • 감기벌레를 맡은 친구들에게는 선생님이 색깔 스티커를 준비했어요. 어떨 때 쓰면 좋을 것 같니? • 무대는 어디로 하면 좋을까요? • 다음을 기다리거나 끝났을 때 어디서 기다릴까요? 〈전개〉 5. 동극을 시작한다. 〈마무리〉 6. 동극활동에 대해 평가 후 마무리한다. • 동극을 해 보니 어땠나요? • 동극을 하고 아쉽거나 속상한 점은 없었나요?
활동 시 유의점	• 동극활동 시에 유아가 직접 무대와 대기 장소를 정하도록 한다. • 교사는 동화의 내용을 암기해야 한다. • 동극을 할 때 교사는 언어지원(해설)을 해 줘야 유아가 움직일 수 있다. • 동극을 할 때 적절한 소품과 배경을 교사가 지원해 줘야 한다.
활동 평가	• 동화 내용을 극으로 구성할 수 있는가? • 동화 내용을 바른 자세로 감상할 수 있는가?
확장 활동	• 유아가 직접 건강동화를 만들어 본다. • 동극을 유치원 친구들에게 보여 줄 수 있도록 공연준비를 한다.

2. 요술 글씨

활동명	요술 글씨	소요시간	15분
생활주제/주제	환경과 생활 / 환경을 보호하는 방법		
활동 형태	자유선택활동	대상/연령	만 5세
흥미 영역	언어영역		
목표	• 그림을 보고 낱말과 문장으로 설명할 수 있다. • 환경을 어떻게 보호할 수 있는지 알고 실천한다.		
누리과정 관련 요소	• 의사소통: 말하기 > 낱말과 문장으로 말하기 　　　　　　 말하기 > 상황에 맞게 바른 태도로 말하기 　　　　　　 읽기 > 읽기에 흥미 가지기		
창의성 · 인성 관련 요소	• 창의성: 인지적 요소 > 사고의 확장 • 인성: 존중 > 생명과 환경에 대한 존중		
준비물 및 자료	도입자료-손인형, 트럭 그림, 매연 사진/ 요술 글씨 교구 		
활동 방법	〈도입〉 1. 손인형으로 이야기를 나눈다. • (손인형을 제시하며) 안녕~ 나는 □□이야! 어제 나는 엄마랑 시장을 가고 있었어. 그런데 우리 앞으로 커다란 트럭이 지나갔어. 갑자기 나는 코가 매워져서 콜록콜록 기침을 했어. 엄마에게 이유를 물어봤더니, 차에서 나오는 매연 때문에 공기가 오염되어서 그렇다고 하셨어. 공기가 더러워지면 어떨 것 같니? 너희들도 이런 일을 겪은 적 있니? • □□가 왜 콜록콜록 기침을 하게 되었을까요? 2. '환경보호'에 대해 이야기 나눈다. • '환경보호'라는 말을 들어 본 적이 있나요? • 환경을 보호하는 방법에는 어떤 것이 있을까?		

〈전개〉

3. 교구를 설명한다.

- '환경보호'에 대해 알아볼 수 있는 새로운 교구를 소개할게요. 무엇이 들어 있는지 열어 볼까요?
- (요술 글씨 상자를 열며) 이게 무엇일까요?
- 이 카드를 카드집에 넣어서 흔들면 이곳에 글씨가 나타나요.

4. 게임을 설명한다.

〈요술 글씨 게임〉
① 카드 뒷면의 사진을 보고 친구들에게 사진에 대해 (수수께끼처럼) 설명한다: 환경오염과 관련한 사진자료(나무, 매연, 비닐, 비누, 물, 공기 등) ② 친구의 설명을 듣고 무슨 사진인지 맞혀 본다. ③ 정답 카드를 카드집에 넣고 흔들면서 나타나는 사진의 이름 글씨를 읽어 본다. ④ 친구가 이야기한 사진의 이름과 같은지 비교한다.

5. 게임을 하기 전에 지켜야 할 약속을 정한다.
- 게임을 할 때 어떤 약속을 지켜야 할까요?

〈마무리〉

6. 활동을 평가한다.
- 오늘 활동 어땠나요?
- 더러워지는 지구를 위해 우리가 할 수 있는 일이 무엇이 있었을까요?

활동 시 유의점	• 어떤 행동이 환경을 보호하는지 알아본다. • 환경오염과 환경보호에 대해 알아본다.
활동 평가	• 환경오염이 무엇인지 아는가? • 환경보호에 대해 관심을 갖는가? • 환경보호를 위해 실천할 수 있는 방법을 아는가? • 알고 있는 정보를 친구에게 설명할 수 있는가? • 글씨에 흥미를 갖는가?
확장 활동	• 환경 관련 사진뿐만 아니라 글과 함께 접목시켜 글을 읽는 것에 흥미를 가지게 하고 환경을 어떻게 지킬 수 있는지 그림으로 그려 보는 활동을 한다.

3. 옛날 물건 지금 물건

활동명	옛날 물건 지금 물건	소요시간	15분
생활주제/주제	우리나라 / 우리나라 사람들의 생활		
활동 형태	동시	대상/연령	만 5세
흥미 영역	언어영역		
목표	• 동시에 관심을 가진다. • 우리나라 옛날 물건과 오늘날 물건에 관심을 가지고 분류할 수 있다.		
누리과정 관련 요소	• 의사소통: 말하기 > 낱말과 문장으로 말하기		
창의성 · 인성 관련 요소	• 창의성: 동기적 요소 > 몰입		
준비물 및 자료	버선, 동시판  		
활동 방법	〈도입〉 1. 버선 인형으로 이야기를 나눈다. • (버선 인형을 제시하며) 잉잉잉~ 내 짝꿍 좀 찾아 주세요. 　너는 누구니? 　(버선) 나는 버선이야~ 난 예전에 사용되던 물건이란다. 그런데 오늘날 나처럼 발을 따뜻하게 감싸 주는 친구를 찾고 있는데, 도무지 찾을 수가 없어. • 지금 우리 발을 따뜻하게 감싸 주는 건 무엇일까요? • 버선처럼 아직도 짝꿍을 찾지 못한 옛날 물건이 있을지 모르니 우리가 한 번 알아볼까요? 〈전개〉 2. 동시를 읊어 본다. • 배경음악을 틀고 동시를 들려준다.		

<옛날에도 있었을까>

- 백남석 -

더울 때 필요한 선풍기
옛날에도 있었을까?
나야 나. 부채!

물건을 살 때 필요한 돈
옛날에도 있었을까?
나야 나. 엽전!

방 안을 밝히는 형광등
옛날에도 있었을까?
나야 나. 등잔!

신고 다니는 양말
옛날에도 있었을까?
나야 나. 버선!

발에 신는 운동화
옛날에도 있었을까?
나야 나. 짚신!

머리에 쓰는 모자
옛날에도 있었을까?
나야 나. 갓!

활동 방법	

3. 동시판을 보며 다양한 방법으로 읊는다.
• 동시를 잘 들어 보았나요? 동시판을 잘 보면 여러 가지 색깔 글자가 있어요. 이 중에 파란 글자만 같이 읽어 볼까요?
• 다른 방법으로 읊어 보고 싶은 친구들이 있나요?
  (다양한 방법으로 동시를 읊는다.)

〈마무리〉
4. 활동을 정리하고 다음 활동을 나눈다.
• 동시에 있는 내용 말고 지금은 사용하고 있지만 옛날에는 없었던 것은 무엇이 있을까요?
• 그럼 우리가 찾은 물건으로 동시 말을 바꿔 보면 어떨까요?
• 언어영역에서는 동시 말을 바꿔서 읊어 보는 활동을 해 보도록 해요.

활동 시 유의점	• 글자를 잘 읽지 못하는 유아가 읽을 수 있도록 도와준다. • 반복해서 읊어 볼 때 다양한 방법으로 흥미를 유지할 수 있도록 돕는다.
활동 평가	• 옛날에 사용한 물건과 현재 사용하는 물건을 구별할 수 있는가? • 반복되는 시구(옛날에도 있었을까?/나야, 나 ~!)에 흥미를 가지고 읊는가?
확장 활동	• 미술영역으로 가서 옛날 물건과 지금 물건 그림을 그려 본다.

4. 이 나라의 국기와 아침인사는 무엇일까?

활동명	이 나라의 국기와 아침인사는 무엇일까?	소요시간	10~15분
생활주제/주제	세계 여러 나라 / 세계 여러 나라의 인사말		
활동 형태	자유선택활동	대상/연령	만 5세
흥미 영역	언어영역		
목표	• 세계 여러 나라 아침인사말과 국기를 알고 말할 수 있다. • 상황에 맞게 바른 태도로 말할 수 있다.		
누리과정 관련 요소	• 의사소통: 말하기 > 상황에 맞게 바른 태도로 말하기		
창의성 · 인성 관련 요소	• 창의: 동기적 요소 > 몰입, 인지적 요소 > 사고의 수렴 • 인성: 존중 > 다른 사람들과 다른 문화에 대한 존중		
준비물 및 자료	언어교구(세계 여러 나라), 음악 파일(<세계의 아침인사>) 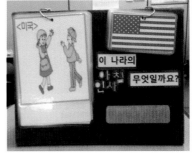		
활동 방법	〈도입〉 1. 세계의 인사법에 대해 이야기 나눈다. • 지난 시간에 배운 <세계의 아침인사>라는 노래 기억나요? 함께 해 볼까요? (음악을 틀어 함께 불러 본다.)		

활동 방법	〈전개〉 2. 교구 사용방법을 알아본다. • 노랫말에서 나온 세계의 아침인사말을 이용해 활동하는 교구를 소개할게요. • 글자 카드를 떼어서 물어보는 말 아래에 이렇게 (카드를 붙이며) 붙여 주어요. • 여기 인사하는 그림을 자세히 보면 (나라 이름이 있는 곳을 가리키며) 나라 이름이 쓰여 있어요. 이 그림 속에 인사를 나누고 있는 사람은 어느 나라 사람일까요? 3. 교구를 사용하며 지켜야 할 약속을 알아본다. • 이 교구를 사용할 때에 어떤 약속들이 필요할까요? 〈마무리〉 4. 활동을 마무리하며 유아들이 새롭게 알게 된 사실이나 생각을 이야기 나눈다. • 활동을 하면서 좋았던 점은 무엇이 있었나요? • 활동을 하면서 힘들었던 점은 무엇이 있었나요?
활동 시 유의점	• 〈세계의 아침인사〉 노래를 사전활동으로 배우고 교구를 소개한다. • 교구 사용방법에 대해 약속을 정한다.
활동 평가	• 유아가 상황에 맞게 바른 태도로 말하는가? • 세계 여러 나라의 아침인사말을 아는가?
확장 활동	• 세계 여러 나라의 전통의상, 음식 등의 문화에 대해 이야기 나누어 본다. • 세계의 인사말 맞추기 게임을 해 본다. • 아침인사말에 대해 써 보는 활동지를 한다.

읽기

1. 여름이 왔어요

활동명	여름이 왔어요	소요시간	20분
생활주제/주제	봄 · 여름 · 가을 · 겨울 / 여름이 되면 생기는 변화		
활동 형태	동화	대상/연령	만 5세
흥미 영역	언어영역		
목표	• 여름이 되어 생기는 주변 생활의 변화를 안다. • 동화를 주의 깊게 듣고 그림에 맞는 글을 읽을 수 있다. • 느낌, 생각, 경험을 말할 수 있다.		
누리과정 관련 요소	• 자연탐구: 과학적 탐구하기 > 생명체와 자연환경 알아보기 • 의사소통: 읽기 > 읽기에 흥미 가지기 　　　　　　듣기 > 동요, 동시, 동화 듣고 이해하기		
창의성 · 인성 관련 요소	• 창의성: 인지적 요소 > 사고의 확장		
준비물 및 자료	『여름이 왔어요』(윤구병, 휴먼어린이, 2011) 동화책, 융판동화책, 그림카드, 단어카드, 바구니 		

준비물 및 자료	  
활동 방법	〈도입〉 1. 여름의 변화에 대해 이야기 나눈다. • 지금은 어떤 계절일까요? • 여름 날씨의 특징이 무엇일까요? • 지난 여름에 어떤 것을 해 보았나요? 〈전개〉 2. 동화의 표지를 보고 내용을 예측해 본다. • (동화의 표지를 보여 주며) 동화책의 표지에 무엇이 있나요? • 표지를 보니 어떤 내용의 이야기일 것 같나요? • 동화를 지으신 분의 이름도 씌여 있어요. 같이 읽어 볼까요? 3. 동화를 감상한다. 〈여름이 왔어요〉 – 윤구병 글, 정지윤 그림 – 여름이에요. 햇볕이 참 뜨거워요. 모두 시원한 옷을 입었어요. 내 동생은 발가벗었어요. 곡식들이 쑥쑥 자라요. 이 감자 좀 보세요. 맛있겠지요? 맛있는 과일들이 많이 나요. 나는 수박도 먹고 참외도 먹어요. 형이랑 멱을 감으러 가요. 형은 개구리헤엄을 치고, 나는 땅을 짚고 물장구를 쳐요. '후드득후드득' 갑자기 소나기가 와요. 소나기는 금방 멎어요. '맴맴 찌르르르' 미루나무에서 매미가 울어요. 형이랑 나는 살금살금 매미를 잡으러 가요. 이모가 손톱에 봉숭아물을 들여 주었어요. 내일 아침이면 빨갛게 물들 거예요. 엄마가 마당에 모깃불을 피웠어요. 마당에서 잠을 자면 시원해요. 내 얼굴 좀 보세요. 까맣게 탔지요? 그래도 나는 여름이 좋아요. 4. 동화의 내용을 회상하며 이야기 나눈다. • 동화 속 내용 중에 어떤 것이 가장 기억에 남나요? • 동화에 나온 내용 중 친구들이 경험해 본 것이 있나요?

활동 방법	• 동화에 나온 것 외에도 여름에 경험할 수 있는 것들이 있나요? 5. 융판동화의 그림카드를 보고 그림에 맞는 단어 카드를 찾아 붙이며 동화를 완성한다. 　• (융판에 제작된 동화를 붙이며)『여름이 왔어요』동화책을 다시 만들어 왔어요. 이 책은 그림과 글을 떼었다 붙였다 할 수 있어요. 먼저 이 책의 그림을 모두 떼어 볼게요. 책에 있는 글(글 사이사이에 그림카드를 넣어 장면에 이해를 돕는다)을 읽고 어떤 장면인지 생각하여 그림을 붙여 볼 수 있을까요? 　• 첫 번째 장면을 같이 읽어 볼게요. 어떤 장면을 붙이면 좋을까요? 　• 붙여 줄 친구 있나요? (한 명을 앞으로 초대한다.) 　　(총 9페이지를 동일한 방법으로 활동한다.) 　• 동화책이 다시 완성되었어요. 이 책은 그림만 떼었다 붙였다 할 수 있는 게 아니라 글자도 떼었다 붙였다 할 수 있어요. 〈마무리〉 6. 활동을 평가하고 추후 활동을 소개하며 마무리한다. 　• 동화를 감상하며 해 보고 싶었던 것이 있었나요? 　• 동화에 나온 것 말고도 다른 내용으로 동화를 만들고 싶은 친구 있나요?
활동 시 유의점	• 동화 속 등장인물의 그림을 복사하여 제시해 주면 이를 이용하여 이야기를 꾸미는 데 집중할 수 있다. • 동화를 제작하는 작업에서 친구와 협력하는 경험을 제공한다.
활동 평가	• 동화를 주의 깊게 듣고, 여름이 되어 생기는 주변 생활의 변화를 이해하는가? • 글자에 흥미를 갖고 읽기에 관심을 갖는가? • 그림을 보고 그에 맞는 단어를 찾을 수 있는가? • 동화의 내용을 통해 연상되는 장면을 연결 지을 수 있는가?
확장 활동	• 언어영역에서 동화의 내용을 다양하게 바꾸어 본다.

2. 명절 게임판

활동명	명절 게임판	소요시간	15분
생활주제/주제	우리나라 / 우리나라 명절 알아보기		
활동 형태	자유선택활동	대상/연령	만 5세
흥미 영역	언어영역		
목표	• 우리나라 명절에 대해 관심을 가진다. • 자신의 느낌, 생각, 경험을 적절한 낱말과 문장으로 만들어 읽을 수 있다. • 우리나라의 전통, 역사, 문화에 관심을 가진다.		
누리과정 관련 요소	• 의사소통: 말하기 > 느낌, 생각, 경험 말하기 • 사회관계: 사회에 관심 갖기 > 우리나라에 관심 갖고 이해하기		
창의성 · 인성 관련 요소	• 창의성: 동기적 요소 > 호기심/흥미 • 인성: 배려 > 친구에 대한 배려		
준비물 및 자료	명절음식과 전통놀이 사진 · 그림 카드, 게임판, 주사위판, 송편 주사위, 게임말(공깃돌) 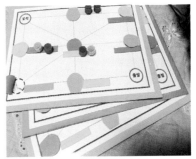		
활동 방법	〈도입〉 1. 오늘 할 활동에 대해 소개한다. • 우리나라에는 어떤 명절들이 있는지 알고 있나요?		

	〈전개〉 2. 명절에 무엇을 하는지 이야기 나눈다. • 설날에는 무엇을 하죠? 설날에는 어떤 음식을 먹나요? • 추석에는 어떤 음식을 먹나요? • 전통놀이에는 어떤 놀이들이 있나요? • 이 사진은(강강술래) 어떤 놀이인 것 같아요? • 이 사진은(씨름, 공기놀이) 어떤 놀이인 것 같아요? 3. 교구와 활동 방법에 대해 소개한다. • (윷놀이 사진, 강강술래 그림, 떡국 사진 등) 이건 무엇을 찍은 사진인 것 같아요? • 여기 있는 명절 글자 카드 중 떡국은 어떤 명절과 관련이 있는지 찾아보는 거예요. 게임을 하는 방법은 친구들과 번갈아 가면서 이 송편 주사위를 주사위 판으로 올리고 나온 숫자만큼 앞으로 가서 이 칸의 그림, 사진을 보고 연관된 글자 카드를 가지고 읽는 게임이에요. 읽은 카드를 가지고 여기 도착지점까지 오면 끝나는 거예요. 4. 지켜야 할 약속을 이야기한다. • 이 게임을 할 때, 어떤 약속을 지켜야 할까요? 5. 게임 활동을 한다. 〈마무리〉 6. (활동을 회상하며) 느낀 점에 대해 이야기를 나눈다. • 우리나라 명절에 대해서 이야기도 나눠 보고 게임도 해 봤는데 어땠나요? • 어떤 부분이 재미있었나요? • 어려웠던 점은 있었나요?
활동 방법	
활동 시 유의점	• 카드를 여러 개 준비하여 다른 유아와 충돌이 일어나지 않도록 유의한다. • 송편 주사위와 말을 던지지 않도록 유의한다.
활동 평가	• 명절에 대해서 이야기할 수 있는가? • 우리나라의 전통, 역사, 문화에 관심을 가지고 놀이에 대해 설명할 수 있는가? • 게임판에 있는 그림과 사진을 보고 연관된 명절카드를 집을 수 있는가?
확장 활동	• 직접 윷놀이, 공기놀이와 같은 전통놀이를 해 본다. • 미술활동으로 연을 만들어 본다. • 요리활동으로 송편을 만들어 본다.

3. 지구가 아파요

활동명	지구가 아파요	소요시간	15~20분
생활주제/주제	환경과 생활 / 환경을 오염시키는 것		
활동 형태	이야기 나누기	대상/연령	만 5세
흥미 영역	언어영역		
목표	• 아름다운 지구를 만들기 위해 할 수 있는 것을 안다. • 어순과 음절에 대해 안다.		
누리과정 관련 요소	• 자연탐구: 과학적 탐구하기 > 생명체와 자연환경 알아보기 • 의사소통: 읽기 > 읽기에 흥미 가지기		
창의성·인성 관련 요소	• 창의성: 동기적 요소 > 호기심·흥미 > 다양한 경험을 통하여 사물이나 사건에 대한 궁금증 가지기 • 인성: 협력 > 긍정적인 상호의존성		
준비물 및 자료	언어영역 교구, 깨끗한 토양, 대기, 수질 사진자료, 토양, 대기, 수질오염 사진자료 		
활동 방법	〈도입〉 1. 사진자료를 제시하며 환경오염에 대해 이야기를 나눈다. • 친구들, '오염'이란 말 들어 본 적 있어요? 우리는 어떤 것을 보고 '오염'이라고 말할까요? • 선생님이 오늘은 어려운 낱말을 친구들과 알아보려고 해요. • (대기오염 사진과 깨끗한 하늘 사진을 보여 주며) 이 사진은 무엇이 오염된 것 같아요? • 이렇게 하늘이 오염된 것을 어려운 말로 '대기오염'이라고 해요. (토양오염 사진과 깨끗한 토양 사진을 보여 주며) 이 사진은 무엇이 오염된 것 같아요? • 이렇게 땅에 쓰레기가 많아서 오염된 것을 어려운 말로 '토양오염'이라고 해요. • (수질오염 사진과 깨끗한 강 사진을 보여 주며) 이것은 무엇이 오염된 것 같아요? • 물이 더럽혀져 오염된 것을 어려운 말로 '수질오염'이라고 해요.		

2. 환경오염을 해결할 수 있는 방안에 대해 이야기한다.
• 우리가 사는 지구가 아프지 않고, 아름다운 지구가 되려면 어떻게 해야 할까요?

〈전개〉

3. 환경오염에 관련된 교구 사용 방법을 설명한다.

활동 방법	① 단어를 듣고, 각 오염 사진과 각 오염 단어를 매치를 한다. ② 각 오염 단어를 듣고 까슬이를 사용하여 알맞은 단어를 붙일 수 있다. 예: '토양오염' (잘하는 유아에게는 음절에 따라 붙이게끔 도와준다) 예: '토양오염' = '토' '양' '오' '염' ③ 문장을 듣고, 환경오염을 해결할 수 있는 방안에 대한 사진과 문장을 매치한다. ④ 환경오염을 해결할 수 있는 방안에 대한 문장을 듣고 알맞은 문장을 붙일 수 있다. 예: '쓰레기를 분리해서 버려요.' (잘하는 유아에게는 어순에 맞는 단어카드를 붙이게끔 도와준다) 예: '쓰레기를 분리해서 버려요' = '쓰레기를' '분리해서' '버려요'

〈마무리〉

4. 활동을 평가한다.
• 오염이 된 지구의 모습을 보니 어땠나요?
• 지구를 깨끗하게 하는 방법에 무엇이 있었나요?

활동 시 유의점	• 우리가 사는 지구에 대해 관심을 가지고 알아볼 수 있도록 격려한다. • 유아들이 우리가 사는 지구를 아름답게 가꾸어야겠다는 마음을 가질 수 있도록 돕는다.
활동 평가	• 환경오염에 대해 이해하고 설명할 수 있는가? • 사진과 글자를 맞출 수 있는가?
확장 활동	• 아픈 지구에게 편지를 쓰는 활동을 한다. • 아름다운 지구를 만들기 위해 할 수 있는 일을 구체적으로 생각한다.

4. 교통기관 이름은 뭐가 있을까?

활동명	교통기관 이름은 뭐가 있을까?	소요시간	17분
생활주제/주제	교통기관 / 여러 가지 교통기관		
활동 형태	자유선택활동	대상/연령	만 5세
흥미 영역	언어영역		
목표	• 읽기에 관심을 갖는다. • 교통기관에 관심을 갖는다. • 교통기관의 이름을 안다.		
누리과정 관련 요소	• 의사소통: 읽기 > 읽기에 흥미 가지기		
창의성 · 인성 관련 요소	• 창의성: 동기적 요소 > 호기심, 흥미		
준비물 및 자료	교통기관 사진자료, 글자카드, 글자찾기 교구   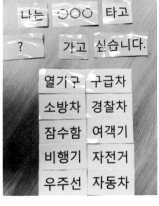 		

활동 방법	〈도입〉 1. 이야기 나누기를 한다. • 친구들은 유치원에 어떻게 왔어요? • 자동차처럼 땅 위에 다니는 교통기관은 뭐가 있을까요? • 하늘에 다니는 교통기관은 뭐가 있을까요? • 바닷속에 다니는 교통기관은 뭐가 있을까요? 〈전개〉 2. 교통기관 카드를 보여 준다. • (교통기관 사진카드를 보여 주며) 이건 뭐라고 읽을까요? • (교통기관에 해당하는 글자카드를 붙여 주며) 배 중에서도 잠수함이라고 해요. 　(준비된 모든 교통기관을 알아본다.) 3. 교구를 소개한다. • 우리가 알아본 교통기관의 이름으로 활동하는 재미있는 교구를 하나 소개해 줄게요. 4. 교구를 사용하는 방법을 알려 준다. 　① 카드를 하나 뽑는다. 　② 카드의 사진을 보고 교구판에서 이름을 찾는다. 　③ 기차 바퀴를 글자찾기판 위에 올려놓고 단어를 찾는다. 　④ '나는 ○○○을 타고 ○○○에 가고 싶습니다.'라고 친구들에게 말한다. 5. 약속을 정한다. • 게임을 하려면 어떤 약속이 있을까요? 　(유아는 글자카드를 찾아서 붙인다.) 〈마무리〉 6. 교통기관에 대해 배운 내용을 이야기하며 마무리한다. • 오늘 다양한 교통기관의 이름을 알아봤어요. 기억에 남는 교통기관 이름이 있나요? • 그림카드를 보고 글자카드를 찾는 교구활동은 어렵지 않았나요?
활동 시 유의점	• 교통기관의 이름을 알고 글자에 관심을 갖고 읽어 보도록 한다. • 글자를 모르는 유아를 위해 그림카드와 글자가 함께 있는 카드를 준비해 둔다.
활동 평가	• 다양한 교통기관에 관심을 갖는가? • 교통기관의 이름을 알고 표현하는가?
확장 활동	• 교통기관 그림뿐만 아니라 글과 함께 접목시켜서 글을 읽는 것에 흥미를 가지게 하며 자신이 교통기관을 타고 어디로 가고 싶은지 말을 할 수 있도록 확장시키는 활동을 한다.

쓰기

1. 쓱쓱 써 보아요

활동명	쓱쓱 써 보아요	소요시간	15분
생활주제/주제	생활도구 / 다양한 생활도구가 있어요		
활동 형태	이야기 나누기	대상/연령	만 5세
흥미 영역	언어영역		
목표	• 동물이나 곤충에 관심을 가진다. • 다양한 쓰기도구를 사용한다. • 다양한 쓰기도구의 특징을 안다.		
누리과정 관련 요소	• 의사소통: 쓰기 > 쓰기도구 사용하기		
창의성 · 인성 관련 요소	• 창의성: 인지적 요소 > 문제해결력 　　　　인지적 요소 > 사고의 확장 > 생각해 보기 • 인성: 약속 > 정직		
준비물 및 자료	그림자료, 다양한 동물 소리, 쓰기도구 		

활동 방법	〈도입〉 1. 글씨를 써 본 경험에 대해 이야기를 나눈다. • 글씨를 써 본 경험이 있나요? / 글씨를 어디에 써 봤나요? • 그렇다면 우리 친구들은 글씨를 쓸 때 무엇을 가지고 썼나요? 2. 쓰기도구에 대해 이야기를 나눈다. • 우리가 말한 쓰기도구 외에 어떤 도구들이 더 있을까요? • (준비한 자료를 보여 주면서 질문한다.) 이것은 무엇일까요? 〈전개〉 3. 활동에 대해 설명하고 아이들과 함께 규칙을 정한다. • 활동을 하기 전에 쓰기도구를 사용할 때 어떤 약속을 정할 수 있을까요? • 마음속으로 무엇을 사용할 건지 정해 볼까요? 4. 수수께끼를 풀어 본다. • 모두 제자리에 앉아서 소리를 잘 듣고 어떤 동물 또는 곤충인지 맞혀 볼까요? • (소리를 들려준다.) 못 들은 친구들을 위해 다시 한 번 들려줄게요. • 두 번째 문제로 만나 보기 전에 쓰기도구를 옆에 있는 친구와 바꿔서 써 볼까요? • 이번에는 곤충이나 동물의 일부분을 보여 줄 거예요. • (부분 그림판 제시하며) 어떤 곳을 열어 볼까요? (한쪽 부분 그림을 공개하며) 어떤 동물인지 알겠나요? • 그럼 이번에는 어떤 곳을 열어 볼까요? 다른 곳도 열어 볼까요? 〈마무리〉 5. 활동에 대한 이야기를 나눈다. • 수수께끼를 풀어 봤는데 어땠나요? • 활동할 때 어떤 부분이 제일 재밌었나요? • 그럼 어떤 부분이 제일 어렵거나 속상했나요?
활동 시 유의점	• 필기도구를 가져갈 때 한 명씩 나와서 가져가게 한다. • 문제를 못 맞힌 친구들을 격려해 준다.
활동 평가	• 동물과 곤충에 관한 수수께끼를 풀어 보며 동물에 대해 관심을 가지는가? • 직접 글을 쓰고 그림을 그려 보며 다양한 쓰기도구를 즐겁게 사용하는가? • 쓰기도구를 직접 사용해 보고 탐색해 보며 특징을 알게 되었는가?
확장 활동	• 자신이 그린 그림이나 글을 가지고 친구들과 이야기를 나누어 본다.

2. 만약에

활동명	만약에	소요시간	20분
생활주제/주제	동식물과 자연 / 다양한 동물의 특징에 관심 가지기		
활동 형태	동시	대상/연령	만 5세
흥미 영역	언어영역		
목표	• 동시를 듣고 이해한다. • 단어의 뜻을 알고 활용한다. • 반복된 구절을 낭송하여 운율을 느낀다. • 여러 가지 동물의 생김새와 생활습성을 안다.		
누리과정 관련 요소	• 의사소통: 쓰기 > 쓰기에 관심 가지기 　　　　　듣기 > 동요, 동시, 동화 듣고 이해하기 　　　　　말하기 > 느낌, 생각, 경험 말하기		
창의성 · 인성 관련 요소	• 창의성: 인지적 요소 > 사고의 확장 • 인성: 존중 > 생명과 환경에 대한 존중		
준비물 및 자료	동시판 〈만약에〉, 활동지, 색연필, 연필, 배경음악 		
활동 방법	〈도입〉 1. '만약에'라는 단어에 대해 유아와 이야기 나눈다. • 우리 친구들은 '만약에'(융판에 있는 단어카드를 짚으며) 하늘을 날 수 있다면 무엇을 하고 싶나요?		

〈전개〉

2. 동시를 소개한다.
- 선생님이 '만약에'를 넣어서 생각해 본 것처럼, 영국이라는 나라에 살고 있는 '크리스티나 로제티'라는 시인도 '만약에'라는 단어를 사용해서 동시를 지으셨대요.

3. 동시를 들려준다.
(배경음악을 틀고 적당한 속도로 동시를 읊어 준다.)

4. 동시에 나오는 내용에 대해 유아들과 이야기 나눈다.
- 들어 보니 어땠어요?
- 동시에는 어떤 동물들이 나왔었나요?
- 동시에서 만약에 쥐가 날아다닐 수 있다면 어떻게 될 것 같다고 했었나요?
(동시 내용으로 회상한다.)

5. 유아와 교사가 함께 동시를 읽어 본다.
- 이번에는 선생님이랑 친구들이랑 동시를 같이 읊어 볼 거예요.
- 이번에는 선생님이랑 친구들이랑 나눠서 읊어 보는 것은 어떨까요?
- 우리 친구들은 어떤 부분을 읽고 싶어요?
(다양한 방법으로 읊어 본다.)

활동 방법

6. 그림자료를 붙이며 유아에게 마지막 행을 질문함으로써 유아의 상상력을 자극한다.
- 동시 마지막 부분에 만약에 물고기가 말을 하게 된다면 어떤 말을 제일 먼저 할 것 같나요?
- 친구들이 하고 싶은 이야기를 자유롭게 글이나 그림으로 표현해 주면 돼요.

- 친구들에게 자신의 이야기를 해 주고 싶은 친구 있나요?

〈마무리〉

7. 동시 활동을 하면서 느낀 점에 대해 이야기해 본다.
- 오늘 동시를 읽어 보면서 어떤 점이 가장 재미있었나요?

8. 확장 활동을 소개한다.

활동 시 유의점	• 동시를 운율에 맞춰서 감상하며 읊어 보도록 돕는다. • 동시 그림판을 언어영역에 두고 유아들이 자유롭게 낭송할 수 있도록 한다.
활동 평가	• 동요, 동시, 동화를 듣고 이해하였는가? • 단어의 뜻을 알고 활용하는가? • 반복된 구절을 낭송하여 운율을 느끼는가? • 여러 가지 동물의 생김새와 생활습성을 알고 있는가?
확장 활동	• 동시를 배운 후 유아들도 '만약에'라는 단어를 사용하여 동시를 직접 지어 본다. • 실생활에서 '만약에'라는 단어가 어디에 사용되는지 알아본다.

3. 우리나라 전통의 쓰기도구를 알아보아요

활동명	우리나라 전통의 쓰기도구를 알아보아요	소요시간	15분
생활주제/주제	우리나라 / 우리나라의 생활도구		
활동 형태	이야기 나누기	대상/연령	만 5세
흥미 영역	언어영역		
목표	• 우리나라 전통의 쓰기도구에 대해 관심을 갖는다. • 다양한 쓰기도구의 이름을 알아본다.		
누리과정 관련 요소	• 의사소통: 쓰기 > 쓰기도구 관심 가지기		
창의성 · 인성 관련 요소	• 창의성: 동기적 요소 > 흥미/호기심 • 인성: 질서 > 기초 질서		
준비물 및 자료	쓰기도구의 그림자료와 실물자료(사인펜, 색연필, 크레파스, 연필, 붓, 먹, 벼루), 비밀 주머니, 융판, 사진자료(초가집, 붓글씨 쓰는 선비, 먹 가는 모습)   		
활동 방법	〈도입〉 1. 오늘날의 다양한 쓰기도구를 보며 이야기를 나눈다. • (사인펜, 색연필, 크레파스, 연필을 보여 주며) 이 물건을 본 적 있나요? • 이 물건을 사용해 본 적이 있어요? • 무엇을 할 때 사용해 봤나요? 〈전개〉 2. 주머니 속 물건으로 호기심을 갖도록 한다. • (교사가 주머니 속을 보며) 이게 뭘까요? 이 비밀 주머니 안에 뭐가 들었는지 한 번 알아볼까요? • (주머니를 돌리며 유아들이 만질 수 있도록 하며) 만져 보니까 어떤 느낌이에요? • 어떤 물건인 것 같아요? • 이 비밀주머니 속 물건이 뭔지 꺼내 볼까요?		

활동 방법	3. '붓'에 대해 이야기 나눈다. • (주머니에서 붓을 꺼내며) 이게 뭘까요? • 이것은 어디에 쓰는 물건일까요? • (옛날 사람들의 붓글씨를 쓰는 사진을 보여 주며) 할머니, 할아버지는 이렇게 붓으로 글씨를 쓰기도 했대요. 4. 전통 쓰기도구에 대해 이야기를 나눈다. • 글도 쓰고 그림을 그리려면 이 붓을 어떻게 사용해야 할까요? • '붓'에게는 친구 두 명이 있어요. 바로 '먹'과 '벼루'라는 친구에요. 이 친구들을 어떻게 사용할까요? • (벼루에 먹을 가는 모습을 보여 주며) 벼루라는 그릇에 물을 조금 넣고 먹을 살살 문질러 주면 검은 물이 생기는데, 이 검은 물을 붓에 묻혀서 글도 쓰고 그림을 그렸대요. 5. 쓰기도구의 그림자료를 이용하여 옛날 도구와 현재 도구를 구별한다. • 지금 우리가 쓰고 있는 쓰기도구는 지금 우리가 살고 있는 집으로 옮겨 주고, 옛날에 썼던 쓰기도구는 옛날 집으로 옮겨 볼 수 있을까요? 〈마무리〉 6. 이야기 나누기를 회상하며 마무리한다. • 오늘 붓과 먹, 벼루라는 친구들에 대해 알아보았어요. 그럼 이 물건들은 어느 영역에 놓는 것이 좋을까요? • 먹, 벼루, 붓을 사용해 보기도 하고, 옛날 물건 그림자료를 더 찾아보고 싶은 친구가 있으면 더 할 수도 있어요.
활동 시 유의점	• 전통 쓰기도구에 대한 지식보다는 쓰기도구가 옛날에 쓰였다는 데 초점을 두어 활동한다.
활동 평가	• 옛날 쓰기도구에 관심을 갖는가? • 옛날 쓰기도구의 사용법 등에 관심을 갖는가? • 현재와 옛날 쓰기도구를 구별할 수 있는가?
확장 활동	• 언어, 미술 영역에서 쓰기도구들을 이용해 글, 그림으로 표현해 본다.

◆ ◆ ◆
참고문헌

강성화, 김경회(2016). 영유아를 위한 언어지도(개정판). 서울: 동문사.

강숙현(2001). 관찰과 기록화를 통한 유아평가. 서울: 교육과학사.

곽금주, 성현진, 장유경, 심희옥, 이지연, 김수정, 배기조(2005). 한국영아발달연구. 서울: 학
　　지사.

교육부(2019). 2019 개정 누리과정 해설서.

교육인적자원부(2007). 2007년 개정 유치원교육과정.

김명순, 조경자(2002). 유아를 위한 음악교육의 이론과 실제. 서울: 다음세대.

김은심(2000). 그림책을 이용한 문자교육. 한국방송통신대학교 유아교육과 세미나 자료집.

김은심, 조정숙(2015). 영유아 언어교육의 이론과 실제(개정판). 경기: 정민사.

김정원(2000). 자유놀이 시간에 자발적으로 출현하는 유아의 쓰기 활동 양상. 아동학회지,
　　21(1), 269-281.

김정화, 이문정(2003). 소리내어 책읽기에서 나타나는 실수를 통한 유아의 읽기 전략 분석.
　　아동학회지, 24(5), 91-104.

김춘희(1978). 유아의 표현력과 측정된 지능과의 관계. 연세대학교 대학원 석사학위논문.

김희진, 박은혜, 이지현(2000). 유아교육기관에서의 관찰. 서울: 창지사.

남규, 최은영, 장석경(2016). 균형적 접근에 기초한 영유아 언어지도(제2판). 경기: 공동체.

명지전문대학부속 명지유치원 편(2004). 만 4~5세 주제접근 통합교육과정에 의한 종일제
　　프로그램. 경기: 양서원.

명지전문대학부속 명지유치원 편(2005). 주제접근(중심) 통합교육과정. 경기: 양서원.

박홍자(1984). 5세 유아의 읽기 교수 방법에 관한 일 연구. 이화여자대학교 교육대학원 석사
　　학위논문.

보건복지부(2013). 제3차 어린이집 표준보육과정.

보건복지부, 중앙보육정보센터(2013). 어린이집 표준보육과정 및 0~2세 영아보육프로그램의
　　이해. 서울: 중앙보육정보센터.

성미영, 권윤정, 유주연(2015). 영유아 언어지도(2판). 서울: 학지사.

심성경, 김경의, 김나림(2001). 도서대여 프로그램의 유아의 쓰기 능력 및 쓰기에 대한 인식에 미치는 영향. 유아교육연구, 21(1), 203-225.

여석기(2012). 여석기 나의 삶, 나의 학문, 나의 연극. 서울: 연극과인간.

오문자(2000). 레지오 에밀리아의 유아교육 실제와 레지오 접근법: 한국 현장 적용 실태와 21세기 유아교육의 비전. 한국 유아교육학회 창립 25주년 기념 제1회 학술대회 자료집, 162-200.

오성숙, 유민임(2016). 유아 언어교육(2판). 경기: 양서원.

유아교육사전(2000). 한국사전연구사.

육아정책연구소(2013). 만 3~5세 누리과정. 서울: 교육인적자원부 · 보건복지부.

윤복희, 김은영, 박혜경, 최일선(2015). 영유아언어교육. 경기: 공동체.

이경화, 조순옥, 김정원, 심은희, 이연규, 이문정(2003). 유아언어교육. 서울: 창지사.

이경화, 조순옥, 김정원, 심은희, 이연규, 이문정(2015). 영유아를 위한 언어교육(증보판). 서울: 창지사.

이기숙(2001). 유아교육과정. 경기: 교문사.

이대균, 김주영, 임자영, 박지선(2014). 영유아언어교육. 경기: 공동체.

이연섭, 강문희(2003). 유아의 언어 교육(개정판). 서울: 창지사.

이영자(2004). 유아 언어발달과 지도. 서울: 양서원.

이영자(2009). 유아 언어발달과 지도(개정판). 경기: 양서원.

이영자, 이종숙(1990). 유아의 문어 발달과 비 지시적 지도 방법이 문어 발달에 미치는 영향에 관한 연구. 교육학연구, 28(2), 105-123.

이지현, 마송희, 김수영, 정정희(2009). 영유아를 위한 언어교육. 경기: 공동체.

이지현, 마송희, 김수영, 정정희(2015). 영유아를 위한 언어교육(3판). 경기: 공동체.

이차숙(2004). 유아 언어교육의 이론적 탐구. 서울: 학지사.

이하원, 박희숙, 원선아(2012). 언어 지도. 서울: 창지사.

임선옥(1991). 유치원 교사의 언어형태에 관한 연구: 담화를 중심으로. 원광대학교 교육대학원 석사학위논문.

장영애(1982). 가정환경변인과 4~6세 아동의 언어능력과의 관계. 연세대학교 대학원 석사학위논문.

정남미(2016). 유아 언어 교육(제3판 증보). 서울: 창지사.

정숙경(2001). 총체적 언어접근과 유치원 유아의 문해지도 방안. 학생연구, 29, 97-115.

조명한(1982). 한국아동의 언어획득연구. 서울: 서울대학교출판부.

조정숙, 김은심(2011). 영유아 언어 교육의 이론과 실제. 서울: 정민사.

주영희(2000). 유아 언어발달의 사회적 기초. 인천교육대학교 초등교육연구소 교육논총, 17, 37-59.

주영희(2001). 유아언어발달과 교육. 서울: 교문사.

최은숙, 윤성운, 이경옥, 김도형(2016). 영 · 유아언어교육. 경기: 양서원.

한유미, 김혜선, 권희경, 양연숙, 백은정(2013). 영유아 언어교육의 이해: 이론과 실제(3판). 서울: 학지사.

허미애(2007). 유아교사를 위한 이야기나누기의 이론과 실제. 경기: 공동체.

홍혜경, 김명화, 김정아, 김세루(2014). 영유아언어교육: 이론과 실제(2판). 서울: 학지사.

Adams, M. J. (1991). Why not phonics and whole language? In W. Ellis (Ed.), *All language and the creation of literacy* (pp. 40-53). Baltimore, MD: Orton Dyslexia Society.

Anderson, J., Morrison, F., & Friedrich, N. (2010). *Working with immigrant and refugee families in a bi-lingual family literacy program: Findings, insights, and challenges from year one of a three year project.* Paper presented at the annual conference of the Canadian Society for the Study of Education, Montreal, PQ.

Asselin, M. (1999). Balanced literacy. *Teacher Librarian, 27*(1), 69-70.

Barbour, S., & Stevenson, P. (1990). *Variation in German: A critical approach to German sociolinguistics.* Cambridge: Cambridge University Press.

Bell, S. M., & Ainsworth, M. D. S. (1972). Infant crying and maternal responsiveness. *Child Development, 43*(4), 1171-1190.

Bodrova, E., & Leong, D. J. (2007). *Tools of the mind: The Vygotskian approach to early childhood education* (2nd ed.). Columbus, Ohio: Merrill/Prentice Hall.

Boysson-Bardies, B. (2005). 영아 언어의 이해 [*Comment la parole vient aux enfants*]. (강옥경, 김명순 공역). 서울: 학지사.

Bromley, K. (1991). *Language arts: Exploring connections.* Boston, MA: Allyn & Bacon.

Brown, R. (1973). *A first language: The early stages.* Cambridge, MA: Harvard University Press.

California Department of Education (1996). A balanced comprehensive approach to teach reading in pre-kindergarten through Grade Twelve. *Child Development, November/December, 79*(6), 1606-1624.

Chomsky, N. (2000). Linguistics and Brain Sciences. In A. Marantz, Y. Miyashita, & W. O'Neil (Eds.), *Image, language, brain* (pp. 13-28). Cambridge, Mass.: MIT Press.

Clancy, P. (1986). The acquisition of communicative style in Japanese. In B. Scheiffelin & E. Ochs (Eds.), *Language socialisation across cultures* (pp. 213-220). Cambridge: Cambridge University.

Clancy, P. (1993). Preferred argument structure in Korean acquisition. *Proceedings of the Child Language Research Forum, 25*, 307-314.

Clancy, P., Jacobsen, T., & Silva, M, (1976). The acquisition of conjunction: A cross-linguistic study. *Papers & Reports on Child Language Development, 12*, 71-80.

Clark, E. (1973). What's in a Word? On the Child's Acquisition of Semantics in his First

Language. In T. E. Moore (Ed.), *Cognitive development and the acquisition of language* (pp. 65-110). New York: Academic Press.

Clay, M. M. (1991). *Becoming literate: The construction of inner control.* Auckland, NZ: Heinemann.

Condon, W. S., & Sander, L. W. (1974). Neonate movement is synchronized with adult speech: Interactional participation and language acquisition. *Science, 183,* 99-101.

Corrigan, R. (1978). Language development as related to stage 6 object permanence development. *Language, 5,* 173-190.

Cross, I. (2005). Music and meaning, ambiguity and evolution. In D. Miell, R. MacDonald, & D. Hargreaves (Eds.), *Musical communication* (pp. 27-43). Oxford: Oxford University Press.

Cullinan, B. E. (1992). Leading with literature. In B. E. Cullinan (Ed.), *Invitation to read: More children's literature in the reading program* (pp. x-xxii). Newark, DE: International Reading Association.

Cunningham, I., & Hall, B. (1998). *The four blocks: A balanced framework for literacy in primary classrooms in teaching every child everyday. Learning in diverse schools and classrooms.* Cambridge, Mass.: Brookline Books.

Dyson, A. H. (1992). Whistle for Willie, lost puppies, and cartoon dogs: The sociocultural dimensions of young children's composing. *Journal of Reading Behavior, 24*(4), 433-462.

Edelsky, C. (1991). *Language in Education- With literacy and justice for all: Rethinking the social in language and education.* London; New York: Falmer Press.

Ehri, L. C. (1992). Reconceptualizing the development of sight word reading and its relationship to recoding. In P. B. Gough, L. C. Ehri, & R. Treiman (Eds.), *Reading acquisition* (pp. 107-143). Hillsdale, NJ: Lawrence Erlbaum Associates.

Ehri, L. C. (1994). Development of the ability to read words: Update. In R. Ruddell, M. Ruddell, & H. Singer (Eds.), *Theoretical models and processes of reading* (4th edn, pp. 323-358). Newark, Del: International Reading Association.

Ehri, L. C. (2002). Phases of acquisition in learning to read words and implications for teaching. *British Journal of Educational Psychology: Monograph Series, 1,* 7-28.

Feldman, R. (2007). Parent-infant synchrony and the construction of shared timing: Physiological precursors, developmental outcomes, and risk conditions. *Journal of Child Psychology and Psychiatry, 48,* 329-354.

Feldman, R., Granat, A., & Gilboa-Schechtman, E. (2005). *Maternal anxiety and depression, mother–infant synchrony, and infant regulation of negative and positive emotions.* Paper presented in the biennial meeting of the Society for

Research in Child Development, Atlanta, GA.

Fillmore, C. J. (2014). The grammar of hitting and breaking. In R. Jacobs & P. Rosenbaum (Eds.), *Readings in English transformational grammar*. Waltham, Massachusetts: Ginn.

Florez, R. (2011). Developing young children's self-regulation through everyday experiences. *Young Children, 66*(4), 46-51.

Frost, J. L., & Kissinger, J. B. (1976). *The young child and the education process*. New York: Holt, Rinehart, & Winston.

Goodman, Y. (1986). Children coming to know literacy. In W. Teale & E. Sulzby (Eds.), *Emergent literacy: Writing & reading*. Norwood, NJ: Ablex Publishing Company.

Goodman, Y. M. (1990). *How children construct literacy: Piagetian perspectives. International Reading Association, World Congress on Reading*. London.

Griffin, Z. M., & Ferreira, V. S. (2006). Properties of spoken language production. In M. J. Traxler & M. A. Gernsbacher (Eds.), *Handbook of psycholinguistics* (2nd ed., pp. 21-59). London, England: Elsevier.

Halliday, M. A. K. (2007). *Language and education*. London: Edward Arnold.

Halliday, M. A. K., & Matthiessen, C. M. I. M. (2004). *An introduction to functional grammar* (3rd edition). London: Edward Arnold.

Hancock, L., & Wingert, P. (1996a). Mother's little helper. *Newsweek, 127*(12), 50.

Hancock, L., & Wingert, P. (1996b). If you can read this. *Newsweek, 127*(20), 75.

Hannon, P. (2000). Rhetoric and research in family literacy. *British Educational Research Journal, 6*(1)(January 2000), 121-138.

Harste, J., Woodward, V., & Burke, C. (1984). *Languages stories and literacy lessons*. Exeter, NH: Heinemann Educational Books.

Hattie, J. A. C. (2009). *Visible learning: A synthesis of over 800 meta-analyses relating to achievement*. New York, NY.

Hawley, T. (2000). How Early Experiences Affect Frain Development, Starting Smart. Zero to Three The ounce of Prevention Fund. The early catastrophe: The 30-million-word gap. *American Educator, 27*(1), 4-9.

Holdaway, D. (1979). *The Foundation of literacy*. Auckland: Ashton Education. Sydney: Scholastic.

Honing, B. (1996). *Teaching our children to read: The role of skills in a comprehensive reading program*. Thousand Oaks, CA: Corwin Press.

Howard, S., Shaughnessy, A., Sanger, D., & Hux, K. (1998). Let's talk: Facilitating language in early elementary classrooms. *Young Children, 53*(3), 34-39.

Jalongo, M. R. (1992). *Early childhood language arts*. Boston, MA: Allyn and Bacon.

Jalongo, M. R. (2007). *Early childhood language arts* (4th ed.). Boston, MA: Allyn &

Bacon.

James, S. D. (2008). Wild child speechless after tortured life. ABCNEWS.com. Retrieved from http://abcnews.go.com/Health/story?id=4804490&page=1#.UBbyHKP5B8F

Jessica, M. N., & Smith, L. B. (2015). The words children hear: Picture books and the statistics for language learning. *Psychological Science, 26*(9), 1489–1496.

Johnston, J. R., & Kamhi, A. G. (1984). Syntactic and semantic aspects of the utterances of language-Impaired children: The same can be less. *Merrill-Palmer Quarterly, 30*(1), 65–85.

Kagan, J. (1971). *Change and continuity in infancy.* New York: John Wiley and Sons.

Kagan, J., & Klein, R. E. (1973). Cross-cultural perspectives on early development. *American Psychologist, 11*, 947–961.

Kagan, J., Klein, R. V., Haith, M. M., & Morrison, F. J. (1973). Memory and meaning in two cultures. *Child Development, 44*, 21–23.

Kelly, H. (1997). How children learn to derive meaning from text. [ED416459]

Kendon, A. (1972). Some relationships between body motion and speech. In A. Sigman & B. Pope (ed.), *Studies in dyadic communication* (pp. 177–216). New York: Pergamon Press.

Krcmar, G., & Lin. (2004). Learning Vocabulary from Television: Toddlers, Teletubbies and Attention. Manuscript submitted for publication.

Krcmar, M., Grela, B. G., & Lin, Y. J. (2004). Learning Vocabulary from Television: Toddlers, Teletubbies and Attention. Manuscript submitted for publication.

Lapp, D., & Flood, J. (1992). *Teaching reading to every child* (3rd ed.). New York: Macmillan Publishing Company.

Lyon, G. R. (1998). *Overview of reading and literacy initiatives.* National Inst. of Child Health and Human Development (NIH), Bethesda, MD.

Maccoby, E. E., & Jacklin, C. N. (1974). *The psychology of sex differences.* Stanford, CA: Stanford University Press.

McNeill, D. (1966). Developmental psycholinguistics. In F. Smith & G. Miller (Eds.), *The genesis of language: A psycholinguistic approach* (pp. 15–184). Cambridge, MA: MIT Press.

McNeill, D. (1970). *The acquisition of language: The study of developmental psycholinguistics.* New York: Harper & Row.

McNeill, D. (1992). *Hand and mind.* New York: Harper & Row.

Merkel-Piccini, R. A. (2001). *Early language development.* Super Duper Publication. www.superduperinc.com.

Moen, C. B. (1991). *Teaching with Caldecott books: Activities across the curriculum.* Teaching Strategies [microform]; New York Newark, Del.: International Reading

Association.

Montag, J. L., Jones, M. N., & Smith, L. B. (2015). The words children hear: Picture books and the statistics for language learning, Psychological Science OnlineFirst, published on August 4, 2015 as doi:10.1177/0956797615594361.

Parisi, D., & Giannelli, W. (1979). Language and social environment at 2 years. *Merrill-Palmer Quarterly, 25*, 61-75.

Raven, J. (1998). School based evaluation and professional research. *Studies in Educational Evaluation, 14*, 176-191.

Raven, J. N. (1997). Phonics and whole language: Friends or foes? [ED413583]

Owens, R. (2001). *Language development: An introduction* (5th ed.). Boston, Mass: Allyn and Bacon.

Owens, R. E. Jr. (2008). 언어발달 [*Language development: An introduction* (6th ed.)]. (이승복, 이희란 공역). 서울: 시그마프레스. (원저는 2005년에 출판).

Owens, R. E. (2012). Language development: An introduction / Robert E. Owens, Jr., [Matching item] *Language development an introduction*. Boston Pearson-The Allyn & Bacon communication sciences and disorders series xv, 488 p. :English, Book, Online.

Rootman, I., & Gordon-El-Bihbety, D. (2008). *A vision for a health literate anada: Report of the expert panel on health literacy.* Ottawa: Canadian Public Health Association.

Rosenblatt, I. (1938). *Literature as exploration.* New York: Modern Language Association.

Routman, L. K. (1988). *Transitions: From literature to literacy.* Portsmouth, New Hampshire: Heinemann Educational Books.

Rowe, R., & Goldin-Meadow, S. (2012). The pace of vocabulary growth helps predict later vocabulary skill. *Child Development, 83*(2), 508-525.

Share, D. L., & Stanovich, K. E. (1995). Cognitive processes in early reading development: Accommodating individual differences into a model of acquisition. *Issues in Education, 1*(1), 1-57.

Simner, M. L. (1971). Newborn's response to the cry of another infant. *Developmental Psychology, 5,* 136-150.

Snow, C. E., Barnes, W. S., Chandler, J., Goodman, I. F., & Hemphill, L. (1991). An integrated approach to the teaching and assessment of language arts. In J. Tinajero & S. Hurley (Eds.), *Literacy assessment for bilingual learners.* Boston: Allyn & Bacon.

Snow, C. E., Barnes, W. S., Chandler, J., Goodman, I. F., & Hemphill, L. (1991). *Unfulfilled Expectations: Home and school influences on literacy.* Cambridge, Massachusetts: Harvard University Press.

Strickland, D. S., & Taylor, D. (1989). Family storybook reading: Implications for children, families, and curriculum. In D. S. Strickland & L. Morrow (Eds.), *Emerging literacy: Young children learn to read and write* (pp. 147-159). Newark, DE: International Reading Association.

Teaching Strategies (2010). Research foundation: Language and literacy. Retrieved from http://teaching Strategies.com. Research Foundation Language Literacy 01-2018.

Trawick-Smith, J. (2012). Teacher-child play interactions to achieve learning outcomes. In R. C. Pianta (Ed.), *Handbook of early childhood education* (pp. 259-277). New York, NY: Guilford Press.

Vygotsky, L. S. (1987). Thinking and speech (N. Minick, Trans.). In R. W. Rieber & A. S. Carton (Eds.), *The collected works of L. S. Vygotsky: Vol. 1. Problems of general psychology* (pp. 39-285). New York: Plenum Press. (Original work published 1934).

Warner, C. (2004). It's just a game, right? Types of play in foreign language. CMC. *Language Learning & Technology, 8*(2), 69-87.

Weaver, C. (1996). *Teaching grammar in context*. Portsmouth, NH: Heinemann.

Wilson, B. A. (1998). Matching student needs to instruction: Teaching reading and spellling using the Wilson Reading System. In S. A. Vogel & S. M. Reder (Eds.), *Learning disabilities, literacy, and adult education* (pp. 213-235). Baltimore, MD: P. H. Brookes Pub. Co.

EBS(2006). 〈아기성장보고서〉 - 언어습득의 비밀.

다음백과. 고등교과서 생명과학 ㈜천재교육 http://100.daum.net/encyclopedia/view/24XXXXX46130

http://www.redian.org/archive/25392

https://en.wikipedia.org/wiki/Genie_(feral_child)

◆ ◆ ◆
찾아보기

인명

내용

◆ ◆ ◆
저자 소개

송경섭(Song, Kyung Seob)
중앙대학교 사범대학 문학사(교육학과, 유아교육학과)
중앙대학교 교육대학원 교육학 석사(유아교육전공)
중앙대학교 일반대학원 문학 박사(유아교육전공)
전 백석문화대학교 유아교육과 교수
　　미국 델라웨어 주립대학교 유아교육과 방문교수
현 경인여자대학교 유아교육과 교수
　　경인여자대학교 부속유치원 원장
　　한국아동보육복지협회 부회장
　　경기도 육아종합지원센터 자문위원

〈대표 저서〉
영·유아 교육 교재·교구 개발(공저, 형설출판사, 2008)
보육과정(3판, 공저, 양서원, 2013)
교과교육론(공저, 창지사, 2016)

김현경(Kim, Hyun Kyoung)
단국대학교 사범대학 문학사(영어영문학과)
총신대학교 교육대학원 교육학 석사(유아교육전공)
덕성여자대학교 일반대학원 교육학 박사(유아교육전공)
전 두원공과대학교 유아교육과 교수
현 경인여자대학교 유아교육과 교수
　　한국유아교육보육복지학회 부회장
　　육아정책연구소 자문위원

〈대표 저서 및 역서〉
유아 다문화 교육(공저, 창지사, 2011)
유아문학교육(제2판, 공저, 공동체, 2015)
아동을 위한 세계시민교육: 지구촌 세계시민으로 함께 커가요(공역, 학지사, 2012)

2019 개정 누리과정 반영

영유아 언어교육
Language Arts for Young Children

2019년 3월 10일   1판 1쇄 발행
2020년 4월 10일   1판 2쇄 발행

지은이 • 송경섭 · 김현경
펴낸이 • 김진환
펴낸곳 • ㈜ **학지사**
　　　　04031 서울특별시 마포구 양화로 15길 20 마인드월드빌딩
대표전화 • 02)330-5114　　　팩스 • 02)324-2345
등록번호 • 제313-2006-000265호

홈페이지 • http://www.hakjisa.co.kr
페이스북 • https://www.facebook.com/hakjisa

ISBN 978-89-997-1738-3 93370

정가 19,000원

이 도서의 국립중앙도서관 출판시도서목록(CIP)은 서지정보유통지
원시스템 홈페이지(http://seoji.nl.go.kr)와 국가자료공동목록시스템
(http://www.nl.go.kr/kolisnet)에서 이용하실 수 있습니다.
(CIP 제어번호: CIP2019000861)

출판 · 교육 · 미디어기업 **학지사**

간호보건의학출판 **학지사메디컬** www.hakjisamd.co.kr
심리검사연구소 **인싸이트** www.inpsyt.co.kr
학술논문서비스 **뉴논문** www.newnonmun.com
원격교육연수원 **카운피아** www.counpia.com